职业教育城市轨道交通专业教材

城市轨道交通安全管理

吴 晓 主 编
李 磊 副主编

电子工业出版社
Publishing House of Electronics Industry
北京·BEIJING

内 容 简 介

本书是"职业教育城市轨道交通专业教材"之一。通过全书 7 个项目下的 36 个学习任务，比较全面地概括了城市轨道交通安全管理的基本内容。本书主要内容包括城市轨道交通安全管理核心概念释义、城市轨道交通安全管理体系认知、城市轨道交通安全管理法规和制度认知、城市轨道交通行车安全管理、城市轨道交通车站安全管理、城市轨道交通消防安全管理和城市轨道交通应急管理的基础知识、工作流程、基本技能、基本方法和案例分析，以及综合能力实践。

本书可作为职业院校城市轨道交通专业及相关专业的教学用书，也可作为从事城市轨道交通行业职工的参考资料和培训用书。

本书还配有电子教学参考资料包（包括电子教案、教学指南及习题答案），详见前言。

未经许可，不得以任何方式复制或抄袭本书之部分或全部内容。
版权所有，侵权必究。

图书在版编目（CIP）数据

城市轨道交通安全管理/吴晓主编. —北京：电子工业出版社，2017.8
ISBN 978-7-121-32467-3

Ⅰ.①城… Ⅱ.①吴… Ⅲ.①城市铁路－交通运输安全－交通运输管理－职业教育－教材
Ⅳ.①U239.5

中国版本图书馆 CIP 数据核字（2017）第 195371 号

策划编辑：徐　玲
责任编辑：靳　平
印　　刷：北京虎彩文化传播有限公司
装　　订：北京虎彩文化传播有限公司
出版发行：电子工业出版社
　　　　　北京市海淀区万寿路 173 信箱　邮编　100036
开　　本：787×1 092　1/16　印张：14.75　字数：377.6 千字
版　　次：2017 年 8 月第 1 版
印　　次：2024 年 2 月第 6 次印刷
定　　价：33.00 元

凡所购买电子工业出版社图书有缺损问题，请向购买书店调换。若书店售缺，请与本社发行部联系，联系及邮购电话：（010）88254888，88258888。
质量投诉请发邮件至 zlts@phei.com.cn，盗版侵权举报请发邮件至 dbqq@phei.com.cn。
本书咨询联系方式：xuling@phei.com.cn。

职业教育城市轨道交通专业教材编审委员会

主 任 委 员： 吴 晓　浙江师范大学工学院原系主任
副主任委员： 赵 岚　西安铁路职业技术学院
　　　　　　　张 莹　湖南铁道职业技术学院系主任
常 务 委 员：（排名不分先后）
　　　　　　　施俊庆　浙江师范大学工学院教研室主任
　　　　　　　李 磊　浙江师范大学
　　　　　　　王瑞萍　浙江师范大学工学院
　　　　　　　郑丽娟　浙江师范大学行知学院
　　　　　　　李一龙　湖南铁路科技职业技术学院系主任
　　　　　　　程 钢　湖南铁路科技职业技术学院教研室主任
　　　　　　　吴 冰　湖南铁道职业技术学院教研室主任
　　　　　　　唐春林　湖南铁道职业技术学院专业负责人
　　　　　　　刘 奇　西安铁路职业技术学院交通运输系教研室副主任
　　　　　　　王 敏　西安铁路职业技术学院
　　　　　　　魏仁辉　西安铁路职业技术学院
　　　　　　　申 红　西安铁路职业技术学院
　　　　　　　刘婷婷　西安铁路职业技术学院
　　　　　　　奉 毅　柳州铁道职业技术学院系副主任
　　　　　　　蓝志江　柳州铁道职业技术学院教研室主任
　　　　　　　马成正　柳州铁道职业技术学院
　　　　　　　王丽娟　柳州铁道职业技术学院
　　　　　　　周 静　浙江交通职业技术学院
　　　　　　　洪 敏　浙江交通职业技术学院
　　　　　　　李殿勋　沈阳铁路机械学校
　　　　　　　丁洪东　沈阳铁路机械学校教研室主任
　　　　　　　李显川　沈阳铁路机械学校
　　　　　　　姬立中　北京铁路电气化学校副校长
　　　　　　　王建立　北京铁路电气化学校科长
　　　　　　　尹爱华　江苏省无锡交通高等职业技术学校系副主任
　　　　　　　陈 波　无锡汽车工程学校专业负责人

谭　恒　广州市交通运输职业学校
余鹏程　广州市交通运输职业学校
宋　锐　武汉市教育科学研究院教研员
蔡海云　武汉铁路司机学校系主任
欧阳宁　武汉市交通学校系主任

行业委员：（排名不分先后）
　　　　　吴维彪　浙江省杭州市地铁集团有限责任公司高级工程师
　　　　　牟振英　上海申通集团运营四公司总工程师
　　　　　娄树蓉　南京地铁有限责任公司客运部部长
　　　　　吕春娟　浙江省杭州市地铁集团运营分公司高级工程师
　　　　　王　敏　杭州地铁集团有限责任公司

秘 书 长：徐　玲　电子工业出版社

总序 Preface

随着国民经济持续快速发展,人流、物流、信息流以前所未有的密度涌向大城市并向周边辐射。城市化进程加快,城镇人口迅速增长,带来了城市交通需求的高速增长。为解决大、中城市交通紧张问题,我国有越来越多的城市把发展城市轨道交通列入城市发展计划。据中国城市轨道交通协会数据统计,在运营线路方面,截至2016年年末,全国累计共有30个城市已建成并开通运营的城市轨道交通运营线路134条,总长为4153km。在线路建设方面,截至2016年年末,全国共有44个城市获国家发改委批复建设城市轨道交通,总线路约为8600km。我国城市轨道交通建设正在进入快速有序的发展阶段。近年来,新增运营线路逐年增加,2011年新增运营线路长度为288km,2012年新增运营线路长度为399km,2013年新增运营线路长度为460km,2014年新增运营线路长度为427km,2015年新增运营线路长度为445km,2016年新增18条运营线路总长为535km,创历史新高。2016年作为"十三五"开局之年,与"十二五"开局之年即2011年新增线路长度288km相比,增长85.8%;与"十二五"收官之年即2015年新增线路长度445km相比,增长20.2%。"十三五"期间,我国城市轨道交通的建设将迎来高峰期,根据2016年5月发改委和交通部联合印发的《交通基础设施重大工程建设三年行动计划》,2016—2018年将重点推进103个项目前期工作,新建城市轨道交通线路2000km以上。到2020年我国城市轨道交通运营里程将突破6000km。城市轨道交通的快速发展,需要大批轨道交通应用型人才来保证正常的运营和管理。按城市轨道交通用人需求每千米50~60人计算,轨道交通人才需求巨大。

城市轨道交通发展给职业教育的人才培养带来良好契机,为适应城市轨道交通人才培养需求,更好地服务国民经济建设,2010年5月,电子工业出版社在武汉组织召开了"职业教育城市轨道交通专业教学研讨会",成立"职业教育城市轨道交通专业项目式教材"编审委员会,确定"职业教育城市轨道交通专业项目式教材"编写方案。近七年来,由电子工业出版社策划出版的"职业教育城市轨道交通专业教材"系列教材已经陆续发行,并得到了广大读者的支持与厚爱。

本套教材基本涵盖"城市轨道交通专业"的主要课程内容,能满足专业建设与教学需要;为适应职业教育的改革与发展,教材力求体现当代职业教育新理念、新思路;为紧跟城市轨道交通行业发展,尽量使教材保持一定的知识与技术领先。本套教材编写以职业能力为主线,以职业生涯为背景,以工作结构为框架,以岗位能力为依据,以工作情境为支撑,以工作过程为基础。教材体系结构力求从学科结构向职业工种技能结构转变;教材内

容组织根据城市轨道交通职业工作岗位要求及标准出发，突出典型岗位的工作过程，满足职业标准要求，贯穿主要规章和作业标准。本套教材具有以下特点：

1）教材体例符合职业教育教学改革和发展方向

教材内容选择以《国家职业标准》规定的岗位（群）需求和职业能力为依据，以工作任务为中心，以理论知识为基础，以实践技能为依托，以工作情境为支撑，以案例呈现为特点，以拓展知识为延伸，充分考虑城市轨道交通典型岗位的工作任务的工作过程特点和教学过程特点的有机结合，体现教材的职业性特点。

2）教材内容凸显城市轨道交通专业领域主流应用技术和关键技能

教材内容凸显城市轨道运营、行车组织、客运组织、机车车辆等设备运用与检修及作业组织方法等主体工种的专业知识和技术，包括车站站长、行车调度、车辆维修、客运服务等典型岗位的主流应用技术和关键技能。

3）教材内容涵盖城市轨道交通行业和专业发展的"四新"内容

教材内容组织保持一定的前瞻性，反映行业与专业最新知识、工艺、装备和技术。教材编写从现代教学理念和教学模式出发，体现城市轨道交通前沿的创新成果和经验。

4）教材注重实践性，重视案例和实际动手场景的呈现

教材组织通俗实用，融入和结合了轨道交通专业骨干教师多年的教学经验和体会，合理地取舍和反映城市轨道交通的基本专业知识和基本技能；通过具体模拟训练和实操，使学生加深对专业知识和技能的理解，以及对基本技能和基本方法的掌握，从而可以缩短学生到企业后的上岗时间。

本套教材不仅适用于职业教育各层次教学，也适用于城市轨道交通行业相关人员在职进修提高和培训教学。

本套教材由浙江师范大学交通运输系吴晓主任担任主编，西安铁路职业技术学院赵岚、湖南铁道职业技术学院张莹担任副主编。吴晓负责本系列教材编写工作的整体策划与体例结构设计。教材在编写过程中得到了许多城市轨道交通行业专家、电子工业出版社等领导和同人的大力支持，在此表示衷心感谢！

在本套教材的编写过程中，编者们参考了大量的书籍、文献、论文等，也引用了许多专家学者的资料，编者已尽可能地在参考文献中详细列出，谨在此对他们表示衷心的感谢！同时，我们可能因为疏忽，有些资料被引用了而没有指出资料出处，若有此类情况发生，深表歉意！由于城市轨道交通正处于快速发展期，资料收集很难达到齐全和最新，再加上编者水平所限，书中错误和疏漏在所难免，敬请大家见谅，也恳请读者在阅读后及时批评指正，我们将十分感谢。

吴　晓

2017 年 2 月于浙江师范大学

前言 *Introduction*

城市轨道交通是现代城市公共交通的主要形式。城市轨道交通不仅安全、快捷、正点，可以满足日益增长的城市居民出行需求，而且具有节能、省地、少污染等特点，更是一种节约资源、保护环境的城市公交系统，符合城市可持续发展原则。由于城市轨道交通运营专业性强、技术设备复杂、客流量大，一旦发生事故，后果就会十分严重。因此，安全管理是城市轨道交通运营管理的重中之重。城市轨道交通安全管理是预防事故发生、提高事故处理应急能力、降低轨道交通运营风险系数的重要手段。

本书为"职业教育城市轨道交通专业教材"之一。教材结合城市轨道交通专业人才培养方案和职业教育教材现状编写，涵盖城市轨道交通安全管理的主要内容。为适应职业教育的需要，编者力求体现当代职业教育新理念；为紧跟城市轨道交通行业发展，尽量使教材保持一定的知识与技术领先。

本书共分7个项目：项目一 城市轨道交通安全管理核心概念释义；项目二 城市轨道交通安全管理体系认知；项目三 城市轨道交通安全管理法规和制度认知；项目四 城市轨道交通行车安全管理；项目五 城市轨道交通车站安全管理；项目六 城市轨道交通消防安全管理；项目七 城市轨道交通应急管理。7个项目下共包含36个学习任务，比较全面地介绍了城市轨道交通安全管理核心概念、城市轨道交通安全管理体系、城市轨道交通安全管理法规和制度、城市轨道交通应急预案管理等基本内容；详细阐述了城市轨道交通行车安全管理、城市轨道交通车站安全管理和城市轨道交通消防安全管理的基础知识，以及各类事故预防、事故处理的基本方法和技能。

本书在体例设计上突破了传统教材的编写模式，理论与实际相结合，突出职业教育的实践性。以"项目—任务"的结构，下设"教学目标"、"知识要点"、"学习任务"、"学习目标"、"基础知识"、"相关案例"、"网址导航"、"法规链接"、"案例分析"、"安全小贴示"等模块，并配置综合能力运用实践和思考练习题。在教材内容组织上，旨在体现现代职业教育理念，内容编排重点突出，以概念—体系—法规—制度—管理—运用为知识链，反映城市轨道交通安全管理的专业知识和基本技能。从城市轨道交通安全管理核心概念释义出发，在认知城市轨道交通安全管理体系和城市轨道交通安全管理法规与制度的基础上，重点对行车安全管理、车站安全管理、消防安全管理和应急管理等城市轨道交通安全管理关键领域的基础知识、工作流程、基本技能、基本方法和管理案例进行专门阐述。教材内容注重实用，案例多、观念新，通俗易懂，融入并结合了轨道交通专业骨干教师与地铁一线管理骨干人员多年的经验和体会；为方便教师教学，特增加教师教学工作活页，寓专业能力、方法能力和社会能力培养于情境教学；为了使学生能学以致用，特增加学生实践活页，让学生通过知识总结和综合能力运用及教学评价等环节，加深对专业知识和技能的理解、基本技能和基本方法的掌握，从而培养学生在城市轨道交通安全管理方面的综合能力。本书适合作为职业院校的城市轨道交通专业及相关专业的教学用书，或作为从事城市轨道交通行业技术人员的参考资料和员工培训用书，力求能为我国城市轨道交通事业的发展尽绵薄之力。

本书由吴晓（浙江师范大学）任主编，李磊（浙江师范大学）任副主编，参加编写的还有符浩、王敏（杭州地铁集团有限责任公司）、周静、洪敏（浙江交通职业技术学院）。具体编写分工为：周静（项目一）、符浩（项目二）、吴晓（项目三、项目六）、李磊（项目四）、王敏（项目五）、洪敏（项目七），其中，项目综合能力实践任务部分均由吴晓和李磊编写，项目四中任务五由洪敏编写。全书由吴晓负责编写内容确定、教材体例设计和修改统稿工作，李磊参与了统稿工作。教材在编写过程中还得到了许多城市轨道交通行业专家、电子工业出版社等领导和同人的大力支持，在此表示衷心感谢！

在本书的编写中，我们参考了许多专家学者有关城市轨道交通的书籍、文献、论文等资料，也引用了国家关于安全管理的政策法规、城市轨道交通行业标准和国内城市轨道交通企业的规章制度、技术数据和图片，我们已尽可能地在参考文献中详细列出，谨在此对他们表示衷心的感谢！同时，我们也可能由于疏忽，有些资料被引用了而没有指出资料出处，若有此类情况发生，深表歉意。

为了方便教师教学，本书还配有电子教案、教学指南及习题答案（电子版），请有此需要的教师登录华信教育资源网（www.hxedu.com.cn）下载或与电子工业出版社联系，我们将免费提供（E-mail：hxedu@phei.com.cn）。

由于城市轨道交通正处于快速发展期，城市轨道交通安全管理法律法规、行业标准及规章制度等都在日臻完善，资料收集很难达到齐全和最新，再加上作者、编者水平所限，书中信息数据等内容肯定存在不足和差异，错误和疏漏在所难免，在此敬请大家见谅，也恳请大家多提宝贵意见和批评指正，我们将十分感谢。

编　者

2017 年 2 月

目录 Contents

项目一　城市轨道交通安全管理核心概念释义　1
任务一　安全与安全管理　1
任务二　危险与事故　5
任务三　应急与应急预案　9
任务四　安全分析与评价　12

项目二　城市轨道交通安全管理体系认知　19
任务一　城市轨道交通安全体系组织架构认知　19
任务二　城市轨道交通人员安全　26
任务三　城市轨道交通设备安全　30
任务四　城市轨道交通行车安全　34
任务五　城市轨道交通消防安全　44
任务六　城市轨道交通环境安全　47

项目三　城市轨道交通安全管理法规和制度认知　55
任务一　国家安全生产管理相关法律规范　55
任务二　城市轨道交通安全管理相关法规　59
任务三　城市轨道交通安全管理规章制度　62

项目四　城市轨道交通行车安全管理　71
任务一　城市轨道交通行车安全管理基础　71
任务二　城市轨道交通行车事故的预防　76
任务三　城市轨道交通行车事故的处理　81
任务四　城市轨道交通行车事故案例　94

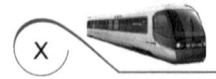

　　任务五　城市轨道交通行车安全管理综合能力实践 ················· 98

项目五　城市轨道交通车站安全管理　　102

　　任务一　城市轨道交通车站安全管理基础 ························· 102
　　任务二　城市轨道交通车站人员安全管理 ························· 104
　　任务三　城市轨道交通车站大客流组织 ··························· 114
　　任务四　城市轨道交通车站安检管理 ····························· 120
　　任务五　城市轨道交通车站防恐防暴 ····························· 126
　　任务六　城市轨道交通车站运营事故案例 ························· 128
　　任务七　城市轨道交通车站安全管理综合能力实践 ················· 131

项目六　城市轨道交通消防安全管理　　138

　　任务一　城市轨道交通消防安全管理基础 ························· 138
　　任务二　城市轨道交通消防设施与设备 ··························· 148
　　任务三　地铁火灾事故的救援与处理 ····························· 158
　　任务四　地铁火灾安全逃生和自救的技巧与方法 ··················· 166
　　任务五　城市轨道交通消防安全管理案例 ························· 171
　　任务六　城市轨道交通消防安全管理综合能力实践 ················· 174

项目七　城市轨道交通应急管理　　180

　　任务一　城市轨道交通应急管理基础 ····························· 180
　　任务二　城市轨道交通应急设备与设施 ··························· 195
　　任务三　城市轨道交通应急预案的制定与演练 ····················· 200
　　任务四　城市轨道交通运营突发事件应急案例 ····················· 212
　　任务五　城市轨道交通应急管理综合能力实践 ····················· 218

参考文献　　222

项目一　城市轨道交通安全管理核心概念释义

教学目标

通过本项目的学习，使学生了解城市轨道交通安全管理的基础知识，理解安全与安全管理、危险与事故管理、应急与应急预案体系等相关概念，了解城市轨道交通安全管理事故的基本特征，了解城市轨道交通应急预案体系的基本内涵，了解城市轨道交通安全分析与评价基本方法。

知识要点

1. 安全与安全管理的基本内涵。
2. 城市轨道交通安全管理的基本领域。
3. 危险与事故的基本概念。
4. 城市轨道交通危险源。
5. 城市轨道交通事故的类型。
6. 城市轨道交通应急管理的基本内涵。
7. 安全分析与评价的基本概念。
8. 城市轨道交通安全分析与评价基本方法。

任务一　安全与安全管理

学习任务

1. 认知安全与安全管理。
2. 认知安全的系统控制。
3. 认知城市轨道交通安全与安全管理。

学习目标

1. 了解安全与安全管理基础知识。
2. 理解安全系统控制。
3. 熟悉安全管理的控制原则。
4. 掌握城市轨道交通安全与安全管理的基本内涵。

 基础知识

一、安全

（一）安全的基本概念

国家标准（GB/T28001）对安全的定义是"免除了不可接受的损害风险的状态"。也就是说，安全是在人类生产过程中，将系统的运行状态对人类的生命、财产、环境可能产生的损害控制在人类能接受水平以下的状态，它与人们的日常工作和生活息息相关。

安全可以分为绝对安全和相对安全。绝对安全是人们较早时期对安全的认识，认为安全是指没有危险、不受威胁、不出事故。这种安全观认为发生死亡、工伤等的概率为零，这在现实生产系统中是不存在的，是安全的一种极端理想的状态。相对安全观认为，安全是相对的，绝对安全是不存在的。例如，美国哈佛大学的劳伦斯教授将安全定义为"安全就是被判断为不超过允许极限的危险性，也就是指没有受到损害的危险或损害概率低的通用术语"。人们现在普遍接受的安全，是指在生产活动过程中，能将人或物的损失控制在可接受水平的状态。换而言之，安全意味着人或物遭受损失的可能性是可以接受的，若这种可能性超过了可接受的水平，即为不安全。

根据不同的行业，其危险源不同，安全要点也不同，按照行业分类或事故特点分类，包括矿山安全、化工安全、建筑安全、机械安全、电力安全、冶金安全、消防安全、交通安全、特种设备安全、其他安全（食品安全、生态安全、核安全、公共卫生安全等）10类。

安全管理重点主要包括对人、设备、环境及作业的安全管理。安全管理手段主要有经济、行政、思想教育和法律手段。

（二）安全的基本特性

1. 安全的系统性

安全涉及技术系统的各个方面，包括人员、设备、环境等因素，特别是像轨道交通这样的开放系统，安全既受系统内部因素的制约，也受到系统外部环境的干扰。安全的恶化状态，即事故，不仅可能造成系统内部的损害，而且可能造成系统外部环境的损害。因此，研究和解决安全问题应从系统观点出发，运用系统工程的方法，进行综合治理。

2. 安全的相对性

安全的相对性表现在3个方面。首先，绝对安全的状态是不存在的，系统的安全是相对于危险而言的。其次，安全标准是相对于人的认识和社会经济的承受能力而言，抛开社会环境讨论安全是不现实的。最后，人的认识是无限发展的，对安全机理和运行机制的认识也在不断深化，对安全的认识存在相对性。

3. 安全的依附性

安全是依附于生产而存在的，不可能脱离具体的生产过程而独立存在，只要存在生产活动，就会出现安全问题。相反，安全是生产的前提和保障，安全工作搞得不好，生产便无法顺利进行。

4. 安全的间接效益性

安全的间接效益性是指要保证生产安全，必须在人员、设备、环境和管理方面有相应适用的安全投入，但安全投入所产生的经济和社会效益却是间接的、无形的，难以定量计算。因此，安全投入往往被忽视，只有发生了事故，造成了损失之后，才会意识到安全投入的必要性和重要性。

5. 安全的持续性

人对安全的认识在时间上往往是滞后的，很难预先完全认识到系统存在和面临的各种危险，而且即使认识到了，有时也会由于受到当时技术条件的限制而无法予以控制。随着技术进步和社会发展，老的安全问题解决了，新的安全问题又会产生。所以，安全工作是一个长期的过程，必须坚持不懈，始终如一地努力才行。

二、安全管理

（一）安全管理的基本内涵

安全管理（safety management）是管理科学的一个重要分支，是为实现安全目标而进行的有关决策、计划、组织和控制等方面的活动。它主要运用现代安全管理原理、方法和手段，分析和研究各种不安全因素，从技术上、组织上和管理上采取有力的措施，解决和消除各种不安全因素，防止事故的发生。大体可归纳为安全组织管理、场地与设施管理、行为控制及安全技术管理4个方面，分别对生产中的人、物、环境的行为与状态，进行具体的管理与控制。

安全管理的对象是生产中一切人、物、环境的状态管理与控制，是一种动态管理，是保证生产处于最佳安全状态的根本环节，要在发展中提高；安全管理要处理好安全与质量、速度与效益的关系，要并驾齐驱，平衡发展；安全管理重在控制，对生产因素状态的控制，与安全管理目的关系更直接，显得更为突出，生产活动中必须坚持"全员、全过程、全方位、全天候"的"四全"动态安全管理，要发挥全体员工的主观能动性，防止一阵风式的安全管理，防止走过场、形式主义。

（二）安全的系统控制

为了维持系统的正常运转，系统的活动均须控制。控制就是按照预先设定的标准或目标，对某个过程施加某种影响的行为。信息传递与信息反馈是控制的基础。安全系统的控制往往通过施加一定的安全保证措施，对存在的隐患进行预防控制。

1. 系统控制的种类

1）反馈控制

通过检测系统运行过程的输出结果，将检测结果回馈到运行过程中去，再将纠正措施输入该运行过程中，最终获得预期的输出结果。反馈控制的特征是一种事后控制，相对比较滞后。反馈控制有两种：一是输出反馈；二是系统内部状态反馈。

2）前馈控制

通过监控运行过程的输入，确定其标准要求符合目标。如果不符合，为实现输出预期目标就要采取措施，改变运行过程。前馈控制克服了反馈控制的迟滞性，便于决策人员及时采取相应措施纠正偏差，实现预期目标。反馈和前馈控制如图1.1所示。相比而言，前馈控制比反馈控制更直接、更有效。前馈控制对于安全的控制应该非常有效。通过提前控制系统中每个作业环节、每种设施，根据检测信息分析可能引发事故的要素，采取有效措施加以防范，可以消除事故隐患，有效预防事故的发生，减少损失。

通常情况下，若系统已经发生了事故，往往采用反馈控制法总结经验教训，提出改进措施，可阻止同类事故再次发生，避免无谓的损失。图1.1中的随机干扰指的是环境对系统的影响。

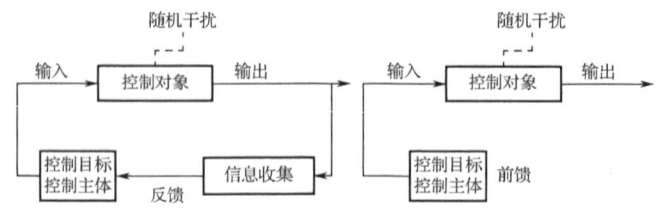

图1.1　反馈控制和前馈控制

当然也可根据事先设定的安全目标（限制），对监测信息加以分析评价，将评价结果与预先设定的目标加以对比，及时采取措施纠正偏差，保障系统朝着既定安全方向发展。

2．控制系统的构成要素

1）控制对象

控制对象即控制的内容，包括交通运输环节、设施、人员、能量。

2）控制目标

预先设定的目标或标准，包括运输生产目标、经济目标、安全目标、作业标准等。目标要切合实际，层层分解下去。

3）控制主体

下达控制命令，制定控制措施的运营管理或安全管理组织机构。

3．系统控制的程序

首先制定控制目标和安全评价准则（或方法），随后对信息进行搜集处理分析，最后将分析结果与控制目标对比，纠正偏差，达到系统预期目标，对于城市轨道交通安全系统而言，通过安全管理、安全教育、安全技术等手段进行控制，可以有效减免事故的发生。

4．安全管理的控制原则

1）闭环控制原则

安全控制讲求目的性和效果，要有评价和反馈机制。系统包括输入、输出，通过信息反馈进行决策并控制输入，此完整过程为闭环控制。从图1.2可知，这样的闭环控制能达到优化的目的；同时，搞好闭环控制的关键是必须要有信息反馈和控制措施。

2）分层控制原则

安全管理和技术的设计实现要有阶段性、协调性。采用多层次控制原则，目的是增加对事故危险控制的可靠程度。一共包括5个层次，即根本的预防控制、不允性控制、防止事故扩大的预防性控制、经常性控制及紧急性控制。

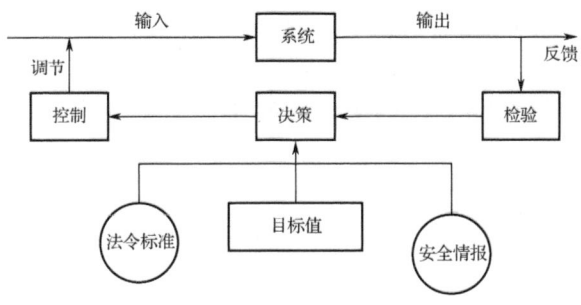

图 1.2　闭环控制

3）分级控制原则

安全控制要有主次，单项解决与整体控制要分工明确、相互配合，必须采用分级控制，各子系统可自己调整和实现控制。

4）动态控制原则

系统是运动、变化的，要正确、适时地对系统安全进行控制。

三、城市轨道交通安全管理

安全是城市轨道交通企业的头等大事，安全是实现社会效益和企业效益的保证；安全是轨道交通行业的重要内容，安全是法律赋予轨道交通系统的义务和责任。

城市轨道交通的安全管理主要包括行车安全、安全法规、安全技术、安全教育、安全信息及安全资金管理等内容。城市轨道交通安全的主要表现形式是行车安全，同时还包括机械安全、电力安全、特种设备安全、消防安全等检修作业安全。

城市轨道交通系统安全管理工作具有联动性大、动态性强、技术性强、受外部环境影响大、事故后果严重等特点。城市轨道交通安全管理的目的是健全管理制度，使人员、设备、环境组成一个能够有效实现预期目标的系统。在其运营管理过程中，有效地防止和消除人身伤亡事故和设备损毁事故，变危险为安全，变有害为无害。

任务二　危险与事故

学习任务

1. 认知危险与危险源。
2. 认知事故与事故的基本特征。
3. 认知城市轨道交通事故灾害的类型。
4. 了解城市轨道交通危险源与事故之间的关系。

**目标要求**

1. 掌握危险与危险源的基本概念。
2. 理解事故与事故的基本特征。
3. 熟悉城市轨道交通事故灾害的类型。
4. 了解城市轨道交通危险源与事故之间的关系。

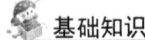**基础知识**

一、危险

（一）危险与安全

根据系统安全工程的观点，危险是指系统中存在导致发生不期望的后果的可能性超过了人们的承受程度。一般用危险度来表示危险的程度。在安全生产管理中，危险度用生产系统中事故发生的可能性与严重性表示。

危险与安全是相对的概念，按照系统安全工程的观点，无论安全还是危险都是相对的，安全性与危险性互为"补数"。

（二）危险源及类型

导致人员伤害或财产损失事故的不安全因素，也即产生危险的源头，称为危险源。危险源可以分为3类。

第一类危险源（又称静态危险源）是指系统中存在的、可能发生意外释放的能量（能源或能量载体）或危险物质。此类危险源是从能量的角度分类的，它们具有的危险物质越多、危险性越高，那么导致的破坏性或干扰性的程度就越深，为防止第一类危险源引发事故，人们必须采取相应的措施方法来约束和控制能量或危险物质，即第一类危险源，进而就产生了第二类危险源。

第二类危险源。在生产生活中，人们为了让能量或危险物质遵循他们的意图在系统中流动、转换或做功，就必须采取措施来约束或限制它们，防止其意外释放而导致事故，但实际上，绝对可靠的约束控制措施是不存在的，在诸多外界或措施自身的原因之下，约束、限制能量或危险物质的措施可能失效，进而导致事故。因此，把导致能量或危险物质的约束、限制措施破坏或失效的各种不安全因素称为第二类危险源。第二类危险源包括3个方面，即人、机、环。

第三类危险源是指不符合安全的组织因素，它包括组织程序、组织文化、规则、制度，以及组织人的不安全行为、失误等。

（三）三类危险源与事故之间的关系

第一类危险源的危险性是固有的、不可变的，而第二类危险源和第三类危险源随着现代科学技术的不断创新、管理水平和人员素质的不断提高而在发生变化，所以我们可以将第二类危险源和第三类危险源统称为动态触发型危险源，主要包括人的失误、物的障碍、系统运行环境,以及组织或管理失误。3类危险源与事故之间的关系如图1.3所示。

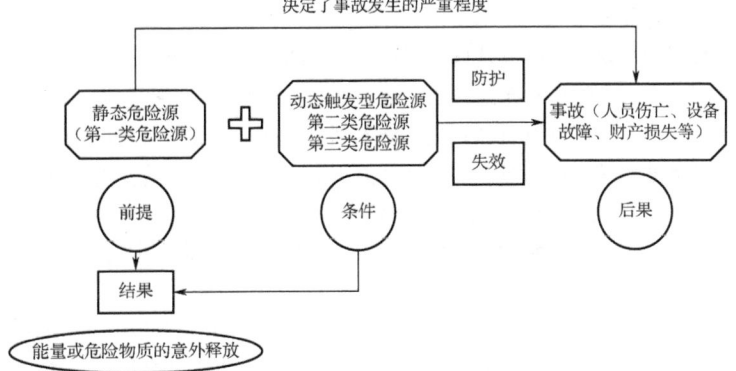

图1.3　3类危险源与事故之间的关系

(四) 城市轨道交通的危险源

城市轨道交通常见的第一类危险源如下。

(1) 产生、供给能量的装置、设备,如地铁运营系统中的电力设备等。

(2) 能量的载体,如高速运行中的地铁列车等。

(3) 危险物质,如列车内或站台上的可(易)燃物质等。

城市轨道交通常见的第二类危险源如下。

(1) 人,是指人的失误,人的失误可能导致对第一类危险源的控制措施的破坏,造成能量或危害物质的意外释放,从而引发事故。例如,人的违规作业导致设备故障,从而引发运营事故。

(2) 机,是指物的故障,即由于性能低下而不能实现预定功能的现象。物的故障或直接引起约束、限制能量或危害物质的措施失效,从而造成事故的发生。例如,轨道故障引发脱轨事故。

(3) 环,是指系统运行的物理环境,以及企业、社会软环境,不良的系统运行环境。例如,暴雨天气引发雨水倒灌进入地铁列车运行隧道,导致停运事故。

二、事故灾害

(一) 事故的基本概念

事故发生在人类社会生产和生活活动过程中,起因可能是由于人的操作失误或安全意识不强,或是由于设备长期老化失修,或是由于一些外界因素(如地震、风暴等)引起并迫使生产活动停止,造成人员财产伤亡的意外事件。事故灾害的影响范围巨大,与人们的生命财产安全息息相关,我国在这方面也制定了相关的法律法规,对事故灾害的相关处理方式和责任进行了原则性的规定。

（二）事故的基本特征

1. 事故的复杂性

事故的起因非常繁杂，可能是自然因素，也可能是人为因素，还有可能是自然原因和人为原因共同作用。事件从其起因开始，到事件的出现、发展直至结束，都充满了不确定因素，任何一个细小的环节没有做到或者做不到位，都可能导致处置结果产生巨大差异。事故灾害的发生虽然是具有随机性和偶然性的小概率事件，但是其发生机理和演化过程却是复杂多变的，整个事故灾害事件也是一个高阶多反馈的复杂系统。从众多事故灾害中可以看出，一旦人们对具有危险性的要素无法控制的时候，事故灾害发生的可能性就大大增加。

2. 事故的突发性

事故具有明显的突发性，绝大多数事故灾害在发生之前没有征兆，即便是有也不容易被察觉，而且一旦爆发就会迅速扩展。因此事件在发生后，要求决策者必须在最短时间内做出有效的应对策略，一旦延时，便会使事件蔓延，带来更加严重的后果。由于事故的突发性和破坏直接性，使得应急管理存在决策时间短、救援难度大的困难情况，要做出及时正确的应急决策可谓是非常困难。

3. 事故的危害性

事故发生将对企业乃至社会产生广泛且深远的影响。一旦发生事故灾害往往是对很多人的生命财产安全造成危害，严重时甚至会危及整个国家民族。正是由于事故灾害的危害性，使得事故的应急决策显得尤为重要，甚至关系到社会的稳定和经济的发展。

依据事故发生"人—机—环"的一般性原理，事故灾害的发生和演化要素可以归纳为物质能量释放、外界环境、人的因素、管理不足4个方面。

三、城市轨道交通运营事故类型

城市轨道交通运营事故可根据事件性质分为列车事故、火灾事故、恐怖袭击、自然灾害、系统水灾5大类。

（一）列车事故

城市轨道交通列车事故主要是指运营过程中发生的列车相撞、列车脱轨等造成人员伤亡、运营中断等严重后果的事故。

（二）火灾事故

火灾事故是对城市轨道交通造成影响最为严重、危害最大的一类事故。

（三）恐怖袭击

城市轨道交通中的恐怖活动形式主要有人为纵火、爆炸、投放毒气等。

（四）自然灾害

对城市轨道交通系统造成影响的自然灾害主要包括地震、大风、雷击、洪水、雨雪、冰冻等。

项目一　城市轨道交通安全管理核心概念释义

（五）系统水灾

城市轨道交通系统水灾事故多数是由于系统内部水管爆裂、地下结构破坏渗水等造成的水淹事故。

任务三　应急与应急预案

学习任务

1. 认知应急和突发事件。
2. 认知应急预案及适用范围。
3. 认知城市轨道交通应急处置的原则。
4. 认知城市轨道交通应急预案。

学习目标

1. 理解应急的概念和突发事件的分类。
2. 掌握综合应急预案、专项应急预案和现场处置方案的含义和适用范围。
3. 了解城市轨道交通应急处置的原则。
4. 从突发事件类型及事件处理阶段等不同角度来分析城市轨道交通应急预案。

基础知识

一、应急

（一）应急的概念

应急是指应对突然发生的需要紧急处理的事件。其中包含两层含义：客观上，事件是突然发生的；主观上，需要紧急处理这种事件。国外钱伯斯词典把应急（Emergency）定义为：突然发生并要求立即处理的事件。

一般来说，应急包括以下因素。

（1）由哪些人来应对？
（2）可能出现哪些种类的突发事件？
（3）突发事件严重程度如何划分？
（4）突发事件过程如何划分？
（5）在突发事件各个过程中如何应对？

（二）突发事件的分类

突然发生的需要紧急处理的事件，通常被人们简称为紧急事件或者突发事件。根据突发事件的性质，可将突发事件分为以下4种。

1. 自然灾害

自然灾害是指大自然引入的灾害，如雪崩、干旱、地震、洪水、饥荒、泥石流、严寒、海啸、火山爆发等。

2. 事故灾害

事故灾难是指人为灾难，是由人类故意或者过失造成的灾难，如纵火、化学泄漏、爆炸、核爆炸、紧急迫降、投毒、管道破裂、地铁列车碰撞、火车碰撞或出轨；由水灾引发的其他事故等。

3. 公共卫生事件

公共卫生事件是指如传染病疫情、群体性不明原因疾病、食品安全和职业危害、动物疫情、其他严重影响公众健康和生命安全的事件等。

4. 社会安全事件

社会安全事件是指如恐怖袭击事件、经济安全事件、涉外突发事件等。

各类突发公共事件按照其严重程度、可控性和影响范围等因素，一般分为4级：Ⅰ级（特别重大）、Ⅱ级（重大）、Ⅲ级（较大）、Ⅳ级（一般）。

二、应急预案

（一）应急预案的内涵

应急预案指面对突发事件如自然灾害、重特大事故、环境公害及人为破坏的应急管理、指挥、救援计划等。应急预案应建立在综合防灾规划上。

应急预案应包括完善的应急组织管理指挥系统，强有力的应急工程救援保障体系，综合协调、应对自如的相互支持系统，充分备灾的保障供应体系，体现综合救援的应急队伍等。

（二）应急预案的类型

应急预案包括综合应急预案、专项应急预案和现场处置方案3类。

1. 综合应急预案

综合应急预案是从总体上阐述事故的应急方针、政策，应急组织结构及相关应急职责，应急行动、措施和保障等基本要求和程序，是应对各类事故的综合性文件。

2. 专项应急预案

专项应急预案是针对具体的事故类别、危险源和应急保障而制定的方案，是综合应急预案的组成部分，应按照应急预案的程序和要求组织制定，并作为综合应急预案的附件。专项应急预案应制定明确的救援程序和具体的应急救援措施。

3. 现场处置方案

现场处置方案是针对具体的装置、场所或设施、岗位所制定的应急处置措施。现场处置方案应具体、简单、针对性强。现场处置方案应根据风险评估及危险性控制措施逐一编制，做到事故相关人员应知应会、熟练掌握，并通过应急演练，做到迅速反应、正确处置。

应急预案应形成体系，针对各级各类可能发生的事故和所有危险源，制定专项应急预案和现场处置方案，并明确事前、事发、事中、事后的各个过程中相关部门和有关人员的职责。

三、城市轨道交通应急处置机制

城市轨道交通应急处置机制是指对城市轨道交通运营中发生的事故、故障、突发事件能及时做出反应，并采取有效措施，以尽快恢复正常运营秩序，以及相关组织机构的功能和相互关系。应急处置机制包括反应和处理两方面。应急反应机制是指相关部门对事故故障的探测和判断、信息的传递和决策、对乘客及外界信息的发布等功能、技术手段及相互关系。应急处理机制是相关部门对事故故障现场处理、乘客的疏散，以及外界对处理提供支持的功能、技术手段和相互关系。城市轨道交通应急反应机制要求建立运营信息的收集、处理、传递和发布系统。城市轨道交通应急处理机制则要求建立相关的应急预案体系，保证一旦发生事故故障，能实现快速、有效的处理，使其造成的影响和损失最小化。城市轨道交通应急反应机制和城市轨道交通应急处置机制通过信息的传递和相互作用而有机地结合。

四、城市轨道交通应急预案体系

（一）城市轨道交通应急预案的特点

城市轨道交通运营部门积累了大量的处置各类故障、事故和突发事件的经验，制定了许多相应的预案，城市轨道交通应急预案体系以应急处理机制为基础，建立完整的预案体系，预案体系具有以下特点。

（1）分类清楚，便于预案的管理和查询。
（2）格式规范，便于预案的修订和阅读。
（3）内容科学，能够对现场操作进行实际可行的指导。
（4）体系完整，能够满足轨道交通运营组织各部门在事件处置各阶段的协同工作需要。

（二）城市轨道交通应急预案的类型

从制定和执行预案的部门和组织管理层次、针对的事件类型及事件处理阶段 3 个角度对城市轨道交通应急预案进行以下分类。

1. 按照制定和执行预案的部门和组织管理层次分类

不同组织管理部门的管理范围、任务和制定预案所处的角度不同，城市轨道交通应急预案的具体内容、专业方向和侧重点也不同。城市轨道交通应急预案的层次结构如图 1.4 所示。

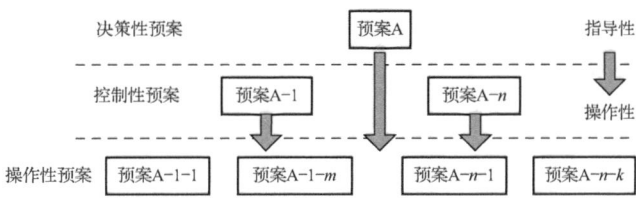

图 1.4　城市轨道交通应急预案的层次结构

2. 按照针对的事件类型分类

由于事故、故障和突发事件的种类及严重程度不同，对应的预案文件无论从内容还是等级要求上都不同，可分为故障处置预案、事故处置预案、突发事件处置预案等。如图 1.5 所示，将预案 A 和预案 B 的重叠部分剥离出来形成单独的预案 C，避免预案间内容的重叠。这样可以使预案针对性更强，执行时层次更清晰，阶段更清楚，责任划分更明确。

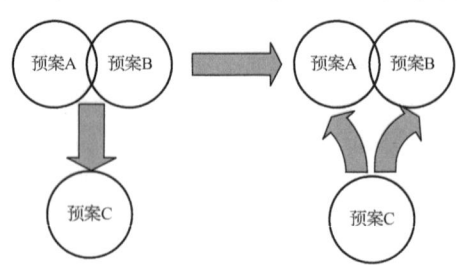

图 1.5　不同城市轨道交通应急预案的关系

3. 按事件处理阶段分类

在事件的处理过程中，因为处理的效果不同，可根据事态发展和影响程度，制定不同阶段的处理预案，如图 1.6 所示。不同阶段的预案处理对象和处理力度有所不同。

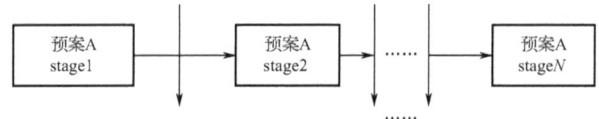

图 1.6　城市轨道交通应急预案分阶段

不同的分类预案具有各自的特点和用途，按部门和组织管理层次分类，可以确定某层预案的细化程度；按事件类型分类，可以确定事件预案的独立程度，使预案模块化；按事件处理阶段分类，可以使事件的处理动态化，阶段分明，利于根据事件的具体形势具体分析。

这 3 种分类特性组合起来就是对一项预案的 3 个特性的描述，可以明确一项预案的地位和重要性，因此应成为预案规范化和优化的基础。

任务四　安全分析与评价

学习任务

1. 认知安全分析。
2. 认知安全评价。
3. 认知城市轨道交通安全分析与评价。

学习目标

1. 掌握安全分析的方法及其特点。

项目一 城市轨道交通安全管理核心概念释义

2. 了解安全评价的内容和方法。
3. 掌握城市轨道交通安全评价的内容和要求。

基础知识

一、安全分析

安全分析是指使用系统工程的原理和方法，辨别、分析系统中存在的危险因素，并根据实际需要对其进行定性、定量描述的技术方法。其目的是为了保证系统安全运行，查明系统中的危害因素，以便采取相应措施控制危险。

（一）安全分析的内容

安全分析主要分析导致系统故障或事故的各种因素及相互之间的关系，通常包括以下内容。

（1）对可能出现的初始的、诱发的及直接引起的各种危害因素及其相互关系进行调查和分析。

（2）对与系统有关的环境条件、设备、人员及有关因素进行调查和分析。

（3）对能够利用适当的设备、规程、工艺或材料控制或者根除某些特殊因素的措施进行分析。

（4）对可能出现的危害因素的控制措施及其事实措施的方法进行调查和分析。

（5）对不能根除的危险因素失去控制或减少控制可能出现的后果进行调查和分析。

（6）对危险因素一旦失去控制，为了防止伤害和损害的安全防护措施进行调查和分析。

（二）安全分析的分类

安全分析方法有许多种，有定性的和定量的，有逻辑推理的和综合比较的。比较广泛应用的有以下几种。

1. 安全检查表分析法

安全检查表分析法是将系统中检查对象加以剖析，界定检查范围，拟定检查项目表格，通过一定的方式获得系统安全状况的检查结果。

2. 预先危险性分析法

预先危险性分析法又称初始危险分析法，是安全评价的一种方法。是在每项生产活动之前，特别是在设计的开始阶段，对系统存在危险类别、出现条件、事故后果等进行概略的分析，尽可能评价出潜在的危险性。

3. 故障类型和影响分析法

故障类型和影响分析法是一种归纳分析法，主要是在设计阶段对系统的各个组成部分进行分析，找出它们所能产生的故障及其类型，查明每种故障对系统的安全所带来的影响，判明故障的重要度，以便采取措施予以防止和消除。

4. 事故树分析法

事故树分析法又称事故预测技术，是将导致事故发生的所有基本原因事件找出，把它

们通过逻辑推理方式，用逻辑门连接起来，运用定性分析或定量分析的方法得到导致事故发生的基本事件的最小组合及预防事故发生的各种有效方案，为事故的预防工作提供较为全面、可靠的依据。

5. 事件树分析法

事件树分析法是根据实际工作需要，选出希望或不希望的时间作为开始时间，按照逻辑推理方式，推论其发展结果。事件的发展趋势只有两种可能性，即失败或成功。把每个结果都看作新的起始事件，不断推论下去，直到找出事件发展的所有可能结果为止。

（三）安全分析方法的比较

几种典型的安全分析方法的比较见表1.1。

表1.1 安全分析方法的比较

分析方法	目的	类别	特点	应用条件	优缺点
安全检查表分析法	危险有害因素分析安全等级	定性定量	按事先编制的要求逐项检查，按规定标准评分	有事先编制的各类检查表及赋分、评级标准	简单方便、易于掌握、编制检查表难度及工作量大
预先危险性分析法	危险有害因素分析危险等级	定性	各类系统设计、施工、生产、维修前的概略分析和评价	分级评价人员熟悉系统，有丰富的知识和实践经验	简便易行，受分级评价人员主观因素影响
故障类型和影响分析法	故障原因影响程度等级	定性	机械电器系统、局部工艺过程的事故分析	有根据分析，要求编制表格	较复杂、详尽受分级评价人员主观因素影响
事故树分析法	事故原因事故概略	定性定量	宇航、核电、工艺、设备等复杂系统的事故分析	熟练掌握方法和事故、基本事件间的联系，有基本事件概率数据	复杂、工作量大、精确。故障树编制有误，易失真
事件树分析法	事故原因触发条件事故概率	定性定量	各类局部工艺过程、生产设备、装置的事故分析	熟悉系统、元素间的因果关系、有各事件发生概率	简便、易行、受分析评价人员主观因素影响

二、安全评价

（一）安全评价的含义

安全评价又称危险性评价或风险评价，是以实现系统安全为目的，应用安全系统工程原理和工程技术方法，对系统中固有或潜在的危险因素进行定性或定量分析，得出系统发生危险的可能性及其后果严重程度的评价。即在对系统辨识和安全分析的基础上，对系统的安全性或危险性，按有关的标准、规范、安全指标予以衡量，对危险的程度进行分级，以便据此结合现有科学技术水平和经济条件，提出控制系统危险性的安全措施。

（二）安全评价的内容

理想的安全评价包括危险性辨识和危险性评价两部分。

1. 危险性辨识

危险性辨识是指利用安全系统工程的理论和方法，分析系统及其各要素所固有的安全隐患，揭示系统的各种危险性。

2. 危险性评价

危险性评价是指根据危险性辨识的结果，采取各种措施减少或消除危险，并同既定的安全指标或目标相比较，判明所具有的安全水平，直到达到社会所允许的危险水平或规定的安全水平为止。

（三）安全评价的形式

《中华人民共和国安全生产法》第二十四条规定："生产经营单位新建、改建、扩建工程项目的安全设施，必须与主体工程同时设计、同时施工、同时投入生产和使用。"安全评价又分为安全预评价、安全验收评价和安全现状评价3种形式。

1. 安全预评价

安全预评价是在可行性研究阶段，根据同类项目在工程建设和运营过程中已发生的相关安全事故的特点，分析和预测该项目在建设过程中及建成投产后的运营过程中固有和可能出现的危险和有害因素，并对其进行定性、定量评价分析，明确危险、有害因素的种类及危害程度，进而从安全技术和管理等方面提出可行的安全对策措施，提高项目的本质安全程度。同时，也为今后安全管理的系统化、标准化和科学化提供依据，为安全监督管理部门实施安全监察管理提供依据。

2. 安全验收评价

安全验收评价是在项目竣工、试运行正常后，通过对该项目的设施、设备、装置实际运营状况和管理状况的调查分析，查找该项目投产后存在的危险和有害因素，确定其危险度，提出合理可行的安全对策措施及建议，对未达到安全目标的系统或单元提出安全补偿及补救措施，保证项目的本质安全程度，满足安全生产要求。

3. 安全现状评价

安全现状评价是指在生产运营期，针对运营系统某一运营单位总体或局部的安全现状进行安全评价，通过对设施、设备、装置实际情况和管理状况的调查和分析，查找其存在的危险、有害因素并确定危险度，提出合理可行的安全对策措施，将安全风险控制在安全、合理的程度。

（四）安全评价的程序

（1）资料收集与研究。

（2）危险因素辨识与分析。

（3）评价方法选择与确定。

（4）安全评价的具体实施。

（5）提出降低和控制危险的策略。

（五）安全评价的方法

几种典型的安全评价的方法及适应情况见表 1.2。

表 1.2　安全评价的方法及适应情况

评价方法	设计阶段	施工阶段	日常运营	改建扩建	事故调查
安全检查分析法	√	√	√	√	
预先危险性分析法	√	√	√	√	√
故障类型和影响分析法		√	√	√	√
事故树分析法		√	√	√	√
事件树分析法		√	√	√	√
安全综合评价法	√	√	√		

三、城市轨道交通安全评价

（一）城市轨道交通安全评价的内容

城市轨道交通安全评价是以特定的城市轨道交通系统为研究对象，通过调查等手段获得研究范围内特定时间段的与事故相关的信息，应用适合的评价指标和方法，对研究范围区进行安全程度的系统评价，并给出城市轨道交通系统或其子系统存在的或潜在的安全问题，以及如何达到可接受安全水平的评价报告。

（二）城市轨道交通安全评价的框架

城市轨道交通安全评价以实现城市轨道交通系统安全为目的，应用安全系统工程原理和方法，对系统中存在的危险、有害因素进行识别与分析，判断系统发生事故和急性职业危害的可能性及其严重程度，提出安全对策、建议，从而为系统制定防范措施和管理决策提供科学依据。城市轨道交通系统安全评价的基本框架如图 1.7 所示。

（三）城市轨道交通安全评价的要求

城市轨道交通安全评价是为了保证轨道交通系统安全的一项技术性工作，安全评价牵扯到轨道交通系统安全的各个方面，对其参与评价的相关技术人员有 3 个方面的要求。

1. 技术要求

轨道交通的事故发生和安全状况是由于内部因素和外部因素共同作用的结果，所以要求相关的评价人员有丰富的轨道交通安全管理的经验。

2. 公平要求

参与评价的相关人员须结合安全评价的专业知识和安全管理经验等，从安全的角度提出轨道交通的安全问题。

3. 独立性要求

评价人员要从用户的角度去审视轨道交通存在的安全问题。

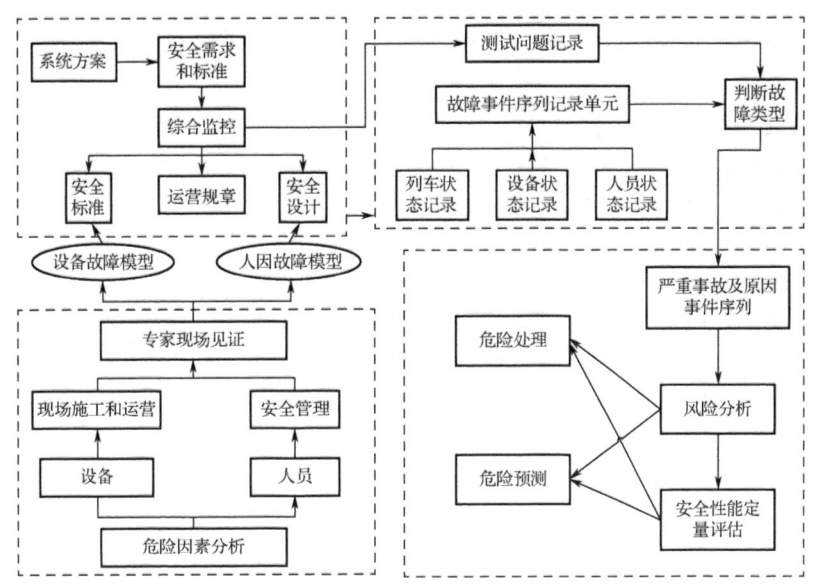

图 1.7　城市轨道交通系统安全评价的基本框架

（四）城市轨道交通安全评价的工作要点

1. 决策阶段的安全评价

决策阶段要对线路的安全可靠性、运营状况安全性进行专项论证及环境影响评价，并对施工方法的安全性进行论证，包括工程本身的施工安全及对周围环境的安全影响。

2. 建设阶段的安全评价

建设阶段是事故多发阶段，也是减少运营阶段风险隐患的关键时期。在初步设计阶段要编制风险评估专篇，确保在施工阶段安全保障费用的投入，针对风险较大的因素制定应急预案。

（1）勘察安全评价。勘察安全评价主要针对由于土体的空间变异性、试验方法的不确定性、计算公式的不确定性及土体参数的统计误差等原因引起的风险，通过采用先进的高精度试验仪器及培训试验人员，确保室内试验和原位测试数量及质量，提高勘察的质量和精度。

（2）设计质量安全评价。加强对设计基础性资料的收集整理，采用新的设计理论，借助先进的计算工具，必要时通过实验得出关键的设计数据和参数等。

（3）施工安全评价。在设计阶段，根据施工方法来预测地面沉降范围、沉降量和影响范围，对"影响范围"内的地面建筑物、道路、管线进行调查，确定施工过程中的保护对象，并建立完整的档案。

3. 运营阶段的安全评价

城市轨道交通运营安全评价须考虑技术设备、网络运输能力、运营组织方案、突发事件等主要因素，由此衍生出安全管理评价、运营组织与管理评价、设备设施评价和外界环境评价、事故风险水平评价、应急救援评价等。

 思考与练习

1. 解释安全和安全管理的基本概念。
2. 简述城市轨道交通安全管理的基本领域。
3. 解释危险源的分类。
4. 举例说明城市轨道交通运营事故的危险源。
5. 简述城市轨道交通事故的类型。
6. 简述城市轨道交通应急管理的基本内涵。
7. 什么是安全分析？安全分析的方法有哪些？
8. 什么是安全评价？简述城市轨道交通安全评价基本方法。

项目二　城市轨道交通安全管理体系认知

教学目标

通过本项目的教学，使学生了解城市轨道交通安全体系的组织架构，理解城市轨道交通安全管理体系的目标和原则，掌握城市轨道交通安全管理体系的基本领域；了解城市轨道交通运营安全对人员的素质要求，掌握乘客安全管理的基本方法；了解城市轨道交通设备安全影响因素，掌握实现设备安全管理的途径；了解城市轨道交通行车安全管理基本内涵；理解城市轨道交通消防安全管理的重要性；了解影响城市轨道交通运营安全的环境因素，熟知实现车站环境安全管理的基本措施。

知识要点

1. 城市轨道交通安全管理体系的组织结构。
2. 城市轨道交通安全管理体系的目标和原则。
3. 城市轨道交通人员安全管理的基本内容。
4. 城市轨道交通设备安全管理的基本内容。
5. 城市轨道交通行车安全管理的基本内容。
6. 城市轨道交通消防安全管理的基本内容。
7. 城市轨道交通环境安全管理的基本内容。
8. 地铁安全管理体系与安全文化建设案例。

任务一　城市轨道交通安全体系组织架构认知

学习任务

1. 认知城市轨道交通安全管理体系结构。
2. 认知城市轨道交通安全管理体系各子系统的基本功能。
3. 认知城市轨道交通安全管理的组织机构与职能。

学习目标

1. 掌握城市轨道交通安全管理体系的目标和原则。
2. 熟悉城市轨道交通安全管理体系基本结构。
3. 了解城市轨道交通安全管理体系各个子系统的基本功能。
4. 了解城市轨道交通安全管理的组织机构与职能。

基础知识

城市轨道交通是城市公共交通的重要组成部分，它面向公众提供快速、便捷、高效的交通运输服务。加强城市轨道交通安全管理，确保城市轨道交通运转正常和乘客出行安全，是城市轨道交通健康发展的必要条件。城市轨道交通具有线路覆盖面广、技术设备复杂、运输组织专业性强、客流量大、车次多、高峰低谷落差显著、时效性强等特点，而其建设一般又采取地下或高架形式较多，城市轨道交通安全管理难度相对大。为此，建立和完善城市轨道交通综合安全管理体系是加强城市轨道交通安全管理的重中之重。

一、安全管理的目标与原则

安全管理系统是由与生产安全问题有关的相互联系、相互作用、相互制约的若干因素结合成的具有特定功能的有机整体。城市轨道交通安全管理系统不只是运营管理大系统下的子系统。安全管理系统的中心任务是对城市轨道交通运营管理系统的安全状况进行管理和控制。在这个系统中，事故是被控制的对象，系统控制的目的是减少或消灭事故的发生及其影响，以提高生产系统的安全度。

城市轨道交通安全管理体系的目标是使城市轨道交通的安全生产与管理达到预先设定的标准，使事故等级和事故频率控制在预先规定的范围内。建立城市轨道交通综合安全管理体系应遵循差异性、明晰性、法律性和程序性原则。

二、城市轨道交通安全管理体系的基本结构

城市轨道交通安全管理体系通常由保证系统、控制系统和信息系统构成（见图2.1）。在这3个系统中，保证系统为整个管理工作提供组织保证和制度保证，是该体系运行的前提和根本。控制系统是整个管理工作的核心，是实现有效管理的关键环节，在整个管理体系中处于中心地位。信息系统是用来进行信息的收集、加工、转换，并利用信息进行预测和控制的，是整个安全管理工作的基础。

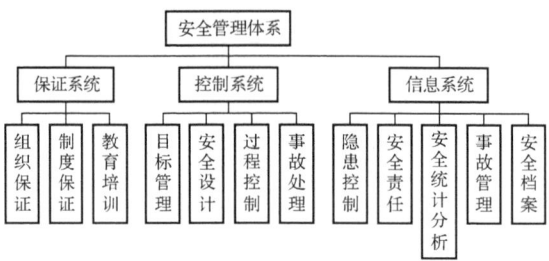

图 2.1 城市轨道交通安全管理体系结构

（一）保证系统

根据保证系统的地位和作用，将其分为组织保证、制度保证和教育培训。

1. 组织保证

安全贯穿于生产的全过程,既要通过对企业的各层次部门进行横向管理来实行决策方案的落实,更要通过纵向管理最终达到安全生产的目的。城市轨道交通安全管理组织网络图如图 2.2 所示。

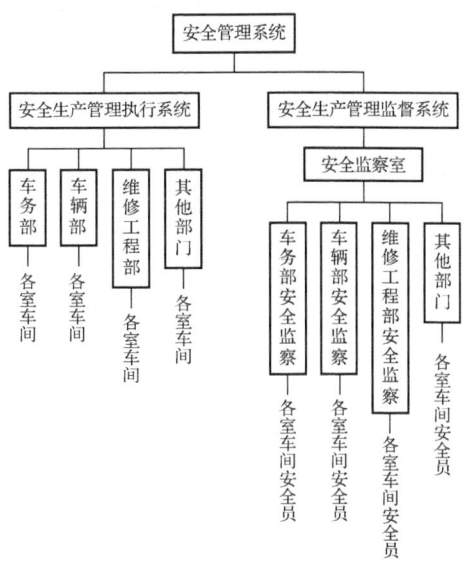

图 2.2　城市轨道交通安全管理组织网络图

2. 制度保证

建立以安全生产责任制为核心的安全管理规章制度是安全生产管理的依据和前提。岗位安全生产责任制是保证各级安全生产责任制具体落实到人的措施。安全责任应按照管理层次不同、分工不同,在每个岗位上都应该有一个明确的安全责任。纵向管理包括从最高管理者到每个作业人员,横向管理则包括各个部门的每个岗位。

3. 教育培训

安全教育是使职工适应作业环境的重要手段,如果不经过培训和教育,熟练掌握生产环境中有关作业的条件和知识,就难免产生人的不安全行为。因此,安全教育和培训是安全工作中特别重要的一环,是提高员工安全素质的重要内容。

(二)控制系统

控制系统是指为保证行为主体在变化的条件下实现其目标,按照事先拟定的计划和标准,通过采取各种方法,对被控过程中发生的各种实际值与计划值进行比较、检查、监督、引导和纠正,以保证计划目标得以实现的管理活动。控制机制如图 2.3 所示。

城市轨道交通安全管理的安全控制系统由目标确定、安全设计、过程控制和事故处理 4 部分组成。

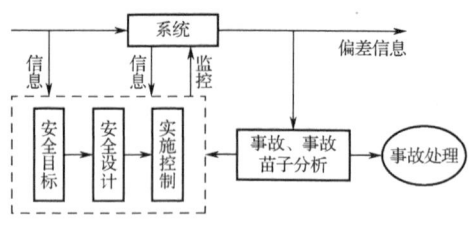

图 2.3 控制机制图

1. 目标确定

安全目标值应根据自身的安全状况、历年、特别是近期各项指标的统计数据，同时也应参照同行业、特别是先进企业（如香港地铁）的安全目标值来确定。安全目标值确定后，应自上而下展开分解落实到公司、车站（车辆段）、具体工种等，"纵向到底、横向到边"。

2. 安全设计

（1）信息资料收集，包括员工信息，安全难点、重点、危险、关键部位分析，以往事故和常见事故资料等。

（2）安全管理目标，包括公司的安全目标值、车站（间）的安全控制目标等。

（3）安全管理组织，包括安全管理网络图、部门与岗位的职责与权限等。

（4）安全生产策划，包括有针对性地确定控制和检查手段、措施，确定执行的文件、规范，应补充的安全管理规定。

（5）安全保证计划。

（6）运营现场的安全控制，包括对生产过程实施监督和控制的方法（重点、关键点的控制内容），生产人员上岗资格的要求，为达到规定要求所使用的安全技术和操作方法，其他工作组织设计等。

（7）事故隐患的控制，包括如何识别并控制事故的隐患，对检查表查出的不合格设施、不合格过程、不安全行为的具体处置方法和程序等。

3. 过程控制

安全生产的整个过程中每个阶段都可视为一个过程。过程控制即是通过安全检查获得反映系统安全状态的信息，根据预期状态对获得的信息进行分析判断，做出决策，制定改进方案；采取相应的措施，调节系统的人、设备、环境和管理等方面的输入情况和工作状况。另外，通过对隐患整改情况的检查，获得整改效果的信息，对整改方案加以调整，从而有效地控制安全系统的运行，达到防止或减少事故发生的目的。

4. 事故处理

事故处理是控制系统的一个有机组成部分，在对事故调查、分析和处理中所得到的经验、教训是未来进行安全设计、制定风险控制策略时最主要的依据。

（三）信息系统

管理与控制本质是信息处理，安全信息系统是现代安全管理系统必不可少的组成部分。城市轨道交通安全管理体系须建立性能良好、信息流畅且有组织合理的信息流结构的信息系统来保障运营安全。

1. 信息系统的内容

（1）建立生产管理信息网络，及时、准确、有效地搜集、传递安全信息，供各级管理人员和公司领导进行管理和决策。

（2）为保证安全管理体系的有效运作，建立隐患控制、安全责任、安全统计分析、事故管理、安全档案管理子系统，以提高工作效率和工作质量。

（3）建立计算机安全评价、分析辅助系统，使安全评价科学化。

（4）实现安全管理办公自动化，使工作流程规范化、制度化。

（5）建立应急预案数据库、安全文件和事故案例数据库，为应急管理提供信息，增加预测预防能力。

2. 信息系统的结构与功能

信息系统分为隐患控制、安全责任、安全统计分析、事故管理和安全档案5个子系统，具体情况如下。

1) 隐患控制子系统

隐患控制子系统是整个信息管理系统中的核心部分，其主要功能是收集各种固有隐患情况和确定事故类型，进行分析、分级、归类、制定风险控制策略，实现对安全生产的预先防范和动态控制，并将控制的结果及时总结归纳。

2) 安全责任子系统

安全责任子系统负责建立各级管理责任和考核指标，记录措施落实情况和考核结果，对安全员反馈的各种信息的数量和质量进行统计和评价。

3) 安全统计分析子系统

安全统计分析子系统负责建立安全作业计划安排表，收集日常安全生产报表。

4) 事故管理子系统

事故管理子系统对事故处理过程中需要描述事故的大量数据、文字、图形进行输入、归纳和整理，并要随时调阅各类图样、法令、法规、技术规范等信息，在此基础上形成对事故的总结与分析报告。

5) 安全档案子系统

安全档案子系统负责建立各级安全组织、安全管理人员、安全教育集训和劳动保护情况档案等。

三、城市轨道交通安全管理体系的基本领域

城市轨道交通安全管理体系的基本领域如图2.4所示。

（一）法律法规体系

法律法规体系是专门针对城市轨道交通行业安全管理的法律法规或其他法律法规中的有关条款，具有规定性、稳定性和强制性特点，是城市轨道交通综合安全管理体系正常运作的前提和保证。

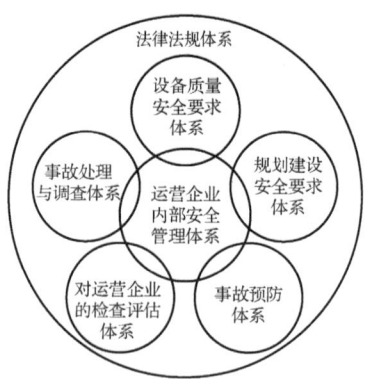

图 2.4 城市轨道交通安全管理体系的基本领域

（二）运营企业内部安全管理体系

运营企业内部安全管理体系包括运营企业安全管理制度、行车组织安全管理、设备安全管理和人力资源安全培训等内容。该体系贯穿于其他各体系之中并将其有机结合起来，是城市轨道交通综合安全管理体系的核心和主体。

（三）事故预防体系

事故预防体系是指针对各种事故发生的可能性，对人、设备、管理及环境的要求体系，包括对行车、设备、职工伤亡、乘客伤亡、火灾、水灾、震灾、风灾、爆炸、投毒等各种事故的预防。

（四）事故处理与调查体系

事故处理与调查体系包括受伤人员抢救和死难人员善后处理、抢修和重建、勘测和分析、责任划分及事故报告等内容。

（五）对运营企业的检查评估体系

对运营企业的检查评估体系主要包括对安全管理体系的评估、对安全生产标准执行情况的检查及相应的奖罚措施。

（六）规划建设安全要求体系和设备质量安全要求体系

规划建设安全要求体系和设备质量安全要求体系主要是指城市轨道交通项目规划建设和设备制造必须达到安全要求，以及投入运营后一定时期内对这些要求符合程度的规定。

四、城市轨道交通安全管理的组织机构与职能

（一）组织机构

针对城市轨道交通安全管理体系的内容，借鉴其他行业安全管理工作的经验，城市轨道交通安全管理体系的组织机构如图 2.5 所示。

项目二　城市轨道交通安全管理体系认知

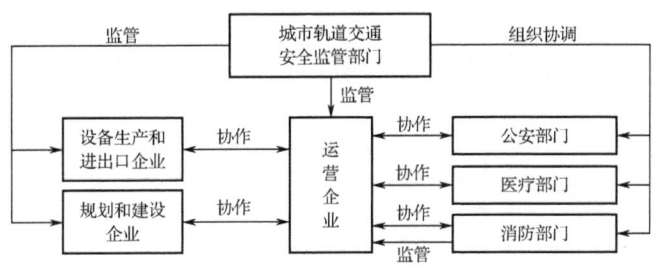

图 2.5　城市轨道交通安全管理体系的组织机构

(二) 部门职能

1. 国家和地方城市轨道交通安全监管部门

国家和地方城市轨道交通安全监管部门的主要职能：出台行政法规；制定行业安全管理政策和安全管理目标；依法对运营企业、规划建设企业及设备生产和进出口企业实施安全监管；向运营企业颁发安全许可，向设备制造和进出口企业、规划建设企业颁发安全资质证书；指导运营企业建立内部安全管理体系，定期对运营企业的安全管理工作进行检查评估；负责组织重大事故调查并提供事故调查报告；负责对公安、消防、医疗等部门的组织协调工作。

2. 运营企业

运营企业的职能：建立健全企业内部各项安全管理制度；科学合理地设置企业内部安全管理部门；综合运用各种管理手段，围绕运营组织开展安全管理工作，主要包括行车安全管理、设备安全管理、人力资源安全培训等；在法律法规规定的范围内，对乘客行使安全管理职能；搜集、积累、分析城市轨道交通安全管理信息资料；接受监管部门的检查和评估，按要求向其提交安全工作报告及其他与安全管理工作相关的文件，协助其做好重大事故处理和调查工作；加强与公安、消防、医疗等部门的联系与合作，确保部门间的协作达到城市轨道交通综合安全管理体系的要求。

3. 公安、消防和医疗部门

公安、消防和医疗部门的职能：负责各自职能范围内与轨道交通相关的安全管理工作，主要包括打击以城市轨道交通设施和乘客为目标或以城市轨道交通设施为主要场所的治安犯罪、火灾的预防和扑救，以及救治各类事故中的受伤人员。另外，消防部门还对运营企业实施消防监管。

4. 规划建设企业

规划建设企业部门的职能：在规划和建设过程中贯彻有关安全规定；向城市轨道交通安全监管部门提交工程图样或报告施工中有关安全设施的进展和完成情况。

5. 设备生产和进出口企业

设备生产和进出口企业的职能：按照有关安全要求组织产品的生产和进口；将产品送检或提供产品质量检验报告。

任务二　城市轨道交通人员安全

学习任务

1. 认知城市轨道交通人员安全的基本内涵。
2. 认知城市轨道交通运营安全对人员的要求。
3. 认知运营安全管理中的班组管理。
4. 认知乘客安全管理。

学习目标

1. 了解城市轨道交通人员安全的基本内涵。
2. 理解人在城市轨道交通安全管理中的主导作用。
3. 了解城市轨道交通运营安全对人员的素质要求。
4. 理解运营安全管理中的班组管理的意义。
5. 掌握乘客安全管理的基本方法。

基础知识

城市轨道交通安全与许多活动有关，所有各项活动都依赖于高效、安全和可靠的人的行为。乘客是城市轨道交通系统服务的对象，其在很大程度上影响交通安全管理。城市轨道交通运营工作管理人员牢固树立安全意识是安全的重要前提和保证，加强班组管理，明确班组各成员的安全责任，形成良好的团队合作，能有效实现安全管理的目标。

一、人员因素对安全的影响分析

（一）人在安全管理中的主导作用

在城市轨道交通运营工作的每个环节、每项作业中，都是由人来参与并处于主导地位的，人操纵、控制、监督各项设备，完成各项作业，与环境进行信息交流，与其他作业协调一致。正是由于人在运营管理中的重要地位，使得人的因素在运营安全中起着关键的作用。

1. 人的主导性

在人和设备的有机结合体中，人是主导方面。设备必须由人来设计、制造、使用和维护，即使是技术状态良好的安全设备，也只有通过人的正确使用，才能发挥它的保安作用。

2. 人的主观能动性

当情况突然变化时，人能立即采取相应的措施和灵活的方法，排除故障等不安全因素，使系统恢复正常运转。只有人才具有主观能动性，从而具有合理处理意外情况的能力。

3. 人的创造性

人能够通过研究和学习，不断地提高和改进现有系统的安全水平。

（二）城市轨道交通运营安全对人员的素质要求

影响城市轨道交通系统运营安全的人的因素，是指人的安全素质，包括思想素质，技术业务水平、生理、心理素质,以及群体素质,且对不同人员有不同的素质要求。

1. 对运营系统内部人员的安全素质要求

1)思想素质

思想素质包括职业道德、劳动纪律、安全观念等。

2)技术业务素质

技术业务素质包括业务知识、文化素养、安全法律知识和安全技能,以及处理各种非正常情况的作业能力等。

3)生理素质

生理素质是指影响系统运营安全的人体生命活动,包括身体条件及生理状况,主要有年龄、性别、记忆力、体力、耐力、血型、视力、视觉(色觉、形觉、光觉)、听觉、动作反应时间和疲劳强度等,均与城市轨道交通运营安全有十分密切的关系。

4)心理素质

心理素质是指影响运输安全的人的心理过程及个性心理特征,主要包括个体的气质、能力、性格、情绪、需要、动机、态度、爱好、兴趣、意志等各个方面。

5)群体素质

群体素质是指影响城市轨道交通系统运营安全的群体特征。由于轨道运营工作要求多工种协同动作,涉及多个环节,因而它对于运输系统内的部门与部门之间、部门内人员之间及同一作业的不同操作者之间的协调性要求很高。群体对系统安全的影响,主要表现在群体意志影响其成员的行为。

2. 对运营系统外部人员的安全素质要求

系统外部人员不直接从事运输生产活动。因此,对他们的安全素质要求主要体现在要严格遵守城市轨道交通运营的有关安全规定,具备一定的城市轨道交通安全法规知识,具有较强的安全意识和一定的安全技能。

运营安全管理对不同人员的素质要求如图2.6所示。

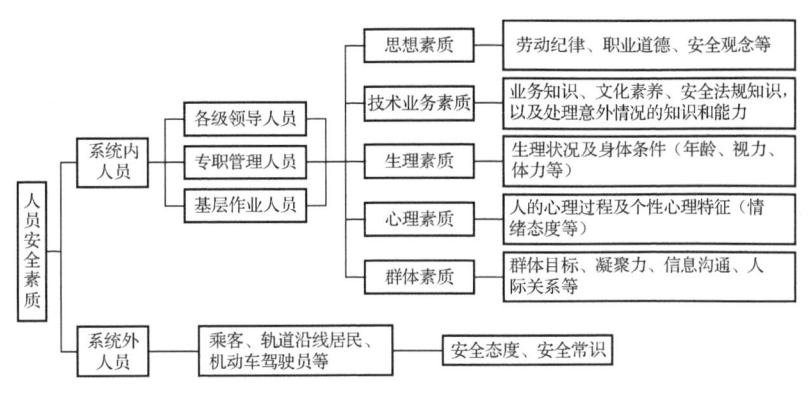

图2.6 运营安全管理对不同人员的素质要求

二、运营系统人员安全管理策略

(一)人员心理健康与安全生产的关系

影响安全的心理要素主要有感觉、知觉、记忆、思维、注意、情绪、能力、疲劳、需要、动机、意识、气质和性格等。在城市轨道交通企业生产活动中,人的操作过程主要有3个环节,即辨认接收信息、操纵控制设备、观察调整运作,所有行为均受心理现象影响。

当人的心理现象处于积极状态时,感知快速,思维敏捷,动作可靠,能保证系统正常运转;当人的心理现象处于消极状态时,感知麻木,思维迟钝,动作反应机能就不能正常发挥,差错增多,导致事故发生的可能性就很大。因此,积极的心理现象是保证安全的内在依据,消极的心理现象是人的差错、引发事故的深层次原因。人的心理现象状态及其转变程度,成为企业生产中事故与安全相互的制约因素,安全的心理保障关键在于采取各种有效的手段和措施提高人的心理素质。

(二)人员安全管理的措施

1. 强化安全意识

增强个人安全意识能确保安全自控,增强群体安全意识能实现安全互控和联控。牢固树立企业员工的安全意识是安全的前提和保证,也是员工形成安全动机和行为的先决条件。一要坚持教育常态化。经常性地进行安全教育和定期培训,使员工正确认识运营安全工作的重要性,正确认识安全与效率、效益的关系,安全与国家、集体、个人之间的关系,使安全意识的能动性得到充分发挥。二要重视安全习惯行为的养成。人是安全生产的要素,安全来不得半点松懈和麻痹,要严明制度,严格检查,加大奖惩力度,警钟长鸣,在促进安全习惯行为的养成上下功夫。三要通过典型示范,牢固树立"安全生产光荣,违章违纪可耻"的观念,自觉为安全生产多做贡献。四是充分发挥班组在安全生产工作中的作用,增强群体一致向上的凝聚力,形成良好的安全文化的氛围。

2. 激励安全动机

通过激励措施,强化安全动机,促成安全行为。在职工角色定位(职责、任务等)和一定思想业务素质条件下,运用激励手段,鼓励他们忠于职守,努力工作。对因违章违纪造成事故损失进行惩罚,并通过认真总结经验教训,避免事故再次发生,防患于未然。

3. 提高业务能力

知识和技能是人的能力形成的基础,并能促进能力的发展。坚持持续开展全员业务知识、安全知识和安全技能教育,提高员工的业务能力,并要对新职工、班组长作为培训重点,强化非正常情况下的作业应变能力,进行系统超前培训,严格"先培训、后上岗"制度。经常性地组织各工种所有在岗职工按照作业标准,反复学、反复教、反复练,直到熟知熟练为止。

4. 营造安全环境

安全工作必须坚持严字当头,严格要求、严肃管理,要上下一致树立安全意识,创建安全工作环境和安全文化的氛围。干部要转变作风,关心职工生活,体察职工的思想、情感和困难，帮助他们解除后顾之忧，使广大职工身体健壮、精力充沛、情绪饱满地投身到运输生产中去。

三、运营安全管理中的班组管理

（一）班组管理的意义

在城市轨道交通系统中，要求团队发挥整体的工作效能，由此形成了各种作业"班组"的概念。一个作业班组具有为完成某个工作目标包含的大量任务所必需的各种技能，小组成员间需要不断相互支持且进行信息沟通，从而激发思考和创新能力。在班组管理中，强调信息沟通、领导能力、判断和决策，以及应急管理等，能够调动小组成员的主观能动性、积极性和创造性，促使他们牢固树立"安全第一"的思想，认识到工作的重要性和价值。

（二）加强班组安全管理的方法

1. 班组成员的合理搭配

加强对班组成员的合理搭配，对安全管理工作十分重要。

（1）性格互补。班组中各成员的性格会相互作用，相互影响，有的相互促进，有的相互妨碍，互补搭配应是一种较好的配置。

（2）能力互补。建立一个智能互补型的班组，有利于人员之间的知识互用，优势能力互补，扬长避短，有利于整个班组发挥整体效能。

（3）能形成团结的班组气氛。对班组成员的搭配，考虑能否形成和谐、融洽、宽松、团结、谦和的工作环境。

（4）年龄、性别互补。考虑年龄、性别不同的成员，权衡以老、中、青搭配比较理想。

（5）职位、资历、能力成梯度搭配。合理的匹配梯度是工作人员之间有一定的梯度，一般班组长应具有相当的资历和能力综合素质。

2. 班组成员的协调配合

人员素质是城市轨道交通系统安全管理的基础，也是班组管理的基础。班组的建设是降低事故率和保证安全的关键。只有班组分工合作、协调配合、相互提醒、取长补短、相互弥补，才能发挥班组整体强有力的安全堡垒作用。加强班组管理，明确班组各成员的安全责任，确保班组成员信息共享，增进相互沟通与交流，保证组员之间形成既有分工又有合作的局面，才能有效实现安全管理的目标。

四、乘客安全管理

（一）乘客安全管理的意义

乘客的行为直接影响轨道交通车站的运营安全。乘客的不安全行为可以导致不安全事件的发生，如携带易燃易爆危险物品乘车、跳下站台捡拾物品、嬉戏打闹、不小心坠落站台、在站台边晕倒、因为拥挤被挤下站台等。城市轨道交通车站客流量大，一旦发生事故，如不能及时处理，由于乘客的慌乱，很有可能造成更大的事故发生。因此，对乘客进行安全管理，可在一定程度上减少或避免事故的发生，尤其是可以避免恶性事故的发生。

（二）乘客安全管理的措施

1. 严格规范乘客行为

运营管理人员引导和教育乘客严格遵守轨道交通安全法规有关规定。规范乘客行为，如果乘客违反规定，车站工作人员应及时制止不安全行为，并进行说服教育，对情节恶劣且不听劝阻者可按照相关规定进行处罚。特别是采取措施加大安检力度，防止乘客将易燃易爆、有毒危险品带上车。

2. 加大宣传教育力度

乘客在日常生活或工作中安全知识、经验等的积累，对于轨道交通运输方式的安全意识的培养和提高能够起到积极的促进作用。由于乘客的流动性较大，且乘客的安全文化水平参差不齐，对安全问题的认识程度良莠不齐，所以要加大安全宣传与教育力度。对乘客的安全知识宣传要做到时间上灵活、形式上丰富多样，内容设计上要充分体现科学性、趣味性、易读性，提高教育与宣传的实际效果，提高乘客的安全意识，使人们积极主动地参与到维护安全的活动中来，努力减少各类事故的发生。

任务三　城市轨道交通设备安全

学习任务

1. 认知城市轨道交通设备安全管理领域。
2. 认知城市轨道交通设备安全管理工作的原则与要求。

学习目标

1. 了解城市轨道交通设备安全的影响因素。
2. 掌握城市轨道交通设备安全管理的基本原则。
3. 熟悉城市轨道交通设备安全管理的基本要求。

基础知识

城市轨道交通是一个庞大而复杂的系统，设备系统是城市轨道交通系统的一个重要组成部分。城市轨道交通设备安全是保证城市轨道交通快速、高效、正常、安全的重要条件。城市轨道交通设备安全管理是城市轨道交通安全管理的最重要内容之一。设备安全管理须坚持优选本质安全设备，提高设备的安全性能，采用安全控制技术，确保设备的安全运行，严格设备管理制度，提高设备安全管理水平。

一、设备安全的影响因素

城市轨道交通车站是运营设备设置的中心和办理运营业务的地方。为了快速、安全地完成乘客输送任务，减少乘客上下车、换乘时间，车站上配有线路、站台、站厅、站房、通道、升降设备、售检票设备、通风设备、制冷设备、消防报警设备、照明、给排水设备等。

（一）工务系统因素

工务系统是轨道交通运营的基础，包含轨道、路基、桥隧、房建及其他附属设备等。工务系统工作状态异常，会对运营安全带来严重隐患。

（二）车辆系统因素

车辆是轨道交通系统中的运载工具，车辆故障通常是影响线路运营的主要原因，其中以车门故障、主回路故障居多，此外还有列车制动故障、电气故障、列车出轨及列车追尾等。

列车出轨是导致列车事故的主要因素。

（三）信号系统因素

信号系统是轨道交通系统运营的行车指挥系统，信号系统的异常会对轨道交通系统的运营安全带来严重影响。

（四）通信系统因素

通信系统是轨道交通运营的信息收发系统，其电源发生故障或通信设备本身发生故障时，不能保证各种行车信息及控制信息不间断地可靠传输，从而引起事故的发生。因此，通信系统在运营安全中的作用不言而喻。

（五）供电系统因素

供电系统是为轨道交通运营提供电能的设备，供电系统故障对轨道交通运营的打击往往是致命的。供电系统包括电气元件及其线路连接，轨道交通的各设施、设备都要依靠电来运行，因此，电气系统对安全运营也有着重要影响。接触网带的是高压电，一旦发生接触网断线或绝缘子损坏，接触到金属结构物就会使其带电，危及人身安全；由于电气设备损坏和使用不当常发生触电伤亡事故；变电所、配电室中的电气设备等由于短路、过载、接触不良、散热不良、照明、电热器具安置或使用不当、违章作业等均会引起电气火灾、触电事故；杂散电流会给城市轨道交通以外的金属管道、金属结构造成电蚀危害。列车内的高压电器设备的安全防护措施不当，可能引起人员伤亡事故。

（六）通风/排烟系统因素

城市轨道交通系统内，如果在通风系统管理上有缺陷，如对风亭、风道设置不合理，会妨碍通风系统的正常工作。排烟系统对轨道交通系统的安全运营也相当重要，如在地下隧道内发生火灾，不仅火势蔓延快，而且积聚的高温浓烟很难自然排除，还会在隧道、车站内蔓延，并给人员疏散和灭火抢险带来极大的困难，严重威胁乘客、员工和抢险救援人员的生命安全。

（七）给排水系统因素

城市轨道交通车站内部或者轨道沿线给/排水管道的防腐、绝缘效果不佳，会引起泄漏；隧道内排水系统不完善、隧道防水设计等级过低，会导致涝灾或地表水侵入；地面车站的地坪高度低于洪水设防要求、排水系统设置不完善,会引起涝灾;污水、垃圾的乱排会影响运营环境卫生。

(八)服务设备因素

城市轨道交通系统的其他设备出现故障,同样会对整个系统的运营及服务造成较大影响。例如,车站地面材料防滑效果不明显会存在安全事故隐患;在自动扶梯运行中,可能发生梯级下陷、驱动链断裂、梯级下滑、扶手带断裂等故障,并对乘客造成伤害。

设备安全管理的目的是要在设备寿命周期的全过程中,采用各种技术措施,如设计阶段采取安全设计,提高防护标准,使用维修阶段制定安全操作规程、安全改造、改善性的维修等,尽量避免因设备出故障而导致不安全事件的发生,确保轨道交通系统安全运营。

二、设备安全管理的基本原则

影响运输安全的设备因素主要是指设备的安全性能,包括设计安全性和使用安全性。在生产过程中,对设备的不安全因素进行控制应遵循以下基本原则。

(一)消除潜在危险原则

由于科学技术进步,在工艺流程中和生产设备上可设置安全防护装置,增加系统的安全可靠性,即使人的不安全行为发生,也会由于安全装置的发挥作用而避免伤亡事故的发生。

(二)减弱危险原则

当危险和有害因素无法根除时,应采取措施使之降低到人们可以接受的水平。

(三)距离防护危险的原则

生产中的危险因素对人体的伤害往往与距离远近有关,依照距离危害因素越远,事故的伤害越小的道理,采取安全距离防护显然是有效的。

(四)坚固措施原则

以安全为目的,提高设备的结构强度和安全系数,尤其是在设计时充分运用坚固措施原则。

(五)设置保护装置原则

设置保护装置原则是指利用薄弱的元件,在设备上设置薄弱环节,在危险因素未达到危险以前,已先将薄弱元件破坏,使危险范围缩小或使危险终止。

(六)互锁原则

互锁原则是指以某种方法使一些元件强制发生相互作用,以保证安全运行或操作。

(七)自动化原则

在不能用其他办法消除危险因素的条件下,为摆脱危险因素对操作人员的伤害,可用机器或自动控制装置操作。

三、设备安全管理的基本要求

（一）优选本质安全设备，提高设备的安全性能

城市轨道交通安全运营的实现，密切依赖于系统设备的运行可靠程度。对于运营设备，要从其安全可靠性上严格把关，选用本质安全化的设备，提高设备的安全性能。本质安全是指操作失误时，设备能自动保证安全；当设备出现故障时，能自动发现并自动消除，能确保人身和设备的安全。要预防事故发生，就必须消除物的危险与有害因素，控制物的不安全状态。本质安全的设备具有高度的可靠性和安全性，可以杜绝或减少伤亡事故，减少设备故障，从而提高设备利用率，实现安全生产。

（二）采用安全控制技术，确保设备的安全运行

轨道交通系统汇聚着各类系统设备，完成直接服务功能与间接服务功能。设备的多元化及操作复杂性，使得实现系统的群控与精确控制尤为重要。采用安全控制技术，有效地对各类机电设备进行实时监控，保证最大限度地发挥机电设备的潜能，从而安全地完成轨道交通系统所应完成的各项功能。通过先进的检测与计算机控制技术对车站和区间内各类设备监控、监测，对采集的数据进行分析，及时发现设备的不良状态，保证车站设备的安全运行，实现车站作业安全。

（三）严格设备管理制度，提高设备安全管理水平

1. 严格实行操作证制度

由于人员误操作，会导致事故发生，因此设备使用人在操作设备之前，必须经过培训，考试合格后方可获得设备操作证，无操作证者，一律禁止使用设备。设备使用人要及时办理设备使用变更手续。定期检查、复查、复考设备操作证，发现无操作证者使用设备的要追究个人和车间的责任。

2. 严格实行预防性维修制度

预防性维修是指尚未发生故障之前对设备进行修理，清除设备零部件或单元模块的缺陷和隐患，是预防设备故障发生的一种修理模式。预防性维修包括日常保养和定期检修。相关人员必须按规程要求搞好日常的设备保养，经常保持设备处于良好的技术状态，设备运行中要严格遵守操作规程，注意观察运转情况，发现异常立即停机处理。设备运行一段时间后，应进行定期检修，查找隐患并消除。

3. 坚持定期检查保养制度

组织人员定期对运营线路和车站的各项设备使用情况、运行状态、保养维修情况等进行检查，发现问题，及时解决。对设备的惯性故障、重点缺陷、严重隐患要集中力量加以整治。

4. 保持良好的设备使用环境

环境对设备的安全存在直接的影响，要保持良好的设备使用环境：一是设备安装地必须具备坚固稳定性，以保证设备安装后的安全使用；二是设备安装的位置要有足够的行走

通道，以便意外发生时能迅速撤离；三是设备所在场所要保持卫生清洁，不放置与设备无关的杂物或障碍物。

5. 加快设备技术改造更新

对于安全性能低、运行可靠性差的设备应组织进行设备的技术改造，确保其安全可靠性。要严格执行国家相关法律法规的要求，对明文淘汰的设备坚决不予使用，同时对于安全隐患多、维修难度大、技术落后的设备，要及时报废与更新，防止设备"带病"运行，从而导致事故的发生。

任务四 城市轨道交通行车安全

学习任务

1. 认知城市轨道交通行车安全工作。
2. 认知基于人—机—环境理论的轨道交通行车安全管理体系。
3. 认知城市轨道交通行车安全管理预防技术。
4. 认知技术培训与安全文化。

学习目标

1. 了解城市轨道交通行车安全工作的基本内容。
2. 了解基于人—机—环境理论的轨道交通行车安全管理体系。
3. 熟悉城市轨道交通行车安全管理预防技术。
4. 熟悉技术培训与安全文化建设。

基础知识

城市轨道交通运输的产品是乘客的位移，实现位移的必要手段是列车的正常运行，通常把列车的组织和运行工作统称为行车工作。行车工作是城市轨道交通系统的核心工作，行车安全是城市轨道交通系统安全工作的重中之重，须要认识行车安全基础工作、落实行车管理规章制度、运用行车安全预防技术、建设行车安全文化等方面来确保行车安全。

一、行车安全的工作基本内容

行车安全工作的具体内容一般包括行车调度安全、列车驾驶安全、接发列车作业安全、调车作业安全等。

（一）行车调度安全

城市轨道交通行车工作是一个由互相联系、互相影响的多部门、多单位所组成的完整的系统。行车调度（一般简称行调）是为适应城市轨道交通运输特点而设置的行车工作的统一指挥者，在保证行车安全的大系统中具有重要的地位和作用。城市轨道交通系统行车调度工作由调度控制中心实施，实行高度集中统一指挥，以使各个环节紧密配合、协调工作，保证列车安全和正点运行。行车调度工作是城市轨道交通系统的核心，直接影响行车安全及运输质量。

1. 行车调度工作

行车调度工作的基本任务包括：组织指挥各部门、各工种严格按照列车运行图工作；监控列车到达、出发及途中运行情况，确保列车运行秩序的正常；当列车运行秩序不正常时，及时采取措施，尽快恢复正常运行秩序；及时、准确地处理行车异常情况，防止行车事故的发生；随时掌握客流情况，及时调整列车运行方案；检查监督各行车部门执行运行图的情况，发布调度命令；当发生行车事故时，按规定程序及时向上级主管部门汇报，并采取措施，防止事故扩大，积极参与组织救援工作。

2. 行车调度在行车安全工作中的作用

城市轨道交通系统的行车调度工作贯彻集中领导、统一指挥的原则，组织协调行车有关各部门、各单位、各工种的工作，指挥和监督行车工作的全过程，保证行车工作均衡协调、安全准确运行。

在城市轨道交通系统的日常运输工作中，行车调度负责编制日常运输工作计划，发布各种有关行车的调度命令，组织行车各部门协同动作，保证列车按列车运行图运行，实现日（班）计划规定的各项任务；负责监督和检查行车各部门执行运输工作日常计划和规章制度的情况及列车运行情况，及时组织处理和排除各种危及或有可能危及行车安全的意外情况；遇发生行车事故或灾害而中断行车时，采取积极有效的措施，组织事故救援，迅速恢复行车，保证运输畅通。

行车调度在安全工作中的作用有以下几个方面。

（1）指挥行车人员完成各项行车作业，保证列车安全正点运行。

（2）组织、协调、监督、检查行车各有关部门的安全生产，纠正各种违章现象，及时处理行车中发生的问题，消除事故隐患，防止发生行车事故。

（3）在发生事故后，积极组织救援，减少事故损失。

（二）列车驾驶安全

列车一般由司机驾驶，列车司机责任重大。列车司机必须牢记"安全第一"的宗旨，严格按照安全制度、行车规则执行驾驶任务，驾驶列车时做到"三严格"：严格遵守各种规章制度，正确执行各种作业程序，确保列车运行安全；严格按照运营时刻表及信号显示行车，工作时严守岗位，不得擅自离岗；严格遵守动车前认真确认"行车三要素"：进路、信号、道岔。

列车司机必须掌握列车（车辆）的基本构造、性能，具有一般的故障处理能力，熟悉城市轨道交通线路和站场等基本设施情况，包括必须明确驾驶区段、站场线路纵断面等情况。列车司机必须掌握其他相关的业务知识并具有一定的应变能力。在列车的运行过程中，一般情况下只有司机一个人值乘，而运行中的突发事件有着不可预测性，在事件的初期往往只有司机能够最早发现，所以一名职业素质较好的司机应该而且必须掌握有关事件初期的处理方法，使事件能够在初期阶段得到控制和处置，减小损失，稳定现场局面。

（三）接发列车作业安全

接发列车是城市轨道交通行车工作中最重要的环节之一。接发列车的作业安全直接关系到城市轨道交通的行车安全，因此，所有参与接发列车的作业人员，均应以高度的工作责任感认真履行岗位职责，严格执行规章规范，保证接发列车作业安全。

车站在办理接发列车作业时，列车车次、列车运行方向及运行指挥系统等，都是安全保证体系中的重要条件。

1. 列车车次与行车安全

列车车次具有区别列车种类、作业性质及其运行方向等重要作用，同时与行车安全密切相关。接发列车作业中，列车车次的误听、误传、误抄、误填，往往是造成行车事故的直接原因。为此，办理接发列车时，列车车次必须传准、听清，复诵无误，防止误听、误传；抄写或填记行车簿册、命令及行车凭证时，要认真核对，防止误抄、误填。车次不清楚时，必须立即询问，严禁臆测行车。

2. 列车运行方向与行车安全

列车运行方向是保证接发列车及行车安全的重要条件之一。尤其是一端有两个及其以上列车运行方向的车站更须引起注意，在办理列车闭塞及下达接发车进路命令等作业事项时，均应冠以邻站方向或线路名称，以防止列车开错方向。

3. 列车运行指挥与行车安全

为安全顺利地组织列车运行，列车运行的指挥工作应注意两点，即正确指挥和服从指挥。列车运行的指挥工作首先应强调其安全正确性。日常行车作业中，行车调度错发、漏发调度命令，盲目指挥列车运行，或车站值班员错发、漏发接发列车命令，盲目指挥及错误操纵控制台等，往往都是造成列车事故的重要因素。因此，在指挥列车运行工作时，行车调度在发布命令之前，应详细了解现场情况，并听取有关人员的意见，以便正确下达指挥列车运行的调度命令和口头指示。车站值班员在指挥及办理接发列车作业时，须认真遵守行车有关规章要求，严格执行接发列车作业规定，正确下达接发列车的有关命令，确保列车运行安全。

（四）调车作业安全

调车作业是指除列车在正线运行、车站（车厂）到发以外的一切机车、车辆或列车的有目的的移动。在调车作业中发生的事故称为调车事故。一般来说，调车作业惯性事故分为撞、脱、挤、溜 4 种类型，即冲突、脱轨、挤岔、机车车辆溜逸，调车作业安全相关要求如下。

1. 调车计划传达清晰

调车作业计划是信号员、调车组等调车作业相关人员统一的行动计划，如果调车作业计划本身不清，造成调车进路排错，机车车辆进入线路；或调车作业计划传达不彻底，造成信号员及调机司机行动不一致，极易发生事故。

2. 调车作业准备充分

调车作业前，必须按规定提前排风，接风管，核对计划，确认进路，检查线路、道岔和停留车辆情况，手闸制动时要选闸、试闸，铁鞋制动时要准备足够、良好的铁鞋。

3. 道岔信号认真确认

信号员误排进路或未扳、错扳、临时扳动或错误转动道岔，调车员和司机不认真确认信号及道岔位置，极易造成冲突、脱轨和挤岔事故。

4. 调车信号显示准确

调车手信号显示不标准有3种情况：一是未按规定的要求显示信号；二是错过了显示信号的时机；三是错误地显示信号。上述情况都有可能导致事故的发生。

5. 推进运行前端引导

推进作业时，如果前端无人引导，调车司机无法确认线路和停留车情况，极易造成撞车和挤岔事故。推进车辆不试拉，一旦车辆中有假连接，制动或停车时车辆脱钩发生溜逸，也容易发生撞车、脱轨、挤岔、溜逸等事故。

6. 防溜措施需按规定

调车作业在线路上停放车辆时，如不按规定采取防溜措施，极易发生车辆溜逸事故，一旦车辆溜逸进入区间，后果将不堪设想。

二、基于人—机—环境理论的轨道交通行车安全管理体系

城市轨道交通的行车运营安全管理，可以分为对人和物两大类的管理。在传统的安全管理中，往往仅侧重于人、机器及环境等因素对行车安全的直接影响，疏于对人的心理因素关注。安全保障系统是指配置在人—机—环境系统上，起保障系统安全作用的所有方法和手段的综合，一方面要保证系统内人员和设备的安全性，另一方面要保证系统不会对其外部环境构成威胁。轨道交通行车控制和运营管理虽然由各种各样的系统组成，但从整个系统的稳定与协调来看，可归结为"人、机、环境"3方面相互作用、紧密结合的系统。所以，要保证地铁行车安全，就要实现"人、机、环境"的平衡和协调。

（一）人与行车安全

在安全管理中，人处于主导地位。人，指的是与轨道交通行车安全相关的所有人员组成的总称，即除了工作人员以外，乘客行为也是影响城市轨道交通行车安全运输的重要影响因素。影响运营安全的人的因素，是指人的安全素质，包括思想素质，技术业务水平，生理、心理素质，以及群体素质。在行车中违章违纪心理因素的主要表现为逆反不平衡心理、侥幸心理、盲目蛮干心理、紧张忙乱心理和习惯心理，违章违纪心理因素的原因主要分为舆论上的误导、管理上的软弱、表率作用差、分配上的失衡、少数职工素质低下等方面，加强行车安全的对策包括坚持正面引导、坚持从严务实的管理作风、重视发挥管理者的非权力影响、切实加强职工队伍建设、健全机制和安全管理系统化。

（二）机和环境

影响运输安全的设备因素主要是指运输基础设备和运输安全技术设备的安全性能，包括设计安全性和使用安全性；影响运输安全的环境条件包括内部小环境和外部大环境等。"机"和"环境"都可通过加强监控来保障安全运行。为了给乘客创造安全可靠的乘车环境，目前地铁系统各专业均有自成体系的监视、控制系统，如FAS（防灾报警系统）、ATC（列车自动控制系统）、SCADA（电力监控系统）、BAS（环境监测系统）等，它们分布在地铁沿线，大多利用通信网传输通道进行组网，将有关信息送至控制中心。

（三）人—机—环境

人和机器都处于环境之中。人的操作可能引起机器方面的事故和损失，从而对环境产生有害影响，另一方面环境中有许多自然过程，以及源于技术的灾害。为此必须首先确定机器是否影响和怎样影响环境，或者环境是否危及机器。只有一方面通过对人与机器，另一方面通过对人与环境的各种相互关系进行透彻的分析，才能避免人—机—环境控制系统的构建中出现错误。低估环境的重要性可能对轨道交通运营安全带来严重后果。

三、城市轨道交通行车预防技术

城市轨道交通行车预防技术是预防理论在技术层面的延伸，包括事故故障预警技术、危险源识别技术、设备检测技术等。

（一）事故故障预警技术

应建立反应灵敏的预警机制，通过危险源的辨识，变事后补救为事先预防，通过建立设施设备的信息化管理手段，增强设施设备的状态监控；通过安全检查、业务考核等手段，增强从业人员的业务素质，并消除人为隐患；通过采用先进的监控技术，减少灾害天气和突发事件对城市轨道交通行车安全的影响；通过强化预警机制的功能，及早发现隐患，力争将事故消灭在萌芽状态。

以历史的事故信息为基础，结合运营单位对安全及可靠性状况的要求，对行车运营中的事故故障建立界限区域，实施预警管理。在对预警指标进行量化分析之后，按照确定的预警信号区域边界（即预警界限），同时将各类预警指标转化为预警信号输出，直观反映当时的行车运营安全与可靠性状况及发展趋势。根据预警指标的数值大小划分成正常区域、可控区域和危险区域，以分别表示城市轨道交通行车运营的安全态、缺陷态和危机态。通过预先识别影响运营安全及可靠性的危险源和危险状态，对超出界限的事故故障进行识别和警告，保证轨道交通行车运营的有序、安全、可靠。

（二）危险源识别技术

1. 危险源的概念

危险源是指可能造成人员伤害、职业病、财产损失、作业环境破坏或这些情况组合的根源或状态。

2. 危险源的类别

危险源的主要类别有物理性危险源、化学性危险源、生物性危险源、心理或生理性危险源、行为性危险源，见表2.1。

表 2.1 危险源分类表

危 险 源	主 要 内 容
物理性危险源	设备、设施缺陷（强度不够、刚度不够、稳定性不良、外露运动件等）
	防护缺陷（无防护、防护装置和设施缺陷、防护不当、防护距离不够等）
	电危害（带电部位裸露、漏电、雷电、静电、电火花等）
	噪声危害（机械性噪声、电磁性噪声、流体动力性噪声等）
	振动危害（机械性振动、电磁性振动、流体动力性振动等）
	电磁辐射（电离辐射：x射线、1射线、a粒子、p粒子、质子、中子、高能电子束等；非电离辐射：紫外线、激光辐射、超高压电场等）
	运动物危害（固体抛射物、液体飞溅物、反弹物、岩土滑动、气流卷动等）
	明火
	能造成灼伤的高温物质（高温气体、高温固体、高温液体等）
	能造成冻伤的低温物质（低温气体、低温固体、低温液体等）
	粉尘与气溶胶（不包括爆炸性、有毒性粉尘与气溶胶）
	作业环境不良（基础下沉、安全过道缺陷、有害光照、通风不良、缺氧、空气质量不良、给排水不良、气温过高、气温过低、自然灾害等）
	信号缺陷（无信号设施、信号选用不当、信号不清、信号表示不准等）
	标志缺陷（无标志、标志不准、标志不规范、标志位置缺陷等）
	其他物理性危险源
化学性危险源	易燃易爆性物质（易燃易爆性气体、易燃易爆性液体、易燃易爆性固体、易燃易爆性粉尘与气溶胶等）
	自燃性物质
	化学性危险源有毒物质（有毒气体、有毒液体、有毒固体、有毒粉尘与气溶胶等）
	腐蚀性物质（腐蚀性气体、腐蚀性液体、腐蚀性固体等）
	其他化学性危险源
生物性危险源	致病微生物（细菌、病毒、其他致病微生物）
	传染病媒介物
	致害动物
	致害植物
	其他生物性危险源
心理、生理性危险源	负荷超限（体力负荷超限、听力负荷超限、心理负荷超限等）
	健康状况异常
	从事禁忌作业
	心理异常（情绪异常、冒险心理、过度紧张等）

续表

危 险 源	主 要 内 容
心理、生理性危险源	辨识功能缺陷（感知延迟、辨识错误、其他辨识功能缺陷等）
	其他心理、生理性危险源
行为性危险源	指挥错误（指挥失误、违章指挥等）
	操作失误（误操作、违章作业等）
	监护失误
	其他错误
	其他行为性危险源

3. 危险源的识别方法

危险源识别是确认危险源的存在并确认其特性的过程，实质是找出组织中存在的人的不安全行为、物的不安全状态，作业环境中存在的危害因素及管理缺陷。

1）关注的3种状态

（1）常规状态。正常生产过程中的危险源的存在方式。

（2）非常规状态。非常规状态可以分成以下3种情况。

① 异于常规、周期性或临时性的作业活动。

② 偶尔出现、频率不固定，但可预计出现的状态。

③ 由于外部的原因（如天气）导致的非常规状态，如启动、关闭、试车、停车、清洗、维修、保养等。

（3）潜在的紧急状态。

① 往往不可预见其后果的情况。

② 后果是灾难性的，不可控制的情况，如火灾、爆炸、严重的泄漏、碰撞及事故。

2）识别危险源的步骤

（1）识别准备。

① 确定分工。

② 收集识别范围内的资料。

③ 列出识别范围内的活动或流程涉及的所有方面。

（2）分类识别危险源。从厂址、厂区平面布局，建（构）筑物，生产工艺过程，生产设备、装置，作业环境及管理措施6个方面进行分类识别。

（3）划分识别单元。识别单元是分类识别危险源的细化，可以按照工艺、设备、物料、过程来细化；同类的过程或设备可以划为一类识别对象；识别对象不宜过粗或过细。

（4）危险源的识别。先找出可能的事故伤害方式，再找出其原因。

（5）填写危险源登记表。

3）危险源识别范围

危险源识别范围包括城市轨道交通覆盖的工作区域及其他相关范围内的生产经营活动、人员、设施等。根据城市轨道交通管理及其他活动情况，危险源识别范围可分成以下类别。

（1）按地点划分：轨道交通沿线各车站、车辆段、OCC（控制中心）大楼、办公楼等。

（2）按活动划分：常规活动、非常规活动、潜在的紧急情况。各活动所包含的主要内容见表2.2。

表2.2　各活动的主要内容

活动类别	主要内容
常规活动	运营服务活动：依据运营时刻表组织列车运营、客运服务过程
	设备设施的设计、安装、调试、验收、接管、使用过程
	公共活动：相关部门均有的活动，包含办公，电梯、叉车、消防设施、空调、空压机、抽风机使用，化学物品搬运储存、废弃等
	支持活动：为运营服务活动提供支持的活动，主要包括物资部仓库管理、检验、物料采购，以及物料的使用管理、食堂管理等
非常规活动	设备设施维护保养，消防及行车疏散演习，因公外出，合同方在总部的活动（如工程施工、维修、清洁等）
潜在的紧急情况	如火灾、爆炸、化学物品泄漏、中毒、台风、雷击、碰撞等事故/事件（潜在的紧急情况的危险辨识须考虑紧急情况发生时和发生后进行抢险救援的过程）

4）划分危险源识别对象

在各部门列出识别范围内的活动或流程所涉及的所有方面后，选用合适的设备分析法、工艺流程分析法或其他划分方法，根据事故类型划分危害事件，并根据以下内容划分危险源识别对象。

（1）对车辆设备大修的活动，可按照其工艺流程分析法划分识别对象。

（2）对设备维护及保养的活动，可按照以设备分析法为依据划分的设备作为危险源识别对象，并结合活动实施过程划分。

（3）使用设备时可根据具体操作过程划分。

（4）根据采购、存放、检测设备的过程划分。

（5）根据行车组织、客运组织过程划分。

（6）针对每一危险源辨识对象，参考危险源事故类型表，识别可能存在的事故/事件，并登记在表2.3所示的危险源辨识及风险评价登记表中的"危害事故/事件"栏及"事故类型"栏内。

表2.3　危险源识别与风险评价登记表

序号	部门/地点	活动	设备/设施/物料	危害事故/事件	事故类型	危险源	危险源类别	风险评价			风险级别	控制措施	备注
								风险发生的可能性	事故后果严重程度	风险值			

4. 城市轨道交通系统事故影响危险度分析

城市轨道交通行车安全在世界上是非常突出且备受关注的问题，统计分析国内外城市轨道交通发生的各类事故，针对事故发生的次数、危害后果，可以对城市轨道交通存在的主要危险因素划分出等级——危险度：

$$危险度 = 严重性 \times 概率$$

危险度的计算要同时考虑：严重度大小；造成某种损失或损害的难易程度，损害发生的难易性一般用某种损害发生的概率大小来描述。首先，根据国内外城市轨道交通事故发生情况的分析，确定严重度取值标准和危害概率取值标准，详见表2.4和表2.5。

表2.4　严重度分级取值标准

严重度分级	表现特征	取值
灾难性的	具有紧急的危险，能引起大范围的死亡及伤病的危害能力	9~10
严重的	危害能引起严重的疾病、伤亡、设备及财产损失	6~8
临界的	危害能引起疾病、伤亡及设备损失，但不是严重的	3~5
可忽略的	危害不会引起严重的疾病、伤害，伤害可能极小，伤害程度无须急救处理	1~2

表2.5　危害概率分级取值标准

危害概率分级	表现特征	取值
可能发生	有可能立刻发生或短期内会发生	9~10
有理由可能发生	一段时间内会发生	6~8
可能性小	一段时间内可能发生	3~5
可能性极小	不太可能发生	1~2

（三）设备检测技术

城市轨道交通系统的行车运营涉及众多人员和先进的设备。车辆因素、线路问题、信号标志等设备都直接关系到列车的安全运行。车辆所使用的阻燃材料是否合格、安全装置是否充足有效、车辆是否符合运行要求、车辆技术状况的好坏等方面都会直接影响城市轨道交通的运行安全。

配备事故监控设备有利于防止事故的发生，或减少事故带来的影响，建立和完善设备状况计量检测体系，确保设备运作的安全度。对已出过的事故苗头、灾害险情要及时记录，用系统安全工程的方法进行评价，及时制定切实可行的整改措施，把工作落到实处，尽量把事故和灾害消灭在萌芽状态。运营设施、设备质量的好坏，直接关系到列车行车安全与否，因此必须采用先进的检测手段，及时发现设施、设备的隐患，建立维修管理信息化系统，不断提高设备的质量。按照设备管理控制体系的要求，科学地进行设备管理工作，提高设备完好率和运营保障力度。

（四）自动监视及报警系统

为了保证城市轨道交通的安全运行，每个城市轨道交通系统都应具备检测及自动报警系统。受检测及自动报警系统保护的具体对象是全线车站、主变电所、车辆段及通信信号楼。系统必须是一个高度可靠的系统，接线简单，组网灵活，容易维修和扩展。

列车运营部门须要配备无线电通信设备和有线通信紧急电话，工作人员和城市轨道交通司机可通过无线系统或有线电话，站台内的CCTV视频传输系统向控制中心传递事态信息。车站内装设全方位的监视器，实时收集站内各方的视频信息，列车上还应配备有紧急报警按钮，突发事件和事故时，可迅速按压此按钮通知相关人员。

四、技术培训与安全文化

重视从业人员的安全教育与专业技术人员的技术培训是做好城市轨道交通行车安全工作的重要途径。

（一）技术人员的安全培训

专业技术人员是在各个专业技术岗位从事系统技术操作和管理的人员，是设备的直接操作者、系统的直接运作者、系统和设备安全运行的直接管理者。国家和地方的轨道交通运营管理法规明确规定，运营单位的轨道交通车辆驾驶员、行车调度员、电力调度员、环控调度员和行车值班员必须经考核合格后，持证上岗。通过行车专业技术人员的安全培训和安全教育，培养安全的责任和职业道德，充分认识系统内部的互动性和系统指令的严肃性，强化岗位安全的责任意识，从而自觉地规范自己的行为，提高专业技术水平和应用能力，在行车工作中能严格按操作规范、规程作业，预防和减少行车事故的发生。

（二）管理人员的安全培训

开展运营单位管理人员的培训，使他们了解基本的安全生产知识，熟悉并监督自己岗位管辖范围内各个工作岗位的安全职责，熟悉并检查自己岗位工作范围的安全设施，提高安全意识和防范与应对各类突发事故的能力。由于系统设备在实际运营过程中发生随机故障在所难免，为了降低故障的发生率，就要对系统的各种设施设备做好日常的维护和管理，发现问题尽早解决，最大限度地消除发生故障的隐患，从而保证轨道交通系统安全并高效运行。

（三）宣传教育与安全文化

安全宣传教育是安全管理的重要手段之一。各级领导都必须重视安全宣传工作，要将安全意识深入全行业员工的心中，提高员工的安全意识和责任感，做到人人讲安全、时时讲安全。搞好安全文化建设，严格全面安全管理和责任制体系，执行定期检查制、有效的行政管理、经济奖惩及岗位责任制大检查制度，运用动态风险预警模式，应急救援预案，事故保险对策等手段，开展"绿色工程"建设、事故判定技术和危险预知活动，实施风险报告机制和"仿真"（应急）演习，通过运用安全宣传墙报、安全文化月（周、日）、事故警示碑、安全贺年活动，为实现行车安全的生产营造优良安全文化氛围。只有大家都重视行车安全，城市轨道交通的行车安全才能得到根本性的保证。

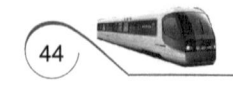

任务五　城市轨道交通消防安全

学习任务

1. 认知城市轨道交通消防安全管理工作内容。
2. 认知城市轨道交通消防安全管理岗位职责。
3. 认知城市轨道交通消防安全管理措施。

学习目标

1. 了解城市轨道交通消防安全管理工作内容。
2. 了解城市轨道交通消防安全管理岗位职责。
3. 了解城市轨道交通消防安全管理措施。

基础知识

随着城市轨道交通快速发展，其运营安全也越来越受到人们的广泛关注。为保障城市轨道交通的安全运行，预防轨道交通火灾，减少轨道交通火灾危害，保护公民人身、公共财产和公民财产的安全，维护公共安全，促进经济发展，必须加强消防安全管理。

一、城市轨道交通消防安全管理工作内容

城市轨道交通的消防安全管理在当地政府的统一组织协调下，建立由政府相关部门（包括公安、消防）、运营单位及供电、通信、供水和医疗等单位密切协作、运转高效、分工明确的报警接警、监控和抢险救援机制。制定安全管理责任制度，按照国家现行有关消防法律、法规、规章落实消防安全责任制。结合实际制定单位及各部门的灭火和应急疏散预案，定期组织演练，提高先期应急处置能力。贯彻"预防为主、防消结合"的消防工作方针，建立科学的消防设施管理体制，保证轨道交通的安全运营。按照现行有关消防法规和技术规范的要求配置消防设施、器材，选用先进可靠的防火灭火设施、器材。依据现行有关消防法规和技术规范设置防火灾、水淹、风灾、冰雪、地震、雷击和停车事故等防灾设施。

二、城市轨道交通消防安全管理运营岗位职责

城市轨道交通运营单位主要负责人是单位的消防安全责任人，对本单位的消防安全工作全面负责。城市轨道交通运营单位的消防安全管理人应由消防安全责任人任命。

（一）车站站长（值班站长）

车站站长（值班站长）应履行下列消防职责。

（1）贯彻执行有关消防法规，保障车站安全符合规定，及时掌握车站消防安全情况。

（2）制订车站年度消防工作计划和消防资金预算方案并组织实施。

（3）协助组织制订、修改和完善车站消防应急预案。

（4）每月至少组织一次车站防火检查，及时消除能够整改的火灾隐患，对不能整改的，提出整改意见。

（5）每半年至少组织一次车站消防宣传教育、灭火和应急疏散演练。

（6）发生火灾时能够按照车站消防应急预案及时组织疏散乘客、扑救火灾并向有关部门报告火灾情况，协助灾后调查火灾原因。

（7）每月至少一次向消防安全责任人或消防安全管理人报告消防安全工作情况。

（二）控制中心主任（值班主任）

控制中心主任（值班主任）上岗前应经消防专业培训合格，并应履行下列消防职责。

（1）贯彻执行有关消防法规，保障调度系统安全符合规定，及时掌握车站消防安全情况。

（2）制订调度系统年度消防工作计划和消防资金预算方案并组织实施。

（3）协助组织制订、修改和完善控制中心消防应急预案。

（4）每月至少组织一次调度系统防火检查，消除火灾隐患。

（5）每半年至少组织一次调度系统消防宣传教育、灭火和应急疏散演练。

（6）发生火灾时能够按照控制中心消防应急预案及时组织各调度处理火灾事故、疏散乘客、扑救火灾并向有关部门报告火灾情况。

（7）每月至少一次向消防安全责任人或消防安全管理人报告消防安全工作情况。

（三）消防安全员

城市轨道交通运营单位应确定专、兼职消防安全员。消防安全员应履行下列职责。

（1）分析研究本部门、岗位的消防安全工作，及时向上级报告。

（2）确定本部门、岗位的消防安全重点部位，实施日常防火检查、巡查。

（3）接受、安排、落实火灾隐患整改措施。

（4）管理、维护消防设施、灭火器材和消防安全标志。

（5）协助开展消防宣传和消防安全教育培训。

（6）协助编制消防应急疏散预案，组织演练。

（7）记录消防工作落实情况，完善消防档案。

（8）完成其他消防安全管理工作。

（四）环控调度人员

（1）负责对全线各车站消防等机电设备的全面监控，及时掌握各车站消防设备的运行状况。

（2）对火灾事故的报警，应认真确认、分析现场情况，及时通报行调、电调和值班主任。

（3）在发生火灾事故时，能够按照控制中心消防应急预案，通过调动环控设备执行合理的通风模式，引导乘客和工作人员进行安全疏散。

（五）行车调度人员

（1）负责对列车安全运行状况的监控。

（2）发生火灾时，能够按照控制中心消防应急预案及时指挥着火列车运行、灭火和乘客的安全疏散，并调整后续列车的运行。

（3）与车站值班站长和列车司机保持联系，随时掌握列车运行、灭火和乘客疏散情况。

（4）引导乘客和工作人员进行安全疏散，并尽量减少财产损失。

（六）电网调度人员

（1）负责轨道交通安全运行的电网保障。

（2）发生火灾时，能够按照控制中心消防应急预案及时切断相关电网的牵引电流和设备电流。

（3）通知变电所值班人员注意设备运行，保证排烟系统的电源供应。

（4）通知接触网专业工作人员配合灭火，检查设备和电缆情况，防止乘客触电。

（七）维修调度人员

（1）负责轨道交通安全运行的设备和通信保障。

（2）发生火灾时，能够按照控制中心消防应急预案及时通知相关车间轮值工程师，必要时启动抢修程序，尽可能保障轨道交通设备和通信系统的正常运行。

（八）自动消防系统操作人员

自动消防系统操作人员应经消防专业培训合格后持证上岗，并应履行下列职责。

（1）掌握自动消防系统的工作原理和操作规程，能够熟悉使用和操作各种系统。

（2）负责对消防设施的每日检查，并认真填写各种消防设施值班和运行记录，并定期对各种消防设施进行检查，保证自动消防设施的完好有效。发现故障应及时排除，不能排除的应报告消防安全管理人。

（3）核实、确认报警信息。

（4）熟练掌握火灾和其他灾害事故紧急处理程序，发生火灾时，根据消防应急预案启动相关消防设施。

（九）列车司机

列车司机除熟练掌握列车驾驶知识外，还应经消防专业培训合格后持证上岗，并应履行下列职责。

（1）掌握列车火灾应急预案和应急处理办法。

（2）每日检查列车消防设施和报警通信设施功能，发现故障应及时排除，不能排除的应报告消防安全管理人、消防安全责任人。

（4）发生火灾时，用标准用语进行广播宣传和疏散引导，稳定乘客情绪，引导乘客使用车内灭火器灭火和进行紧急疏散。

（5）将列车着火情况及时报告控制中心或值班站长。

（十）其他人员

其他人员应严格执行消防安全制度和操作规程，参加消防安全培训及灭火和应急疏散演练，熟知本岗位火灾危险性和消防安全常识，发生火灾时及时引导乘客安全疏散。

三、城市轨道交通消防安全管理措施

城市轨道交通运营管理部门应结合运营特点制定完善的消防安全管理制度，对消防组织、消防安全责任、消防安全教育和培训、防火检查、消防值班、消防设施（器材）管理、动火管理、消防安全隐患整改、消防应急预案及演练、消防档案管理等方面进行规范，对消防安全进行严格管理。

消防安全要贯彻以防为主的方针，经常性地进行"五自查"、"四应会"、"三提示"，具体如下。

"五自查"：一查危险火源；二查疏散通道；三查消防器材；四查电器设备；五查电气线路。

"四应会"：一会报火警与火患；二会使用消防器材；三会处置初期火灾；四会火场逃生自救。

"三提示"：一提示开展防火巡查；二提示加强火源管理；三提示做好防火措施。

任务六　城市轨道交通环境安全

学习任务

1. 认知城市轨道交通运营安全环境因素。
2. 认知城市轨道交通车站环境安全管理工作。

学习目标

1. 了解影响城市轨道交通运营安全的环境因素。
2. 熟悉车站环境安全的管理措施。

基础知识

环境因素在城市轨道交通系统安全的人—机—环境控制系统中是第三个重要的基石。人的操作可能引起设备方面的事故和损失，从而对环境产生有害影响。低估环境的重要性可能会对城市轨道交通系统安全带来严重后果。

一、影响车站的环境因素分析

环境是企业生产经营活动的基本要素，是必不可少的条件。环境的好与坏，与安全生产有着直接的关系。努力创造一个良好的生产作业环境，是企业领导者和安全管理人员的重要工作职责，也是有效预防环境不安全因素引发生产安全事故的关键所在。

城市轨道交通安全管理的环境因素主要是指影响人体健康、工作效率、设备性能的自

然和人为的各种条件因素的组合。环境因素对轨道交通安全运营也有一定影响，例如，一些自然灾害的发生不仅会影响列车的正常运行，也会对城市轨道交通车站造成影响。城市轨道交通系统的管理者必须采取相应措施对车站的环境进行控制，以满足安全运行的需要。

城市轨道交通系统的环境影响因素，可分为内部小环境和外部大环境两个方面，前者包括作业环境和由管理行为营造的内部社会环境，后者则包括自然环境和外部社会环境。在众多的影响因素中，作业环境和内部社会环境是可控的，而外部社会环境和自然环境是不可控的，但企业管理可通过改善可控的内部小环境来适应不可控的外部大环境，从而保证系统的运营安全。影响运营安全的环境因素如图2.7所示。

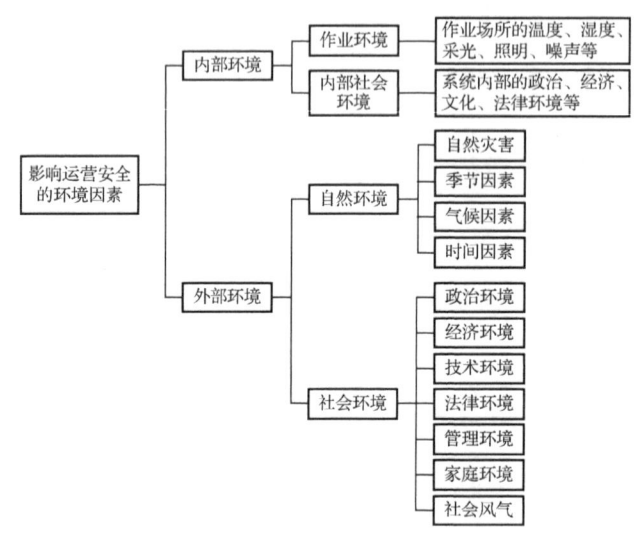

影响运营安全的环境因素：
- 内部环境
  - 作业环境：作业场所的温度、湿度、采光、照明、噪声等
  - 内部社会环境：系统内部的政治、经济、文化、法律环境等
- 外部环境
  - 自然环境
    - 自然灾害
    - 季节因素
    - 气候因素
    - 时间因素
  - 社会环境
    - 政治环境
    - 经济环境
    - 技术环境
    - 法律环境
    - 管理环境
    - 家庭环境
    - 社会风气

图2.7 影响运营安全的环境因素

对于自然环境，城市轨道交通车站一般设置在离地面7～10m的浅层地表中，由于其与地面的大气环境有一定的隔离，以及车站本身人流密度高的特点，使得城市轨道交通车站的环境具有其特殊性。但是地铁有时也会有部分线路在地面上运行，这种情况下，一般的自然灾害如雨雪、迷雾、台风、水灾、地震等也会对其运营安全产生一定的影响，其中雨雪、迷雾天气对列车影响较为严重。

城市轨道交通尤其是地铁工程的车站和隧道大都处于地面标高以下，一方面受到洪涝灾害积水回灌危害，另一方面受到岩土介质中地下水渗透浸泡危害。地下水或地表水进入地铁车站和隧道内，可以使装修材料霉变，电气线路、通信、信号元件受潮浸水损坏失灵，造成工程事故，并且危及行车安全。地下水积存，使地铁内部潮湿度增加，使进入车站的乘客感觉不舒适。另外，地下铁路的车站和隧道包围在周围的地理介质中，地震发生时地下构筑物随围岩一起运动，与地面结构不同，围岩介质的嵌固改变了地下构筑物动力特征。

社会环境包括社会的政治环境、经济环境、技术环境、管理环境、法律环境及社会风气、家庭环境等，它们对轨道运营安全均有不同程度的影响。

在城市轨道交通系统中，人们大量使用各种现代化设备，同时也暴露在设备的危险之中。一方面，人的行为和设备的状态依赖于所处的环境条件。人和设备也常常以不同的方式影响环境。在这个人—机—环境交互作用的系统中，由于事故、事变或局部环境的持久应力，人或财产可能遭受损害。事故或事变可能源于技术，即由于制造缺陷、大气中的有害物质或气候条件等其他干扰因素的影响，尽管使用和操作是正确的，城市轨道交通系统内的技术设备仍然可能不像预期的那样运转。技术装备中的事变不可能通过预防措施而完全排除，因此使事变影响最小的补充措施必不可少。为了控制事故损失，必须及早识别事变、报警、警告信号，并采取相应的积极对策。

二、车站环境安全管理措施

（一）控制车站环境

1. 车站通风控制

空气的温度、湿度、风流速度三者结合起来被称为环境气象条件。人们对轨道交通车站的气象条件有一定的要求，同时与地面广泛性大气条件相比，轨道交通车站的气象条件具有局部性和多变性。例如，车站进出乘客、工作人员不断散发出的热量、湿量或因地热、矿岩化热使地下空气温度升高，夏季地表的热空气进入地下而凝结成露，或因无风而感到闷热等，造成车站内的空气温度、湿度和风流速度不断发生变化。为保证车站各类人员的舒适，防止车站各类机械、电气设施因腐蚀而损坏，必须通过强制通风进行散热、除湿和进行必不可少的车站内空气调节。轨道交通系统车站通风的基本任务是向车站各工作地点供给足够数量的新鲜空气，稀释和排除有害物质，调节车站内部的气象条件，创造舒适的乘坐环境。地下车站应设置通风系统向车站各工作地点供给新鲜空气。

2. 车站噪声控制

城市轨道交通系统中车站的噪声来源如下。

（1）列车高速运行是主要的噪声源，包括车体压缩机、电刹车、传动系统等工作设备发出的噪声；来自门窗、通风器、管道等的颤动和撞击声；众多车辆和钢轨同时发生作用所产生的作用力，使车辆与钢轨产生振动而产生声辐射；列车在半封闭通道内高速行驶时产生的活塞风所形成的气流噪声。

（2）车站或隧道通风系统中使用的轴流风机启动通风时的机械和气流噪声。

（3）车站各类工作房中大量电器和机械设备工作时所发出的噪声。

（4）由乘客引起的社会生活噪声。

根据北京地铁部分车站的时等效声级测量，噪声的出现高峰与列车的运营高峰基本同步，其最大声级在车站站台平均达到 86 dB，最大混响时间为 4s。

列车高速运行是车站环境的主要噪声源，其影响范围包括车站站台环境、车站工作室环境、列车车厢和司机室环境，但一般不会对地面环境造成噪声污染。地下车站环境噪声还与列车车流量有密切关系。适当控制列车进出站速度和客流量有利于减轻车站环境噪声。轨道交通车辆内的噪声与隧道内的线路质量、列车运行速度及列车本身的性能和结构有关，在现有线路条件下，采用先进的崭波调压调速技术和具有双层密封隔声门的列车，能有效降低车厢内的噪声。

3. 车站排烟控制

由于城市轨道交通车站人员密集，且一般位于地下，发生火灾时造成的人员伤亡，绝大多数是被烟气熏到、中毒、窒息所致。因此，排烟设计在城市轨道交通中显得尤为重要。站厅（台）层公共区与两端设备管理用房之间采用防火墙（门）分割，划分不同的防火分区。

（二）改善社会环境

城市轨道交通系统内部社会环境是外部社会环境因素在系统内的反应，其涉及面广，包括系统内部的政治、经济、文化、法律、人际关系等环境条件，这些环境条件的变化与企业管理行为密切相关。城市轨道交通系统的安全运营能够促进经济发展、社会稳定，系统的各层次管理部门应加强管理，为职工创造良好的安全生产条件，努力构建和谐的内部社会环境。

1. 实行安全目标管理

实行安全目标管理，有利于实现民主管理，调动各级领导和广大职工搞好安全生产的积极性；有助于构建和谐的人际关系，增强内部团结。

安全目标管理的基本内容：企业安全部门根据企业经营管理总目标制定安全管理的总目标。然后经过协商，自上而下地层层分解，制定各级、各部门直到每个职工的安全目标和为达到目标的对策措施。在制定和分解目标时，还要把责、权、利也逐级分解，做到目标与责、权、利的统一。通过开展一系列组织、协调、指导、激励、控制活动，依靠全体职工自下而上的努力，保证各自目标的实现，最终保证企业安全总目标的实现。定期对实现目标的情况进行考核，并给予相应的奖惩。

2. 加强安全文化建设

企业文化是指企业全体员工在长期的创业和发展过程中培育形成，并共同遵守的最高目标、价值标准、基本信念及行为规范，是企业理念形态文化、物质形态文化和制度形态文化的复合体。安全文化是企业文化的重要组成部分，是现代企业安全管理思想和理论的升华，它的丰富内涵主要由安全价值观念和安全行为准则构成，其核心思想是通过安全文化教育，提高人的安全素养，如安全观念、安全意识、安全态度、安全知识、安全技能等。

城市轨道交通系统安全文化建设的任务，主要是提高系统内在安全素质，为企业树立良好的外部形象；在职工队伍中形成安全第一、规范行为、从我做起的积极响应；完善安全组织保障体制，包括安全方针、政策的制定与落实，合理划分安全责任和权限，组织实施安全生产目标等。通过全员自觉的安全行为和完善的安全组织保障体制，使运输安全法规、作业标准和作业制度得以彻底贯彻落实。

（三）对自然灾害进行监控

自然灾害有可能会严重地影响城市轨道交通系统的运营安全，洪水、地震、大风等灾害一旦发生，可能会导致城市轨道交通系统瘫痪，如果灾害来临时处置不当，极有可能造成群死群伤，社会影响恶劣。

城市轨道交通系统对水灾、风灾、地震等灾害可不另设专用的报警系统，而是直接接收有关部门的预报信息，进而采取控制措施，降低自然灾害对城市轨道交通系统的影响。

相关案例

北京地铁安全管理体系与安全文化建设

北京地铁公司始终贯彻执行"安全第一、预防为主、综合治理"的安全工作方针。在分析、归纳多年运营经验和事故教训的基础上，总结出了"抓小防大，安全关前移"、"安全运营，基础取胜"、"安全运营，管理是关键"等安全管理思想，制定了"以人为本创平安，永远追求零风险"的目标，创新并实践了"人、机、环、管"四大要素和"治、控、救"三道防线组成的矩阵式安全控制体系，见表 2.6。在全体员工中践行了"隐患就是事故"的管理理念，营造出浓厚的安全文化氛围。

表 2.6 矩阵式安全控制体系

四大因素 三道防线	人	机	环	管
治	日常化、制度化的安全教育和培训。向违章违纪宣战	长期坚持隐患排查治理，按规定进行隐患新增、挂账、销号。向漏检、漏修和维修不到位宣战	印发地铁安全宣传材料，免费向乘客发放，制作安全宣传片，在车站和车上播放，改善运行和作业环境等	全面落实"主体责任"和"属地责任"两个责任制。向管理者不作为和管理不到位宣战等
控	科学合理的岗位安全操作标准和员工评价体系。检查互控机制、视频监控系统等	按照《北京地铁运营事故隐患数据库》落实责任制，隐患监控实名制	通过视频监视系统实时监视乘客不安全行为、盗窃破坏活动，全网各站安全检查等	ISO9001 质量管理体系。检查分析管理问题，年度管理评审等
救	竞聘上岗和待岗培训制度等	各类故障和事故抢险应急预案	各类灾害情况下的应急预案、人为事故或破坏应急预案	按照"四不放过"原则严肃处理运营事故，对相应管理者绩效考核

北京地铁公司，在先进的安全文化管理理念的引领下，主要从科技、管理、文化 3 个方面进行全面的安全文化建设。

一、依托科技手段，推进科技强安

公司以"矩阵式安全控制体系"为指导，秉承"隐患就是事故"的安全管理理念，加强隐患排查治理的技术支撑。

（1）实施对老线路的消隐改造工程。对涉及车辆、通信、信号、供电、机电、线路、建筑结构和站容站貌八大专业的重点项目进行改造和设备更新，有效缓解了地铁老线路存在的基础设施设备隐患。

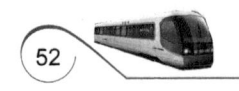

（2）开展土建设施隐患整改工作。组织更换桥梁支座、扩建站台、新增换乘通道工程，解决桥梁支座缺陷影响行车安全问题，以改善部分车站、换乘通道狭小的状况，尽力消除设计隐患。

（3）建立安全专项管理基金制度。建立安全专项管理基金制度，旨在利用安全专项基金来整改落实对运营安全造成重大隐患的项目。近年来，通过合理运用安全专项基金治理了一批重大隐患。例如，加装车辆轴温探测系统、道岔融雪装置、重点岔区防雪棚，购置轨道检测车、应急抢险车等设备和装置，开发乘务员行车安全提示系统、综控员安全作业检查系统等关键岗位作业保障系统，提高运营安全技术防范能力。

（4）开发北京地铁隐患数据库管理系统。针对运营过程中动态存在的隐患问题，开发了"北京地铁隐患数据库管理系统"，实现隐患动态分类排查、动态评审挂账、动态整改销号的管理及对隐患进行实时监控等功能。

（5）搭建技术培训平台。与同济大学、西南交大共同开发研制了全国第一台地铁电动列车司机模拟驾驶器，实现了乘务员培训、考核、鉴定的标准化管理。与清华大学共同开发研制了全国第一座地铁供电仿真站，提高了供电专业培训与鉴定水平。

（6）建立全面安全防控网络。北京地铁公司于2008年6月在世界范围内首先实现了地铁车站全面安检，全线设置安检点330个，投入安检设备2000余件，安检人员4300多人，最大限度的发现、控制高危破坏分子，震慑恐怖分子。

二、创新管理理念，强化安全管理

1. 完善安全管理规章制度

公司完善了安全生产责任制、隐患排查治理、安全激励与约束、安全培训教育、安全监督检查、安全事故管理、运营形势分析、安全评价八大制度，并采取明确的目标管理模式，每年制定安全生产工作1号文，部署全年安全生产具体措施，与各个分公司及下级单位层层签订安全责任书，下达运营安全控制指标，将指标分解到基层车间、站队、班组。做到安全责任"横向到边、纵向到底"，不留死角、漏洞。

2. 严格安全控制标准

公司持续修订运营事故处理规则，将安全管理隐患纳入事故管理体系，不断细化事故指标、提高事故控制标准，制定了各类事故换算系数，为量化的事故控制提供了依据，是安全管理方面的一项突破。同时，公司建立了严格的KPI考核体系，针对各层级管理人员制定了科学的评价体系，其中安全绩效的权重为50%，突出了管理者的安全责任。

3. 开展安全教育培训

公司定期开展各级安全教育培训，每年聘请专家对公司领导班子、中高层安全管理人员进行专业培训，邀请知名安全专家授课，提高安全管理人员的安全素质和理论水平。针对基层管理人员管理能力方面的差距，聘请知名专家和内部技术管理骨干授课，从实操层面解决班组长的安全管理难点问题。公司建立安全教育培训基地，收集典型案例，通过图文并茂的案例展示和生动的讲解对全体员工进行警示教育，特别是新员工和转岗员工，公司规定必须参观展览、接受教育后上岗。

4. 建立抢险救援体系

公司总结运营经验，编制了地铁公司综合应急预案，并不断完善列车脱轨、冲突、火灾、爆炸、恶劣天气、大客流冲击等各类专项预案和基层现场的应急处置方案，特别明确了突发事件现场值班站长和现场负责人的职责，充分授权，实施限流、封站、列车通过等应急措施。公司建立了值守人员和兼、专职三支抢险队伍的协同作用机制，形成以岗位自救和兼、专职抢险救援队伍互补的应急系统。研发适用于运营抢险需要的抢险救援设备，开展应急演练。针对目前设备自动化程度较高、故障应急操作较少的情况，在夜间运营时组织降级运行，开展电话闭塞、手摇道岔、消防应急等现场实操演练，提高现场人员处理故障的实操演练。

5. 组织特色活动

公司经常组织员工自下而上进行安全知识竞赛、安全演讲比赛、征文、安全摄影比赛等特色活动，对外开展乘客安全宣传、安全品牌建设、安全志愿者咨询等活动，开展安全大讨论活动，提高安全意识和责任感。通过对事故和"三违"问题的反思和总结，通过安全工作会、安全学习日、安全论文、安全经验交流等形式，广泛深入地开展安全大讨论活动，提高全体员工的安全意识、责任感和对安全工作的认识。

6. 强化安全激励措施

公司每年举行"金手柄"奖评选活动，对安全行车安全达到70万公里的司机授予"金手柄"奖、对安全行车60万公里和50万公里的司机分别授予"银手柄"和"铜手柄"奖，并给予一次性重奖。

7. 加强员工安全管理

按照国家的有关规定，北京地铁公司所有重点岗位员工全部持证上岗，对所有岗位制定了严格的岗位操作标准，重点岗位实施"一人作业、一人监护"互控机制，提高作业的安全可靠性。公司组织开展标准化达标活动，编制重点岗位安全操作手册、执行供电专业看板管理等行之有效的岗位操作标准，每月组织对二级单位管理干部和关键岗位一线员工"应知应会"和"安全规章"抽考。与北京交通大学合作进行"职业适应性心理测试"专题研究，通过对司机、调度员等重点岗位心理、生理、人机适应性等方面测试，为相关岗位选拔和职业适应性检查提出一套科学合理的标准。

三、突出以人文本，促进文化兴安

1. 编制地铁安全文化手册

公司总结安全管理经验，整合安全管理思想、理念等内涵，通过多层次的讨论和完善，完成了北京地铁公司《安全文化手册》。《安全文化手册》充分展示了地铁安全文化成果。

2. 开展安全宣传和志愿服务活动

公司利用各种手段，广泛开展乘客的安全宣传活动，努力营造良好的安全乘车氛围。每年印制40万册《北京地铁交通安全指南》、《地铁安全50个怎么办》等宣传品，免费向乘客发放。制作了安全宣传纪念品、引导乘客安全乘车的宣传片，利用地铁电视、纸制媒体，向广大乘客宣传地铁安全常识。结合首都文明行业创建活动，建立安全志愿者队伍，广泛地开展志愿服务活动。

3. 开展安全评估工作

结合运营形势变化，公司建立了安全评估制度，经常性开展安全自查、自评、自纠，特别是针对新线开通量大、安全标准高的特点，制定了新线接收基本条件标准。同时，聘请有资质的评价机构进行第三方评价，查找管理上的不足和漏洞，不断提高管理水平。加入国际地铁协会，进一步与国际标准接轨，使公司的运营服务状况和管理水平达到了世界一流水平。

思考与练习

1. 简述城市轨道交通安全管理体系的目标和原则。
2. 简述城市轨道交通安全管理体系的基本结构。
3. 简述城市轨道交通运营企业的安全管理职能。
4. 试分析人员因素对安全的影响。
5. 简述车站设备安全管理的基本原则。
6. 谈谈行车调度在行车安全工作的重要性。
7. 城市轨道交通预防技术有哪些？
8. 试述运营安全管理中的班组管理重要性。
9. 阐述城市轨道交通消防安全管理措施。
10. 简述值班站长消防安全管理岗位职责。
11. 车站环境安全管理措施有哪些？
12. 阐述加强安全文化建设的重要性。

项目三 城市轨道交通安全管理法规和制度认知

教学目标

通过本项目教学，使学生了解国家安全生产管理相关法律规范；了解城市轨道交通安全管理相关法规；了解城市轨道交通运营安全管理规章制度。

知识要点

1. 国家安全生产管理的相关法律规范。
2. 城市轨道交通安全管理的相关法规。
3. 城市轨道交通运营安全管理规章制度。

任务一 国家安全生产管理相关法律规范

学习任务

1. 认知国家安全生产管理相关法律规范。
2. 认知《中华人民共和国安全生产法》。
3. 认知《中华人民共和国消防法》。
4. 认知《安全生产事故报告和调查处理条例》。
5. 认知《国务院关于特大安全事故行政责任追究的规定》。
6. 认知《危险化学品安全管理条例》。
7. 认知《企业安全生产标准化基本规范》。

学习目标

1. 了解国家安全生产管理相关法律规范。
2. 知道《中华人民共和国安全生产法》制定的目的、发布与实施时间，以及所包含内容。
3. 知道《中华人民共和国消防法》制定的目的、发布与实施时间，以及所包含内容。
4. 知道《安全生产事故报告和调查处理条例》制定的目的、发布与实施时间，以及所包含内容。
5. 知道《国务院关于特大安全事故行政责任追究的规定》制定的目的、发布与实施时间，以及所包含内容。
6. 知道《危险化学品安全管理条例》制定的目的、发布与实施时间，以及所包含内容。

7. 了解《企业安全生产标准化基本规范》发布与实施时间，以及所包含内容。

基础知识

安全生产法律法规是国家法律体系的重要内容，是保护劳动者生命和身体健康，保障国家和社会财产安全，保障社会经济持续发展的法令、规程、条例、规定等法律文件的总称。我国一直重视安全法律法规的建设工作，特别是 2000 年以来，按照"安全第一，预防为主，综合治理"的安全生产方针，不断完善和健全安全生产管理法律法规，基本形成结构完善的法规体系。

一、《中华人民共和国安全生产法》

《中华人民共和国安全生产法》是为了加强安全生产工作，防止和减少生产安全事故，保障人民群众生命和财产安全，促进经济社会持续健康发展而制定的国家法律规范。该法规由中华人民共和国全国人民代表大会常务委员会于 2002 年 6 月 29 日发布，2002 年 11 月 1 日起施行。《中华人民共和国安全生产法》坚持"安全第一、预防为主"的安全生产管理方针，明确了生产经营单位安全生产责任制，建立生产安全事故责任追究制度。在我国安全生产法律体系中，法律地位和法律效力最高，对所有生产经营单位的安全生产普遍适用的基本法律。本法规经由 2009 年《全国人民代表大会常务委员会关于修改部分法律的决定》修改，2009 年 8 月 27 日发布、2009 年 8 月 27 日起实施。在 2014 年《全国人民代表大会常务委员会关于修改〈中华人民共和国安全生产法〉的决定》再次修改，2014 年 8 月 31 日发布、2014 年 12 月 1 日起实施。内容包括总则、生产经营单位的安全生产保障、从业人员的权利和义务、安全生产的监督管理、生产安全事故的应急救援与调查处理、法律责任、附则，共 7 章 114 条。

《安全生产法》的颁布实施，标志着我国安全生产法制建设进入了一个新的发展阶段，对于依法强化我国安全生产监督管理，规范各类生产经营单位的安全生产和作业，依法制裁各种安全生产违法行为，遏制重大、特大事故的发生，保障劳动生产者安全的合法权益，维护人民群众生命财产安全，具有十分重要的意义。

二、《中华人民共和国消防法》

《中华人民共和国消防法》是为了预防火灾和减少火灾危害，加强应急救援工作，保护人身、财产安全，维护公共安全而制定的国家法规。《中华人民共和国消防法》于 1998 年 4 月 29 日第九届全国人民代表大会常务委员会第二次会议通过并实施，2008 年 10 月 28 日第十一届全国人民代表大会常务委员会第五次会议修订，自 2009 年 5 月 1 日起施行。内容包括总则、火灾预防、消防组织、灭火救援、监督检查、法律责任、附则，共 7 章 74 条。

三、《安全生产事故报告和调查处理条例》

《安全生产事故报告和调查处理条例》是为了规范生产安全事故的报告和调查处理，落实生产安全事故责任追究制度，防止和减少生产安全事故，根据《中华人民共和国安全生产法》和有关法律而制定国家法规。该法规由中华人民共和国国务院于 2007 年 3 月 28 日国务院第 172 次常务会议通过公布，自 2007 年 6 月 1 日起施行。内容包括总则、事故报告、事故调查、事故处理、法律责任、附则，共 6 章 46 条。2007 年 4 月 9 日国务院颁布《生产安全事故报告和调查处理条例》，该条例规范了生产安全事故的报告和调查处理，落实了生产安全事故责任追究制度，防止和减少了生产安全事故发生。

国家安全生产监督管理总局为防止和减少生产安全事故，严格追究生产安全事故发生单位及其有关责任人员的法律责任，正确适用事故罚款的行政处罚，依照《生产安全事故报告和调查处理条例》的规定，制定了《〈生产安全事故报告和调查处理条例〉罚款处罚暂行规定》（共 22 条），自 2007 年 7 月 12 日起施行。国家安全生产监督管理总局令（第 42 号）《国家安全监管总局关于修改〈〈生产安全事故报告和调查处理条例〉罚款处罚暂行规定〉部分条款的决定》对经 2011 年 8 月 29 日国家安全生产监督管理总局局长办公会议审议通过公布，自 2011 年 11 月 1 日起施行。

四、《国务院关于特大安全事故行政责任追究的规定》

《国务院关于特大安全事故行政责任追究的规定》是为了有效地防范特大安全事故的发生，严肃追究特大安全事故的行政责任，保障人民群众生命、财产安全而制定的国家法规。中华人民共和国国务院令（第 302 号）公布《国务院关于特大安全事故行政责任追究的规定》，2001 年 4 月 21 日颁布施行。《国务院关于特大安全事故行政责任追究的规定》为落实安全生产责任制提供了法律保障，是促进安全生产工作的有力举措。法规明确了地方各级人民政府及政府有关部门应当依照有关法律、法规和规章的规定，采取行政措施，对本地区实施安全监督管理，保障本地区人民群众生命、财产安全，确立对本地区或者职责范围内防范特大安全事故的发生、特大安全事故发生后的迅速和妥善处理的责任制，建立了防范特大安全事故发生的措施和追究制度，该规定共 24 条。

五、《危险化学品安全管理条例》

《危险化学品安全管理条例》是为了加强危险化学品的安全管理，预防和减少危险化学品事故，保障人民群众生命财产安全，保护环境而制定的国家法规。该法规由中华人民共和国国务院于 2002 年 1 月 26 日发布，自 2002 年 3 月 15 日起施行。《危险化学品安全管理条例》经国务院常务会议于 2011 年 2 月 16 日修订通过并公布，自 2011 年 12 月 1 日起施行。《危险化学品安全管理条例》经国务院常务会议于 2013 年 12 月 4 日修订通过并公布，自公布之日起施行。2013 年 12 月 7 日，国务院关于修改部分行政法规的决定中，将《危险化学品安全管理条例》第六条第五项中的"铁路主管部门负责危险化学品铁路运输的安全管理，负责危险化学品铁路运输承运人、托运人的资质审批及其运输工具的安全管理"修改为"铁路监管部门负责危险化学品铁路运输及其运输工具的安全管理"。决定自 2013 年 12 月 7 日起施行。《危险化学品安全管理条例》内容包括总则、生产与储存安全、使用安全、经营安全、运输安全、危险化学品登记与事故应急救援、法律责任、附则，共 8 章 102 条。

六、《企业安全生产标准化基本规范》GB/T 33000—2016

中华人民共和国国家标准 GB/T 33000—2016《企业安全生产标准化基本规范》于 2016 年 12 月 13 日发布，2017 年 4 月 1 日正式实施。该标准由国家安全生产监督总局提出，归口于全国安全生产标准化技术委员会（SAC/TC288），由中国安全生产协会、中国安全生产科学研究院、中国建材检验认证集团股份有限公司、中钢武汉安全环保研究院有限公司起草。本标准规定了企业安全生产标准化管理体系的建立、保持与评定的原则和一般要求，以及目标职责、制度化管理教育培训、现场管理、安全风险管控及隐患排查治理、应急管理、事故管理和可持续改进 8 个体系的核心技术要求。标准明确了相关企业开展安全生产标准化建设工作，有关行业修订安全生产标准化标准、评定标准，以及对标准化工作的咨询、服务、评审、科研、管理和规划等基本内容。

网址导航

国家安全生产管理相关法律规范阅读网址

1. 《中华人民共和国安全生产法》

中国人大网（www.npc.gov.cn），即 http://www.npc.gov.cn/wxzl/gongbao/2014-11/13/content_1892156.htm。

2. 《中华人民共和国消防法》

中央政府门户网站（www.gov.cn），即 http://www.gov.cn/bumenfuwu/2008-10/29/content_2621035.htm。

3. 《安全生产事故报告和调查处理条例》

中央政府门户网站（www.gov.cn），即 http://www.gov.cn/flfg/2007-04/19/content_589264.htm。

国家安全生产监督管理总局网站，即 http://www.chinasafety.gov.cn/newpage/Contents/Channel_5330/2015/0420/248925/content_248925.htm。

4. 《国务院关于特大安全事故行政责任追究的规定》

中国政府门户网站（www.gov.cn），即 http://www.gov.cn/flfg/2005-08/06/content_20994.htm。

5. 《危险化学品安全管理条例》

中国政府门户网站（www.gov.cn），即 http://www.gov.cn/flfg/2011-03/11/content_1822902.htm。

6. 《企业安全生产标准化基本规范》GB/T 33000-2016

中华人民共和国国家质量监督检验检疫总局，中国国家标准化管理委员会（http://www.aqsiq.gov.cn/，http://www.sac.gov.cn/）。

项目三 城市轨道交通安全管理法规和制度认知

任务二 城市轨道交通安全管理相关法规

学习任务

1. 认知城市轨道交通安全管理的相关法规。
2. 认知《国家处置城市地铁事故灾难应急预案》。
3. 认知《城市轨道交通安全运营管理规定》。
4. 认知《城市轨道交通消防安全管理》。
5. 认知《城市轨道交通地下工程建设风险管理规范》。
6. 认知《地铁设计规范》。

学习目标

1. 了解城市轨道交通安全管理的相关法规。
2. 知道《国家处置城市地铁事故灾难应急预案》制定的目的、依据、发布与实施时间,以及包含内容。
3. 知道《城市轨道交通安全运营管理规定》制定的目的、发布与实施时间,以及包含内容。
4. 了解《城市轨道交通消防安全管理》GA/T 579—2005 发布与实施时间,以及包含内容。
5. 知道《城市轨道交通地下工程建设风险管理规范》GB 50652—2011 发布与实施时间,以及包含内容。
6. 知道《地铁设计规范》GB 50157—2013 发布与实施时间,以及包含内容。

基础知识

随着我国城市轨道交通的迅猛发展,建设与运营里程快速上升,随之而来的问题凸显:一是北、上、广等老牌地铁城市进入网络化运营的大客流时期,在运营调度、客流组织、安全保障等方面遭遇到很多新难题;二是很多新的线路和地铁城市进入运营领域,在技术、设备、人员、运营能力有不少欠缺。为预防和消除城市地铁建设和运营出现的安全隐患,国务院及相关的职能部门相继出台了一系列的条例、办法、规定、标准、管理规范,来保障城市轨道交通建设与运营安全,逐步使得城市轨道交通建设与运营安全做到有法可依、有章可循。

一、《国家处置城市地铁事故灾难应急预案》

《国家处置城市地铁事故灾难应急预案》是为了做好城市地铁事故灾难的防范与处置工作,保证及时、有序、高效、妥善地处置城市地铁事故灾难,最大限度地减少人员伤亡和财产损失,维护社会稳定,支持和保障经济发展而制定的法规。该预案依据《中华人民共和国安全生产法》、《中华人民共和国消防法》、《突发公共卫生事件应急条例》、《国务院关于特大安全事故行政责任追究的规定》和《国家突发公共事件总体应急预案》等相关法律法规而制定，明确了预案坚持"以人为本、科学决策，统一指挥、分级负责，属地为主、分工协作，应急处置与日常建设相结合、有效应对"的工作原则。该预案内容包括总则、组织机构与职责、预警预防机制、应急响应、后期处置、保障措施、附则 7 部分。《国家处置城市地铁事故灾难应急预案》由中华人民共和国国务院于 2005 年 5 月 24 日批准颁布，自 2006 年 1 月 23 日起施行。2015 年 4 月 30 日，国务院办公厅关于印发《国家城市轨道交通运营突发事件应急预案》的通知（国办函〔2015〕32 号），经国务院同意将修订后的《国家城市轨道交通运营突发事件应急预案》印发并组织实施。修改后的应急预案附件进一步明确各部门职责。城市轨道交通运营突发事件应急组织指挥机构成员单位主要包括城市轨道交通运营主管部门、公安、安全监管、住房城乡建设、卫生计生、质检、新闻宣传、通信、武警等部门和单位。

二、《城市轨道交通安全运营管理规定》

《城市轨道交通安全运营管理规定》是为了规范城市轨道交通运营管理，保障城市轨道交通运营安全，维护乘客和运营单位的合法权益，促进城市轨道交通行业健康发展，根据国家有关法律、行政法规而制定的法规。该规定明确了城市轨道交通运营管理应当遵循"以人为本、安全可靠、便捷舒适、统筹协作"的原则，由交通运输部负责指导全国城市轨道交通运营管理工作，省、自治区交通运输主管部门负责指导本行政区域内的城市轨道交通运营管理工作。该规定内容包括总则、运营安全前期防控、运营安全与应急、运营安全保障、运营服务、法律责任、附则，共 7 章 74 条。2016 年 10 月 10 日，国务院法制办就《城市轨道交通安全运营管理规定》向社会征求意见。

三、《城市轨道交通消防安全管理》GA/T 579—2005

《城市轨道交通消防安全管理》是中华人民共和国公共安全行业标准 GA/T 579—2005。为保障城市轨道交通的安全运行，预防轨道交通火灾，减少轨道交通火灾危害，保护公民人身、公共财产和公民财产的安全，维护公共安全，促进经济发展而制定该标准。该标准由公安部消防局提出，归口于全国消防标准化技术委员会第九分技术委员会（SAC/TC113/SC9），由公安部天津消防研究所、中国矿业大学、天津市消防局、北京市消防局、上海市消防局、广东省消防总队、北京市地铁公安分局、广州市地铁总公司、上海能美西科姆消防设备有限公司等单位起草。中华人民共和国公安部 2005 年 12 月 8 日发布，2006 年 3 月 1 日开始实施。该标准包括范围、规范性引用文件、术语和定义、总要求、消防安全管理职责要求、危险源控制、灭火和应急疏散预案与演练、消防设施检查与维护管理、抢险救援工具备品、消防宣传教育和培训、消防档案共 11 部分内容。本标准规定了地铁、轻轨等城市轨道交通在运营过程中的危险源控制，各级、各类人员的消防安全责任和职责，灭火和应急疏散预案与演练，消防设施检查及维护管理，消防宣传教育，人员培训和消防档案管理等消防安全工作的管理要求。

四、《城市轨道交通地下工程建设风险管理规范》GB 50652—2011

《城市轨道交通地下工程建设风险管理规范》GB 50652—2011 是为了加强我国城市轨道交通地下工程建设风险管理，统一规范建设风险管理的实施技术与执行标准，是制定的国家标准，是我国首部工程风险管理规范。该规范由中华人民共和国住房和城乡建设部第941号公告批准发布，2011年02月18日发布，自2012年1月1日起实施。本规范共分9章161条。其主要内容包括总则、术语、基本规定、工程建设风险等级标准、规划阶段风险管理、可行性研究风险管理、勘察与设计风险管理、招投标与合同签订风险管理和施工风险管理等。

五、《地铁设计规范》GB 50157—2013

《地铁设计规范》GB 50157—2013 由中华人民共和国住房和城乡建设部于2013年8月8日发布，2014年3月1日起施行。本规范根据住房和城乡建设部《关于印发〈2008年工程建设标准规范制订、修订计划（第1批）〉的通知》（建标〔2008〕102号）的要求，由北京城建设计研究总院有限责任公司和中国地铁工程咨询有限责任公司会同有关单位，对原国家标准《地铁设计规范》GB 50157—2003 进行修订而成。该规范由中国建筑工业出版社于2014年出版。本规范共分29章和5个附录。该规范内容包括总则、术语、运营组织、车辆、限界、线路、轨道、路基、车站建筑、高架结构、地下结构、工程防水、通风及空调与供暖、给水与排水、供电、通信、信号、自动售检票系统、火灾自动报警系统、综合监控系统、环境与设备监控系统、乘客信息系统、门禁、运营控制中心、站内客运设备、站台门、车辆基地、防灾和环境保护等。

六、《地铁运营安全评价标准》GB/T 50438—2007

《地铁运营安全评价标准》GB/T 50438—2007 是我国颁布的第一部城市轨道交通运营安全的相关标准。由中华人民共和国住房和城乡建设部（建设部）于2007年10月25日批准，2008年5月1日起实施。该标准由中国建筑工业出版社于2008年出版。本标准是根据"关于印发《二〇〇五年工程建设国家标准制定、修订计划》的通知"（建标〔2005〕85号）的要求，由北京市地铁运营有限公司会同相关单位共同编制，主编单位是北京市地铁运营有限公司，参编单位有北京市劳动保护科学研究所、天津市地下铁道总公司、上海地铁运营有限公司、中国安全生产科学研究院、广州市地下铁道总公司。在编制过程中，编制组经广泛调查研究，认真总结实践经验，参考有关国际标准和国外先进标准，并在广泛征求意见的基础上，通过反复讨论、修改和完善，最后经审查定稿。本标准主要内容包括：安全评价的一般要求和程序；基础安全评价（其中包括安全管理评价、运营组织与管理评价、设备设施评价和外界环境评价）；事故风险水平评价。本标准由建设部负责管理，由北京市地铁运营有限公司负责具体技术内容的解释。

地铁运营安全评价指标主要由"基础安全评价"和"事故水平评价"两部分组成，包括管理、运营、设备、人员、维修、环境和业绩七要素，以保障地铁安全运营的条件和地铁运营时的安全状态为基本着眼点。

网址导航

城市轨道交通安全管理相关法规阅读网址

1. 《国家处置城市地铁事故灾难应急预案》

中国政府门户网站（www.gov.cn）国务院办公厅，即 http://www.gov.cn/zhengce/content/2015-05/14/content_9751.htm。

2. 《城市轨道交通安全运营管理规定》

中国政府法制信息网，交通运输部网站，即 http://www.chinalaw.gov.cn，http://www.moc.gov.cn/yijianzhengji/201610/t20161010_2096964.html。

3. 《城市轨道交通地下工程建设风险管理规范》GB 50652—2011

中华人民共和国公安部，即 http://wenku.baidu.com/link?url=ZMCPiIYOA5DP243h2XsonrzpMqN8F0TaQ8OhDFvIP-rEoQBBttQNvmn_8nUrPAkOfn8rdAuX8kLt_。

4. 《城市轨道交通地下工程建设风险管理规范》GB 50652—2011

中华人民共和国住房和城乡建设部，即 http://www.mohurd.gov.cn/wjfb/201112/t20111226_208116.html。

5. 《地铁设计规范》GB 50157—2013

住房和城乡建设部，中国建筑工业出版社，即 http://www.soujianzhu.cn/Norm/jzzy56.htm。

6. 《地铁运营安全评价标准》GB/T 50438—2007

住房和城乡建设部，中国建筑工业出版社，即 http://www.doc88.com/p-173806453369.html。

任务三　城市轨道交通安全管理规章制度

学习任务

1. 认知各地关于城市轨道交通安全管理条例与实施细则。
2. 认知城市轨道交通安全管理相关制度。
3. 认知城市轨道交通运营安全管理规定。

学习目标

1. 了解各地关于城市轨道交通安全管理条例与实施细则。
2. 了解城市轨道交通安全管理相关制度。
3. 熟知城市轨道交通运营安全管理规定。

项目三 城市轨道交通安全管理法规和制度认知

基础知识

根据我国相关的法律、法规,"安全第一、预防为主"是我国城市轨道交通系统运营的安全管理方针。各地方政府和交通管理部门、城市轨道交通运营单位为保障城市轨道交通安全、高效运营,为乘客提供安全、准时、便捷的地铁服务,结合本地的实际情况,建立和完善城市轨道交通安全管理规章制度。

一、各地关于城市轨道交通安全管理条例与实施细则

随着我国城市轨道交通的建设发展,全国各地大凡修建城市轨道交通的城市,都相继制定城市轨道交通管理条例,规范城市轨道交通建设与运营的安全管理,如《北京市城市轨道交通安全运营管理条例》、《北京市轨道交通运营突发事件应急预案》、《上海市轨道交通管理条例》、《上海市轨道交通运营安全管理办法》、《上海市轨道交通安全保护区暂行管理规定》、《广州市地下铁道管理条例实施细则》、《深圳市地下铁道建设管理暂行规定》、《杭州市城市轨道交通运营管理办法》、《深圳市城市轨道交通工程质量安全管理办法》、《沈阳地铁工程安全生产管理办法》、《无锡市轨道交通建设突发事故应急预案》等,城市轨道交通的规范管理和法制建设越来越完善。

二、城市轨道交通安全管理相关制度

建立和健全各项规章制度是行业工作正常开展的基本保障,通过制定规章制度,明确行业人员的工作行为规范,使行业系统的各部门、各单位做到人人有章可循。城市轨道交通运营部门,为加强管理和监督轨道交通的运营管理和安全管理,建立健全安全运营责任制,制定安全运营规章制度和操作规程、主要岗位的作业标准,根据某些岗位工作的程序和特点,建立标准化作业机制,工作人员只要严格按照有关规章制度行事,严格执行标准化作业程序,就有了安全生产的基本保障。规章制度明确了行业人员的工作行为规范,强化监督管理,保证各项规章制度的落实和执行,建立安全运营风险评估和隐患排查制度,完善城市轨道交通运营安全监控信息系统,保障运营条件,加强对从业人员的职业道德教育和专业技能培训,为乘客提供安全、舒适的优质服务。例如,为规范标准化作业,关于城市地铁车站员工岗位作业标准有《值班站长作业标准》、《行车值班员作业标准》、《客运值班员作业标准》、《售票员作业标准》、《站台岗作业标准》、《综合作业标准》等;为规范安全管理,某城市轨道交通运营部门建立了一系列安全管理制度,如《生产安全管理办法》、《安全生产责任制》、《三级安全管理》、《安全交底制度》、《安全检查及隐患整改制度》、《特种作业持证上岗制度》、《安全事故报告和主任追究制度》、《交接班及班前安全会议制度》、《消防制度和措施》、《工伤保险与职业病防治制度》、《消防安全管理制度》、《风险管控实施办法》等。

法规与制度建设是城市轨道交通安全管理的基础和保障,也是开展各项管理工作的依据。它明确了各级管理部门及其他相关部门、组织、人员在安全管理工作中的职能、权限和义务;协调安全管理工作中国家、企事业单位、社会团体及个人之间的关系;规范安全

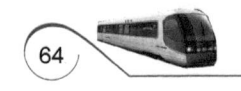

管理的各项制度，通过法律法规的强制作用建立安全管理的统一协调的工作机制。城市轨道交通系统安全管理真正做到：建立完善安全规章，使安全生产有章可循；建立三级安全网络，落实安全生产责任制；建立安全检查制度，预防运营事故发生；建立安全培训制度，营造安全文化氛围；建立应急救援体系，增强应急处置能力；建立事故处理机制，落实责任追究制度；建立警地联动机制，共保地铁一方平安。

法规链接

http://www.moc.gov.cn/yijianzhengji/201610/t20161010_2096964.html

城市轨道交通运营安全管理规定
（征求意见稿）

第一章 总则

第一条【编制目的】为规范城市轨道交通运营管理，保障城市轨道交通运营安全，维护乘客和运营单位的合法权益，促进城市轨道交通行业健康发展，根据国家有关法律、行政法规，制定本规定。

第二条【适用范围】本规定适用于城市轨道交通的运营及相关管理活动。

第三条【基本原则】城市轨道交通运营管理应当遵循以人为本、安全可靠、便捷舒适、统筹协作的原则。

第四条【管理职责】交通运输部负责指导全国城市轨道交通运营管理工作。

省、自治区交通运输主管部门负责指导本行政区域内的城市轨道交通运营管理工作。

城市交通运输主管部门或城市人民政府指定的城市轨道交通运营主管部门（以下简称城市交通运输主管部门）在本级人民政府的领导下具体负责组织实施本行政区域内的城市轨道交通运营监督管理工作。

第二章 运营安全前期防控

第五条【规划衔接】编制城市轨道交通线网规划和建设规划应当征求城市交通运输主管部门意见。城市交通运输主管部门综合考虑城市轨道交通客流需求、运营安全保障等因素，对线网架构、换乘枢纽规划、线路建设时序、线网综合应急指挥系统等提出意见。

第六条【安全专篇】城市轨道交通线路可行性研究报告、初步设计文件中应当编制运营安全专篇。编制可行性研究报告、初步设计文件应当征求城市交通运输主管部门和城市轨道交通运营单位意见。

第七条【配套设施】在编制城市轨道交通线路可行性研究报告、初步设计文件时，应当统筹考虑城市轨道交通公共安全防范、消防、与其他交通方式衔接、无障碍交通需要，根据国家有关标准规范，规划设计相关设施。相关设施的布局、规模等应当与需求相适应，并与车站统一规划、同期建设、同步交付使用。

第八条【设施设备选型】城市轨道交通线路的车辆、信号、自动售/检票等设施设备选型应当统筹考虑与线网中其他线路设施设备的相互兼容和统一，以降低安全风险，确保运营可靠，提高运营效率效益。

第九条【运营单位条件】从事城市轨道交通运营的单位应当满足以下条件：

（一）具有企业法人资格；

（二）具有健全的行车管理、客运管理、设施设备管理、人员管理等安全生产管理制度和服务质量保障制度；

（三）具有土建结构、车辆、供电、信号、通信、轨道、运营管理等专业管理人员，以及与运营业务相适应的生产技术人员；

（四）法律法规规定的其他条件。

第十条【运营单位确定时间】城市轨道交通运营实行特许经营。城市轨道交通运营单位应当在该项目工程可行性研究报告编制完成前，按照特许经营管理的有关规定确定。

第十一条【试运行要求】新建城市轨道交通项目试运行时间不应少于3个月，其中，最后20天应按照运营初期列车运行图组织行车。

运营单位应当全程参与试运行过程，根据试运行情况，可提请城市交通运输主管部门组织车辆、信号、轨道、供电等关键子系统的专项验收。专项验收未通过的，不得组织竣工验收。

第十二条【投入运营条件】城市轨道交通竣工验收合格后，由城市交通运输主管部门组织运营前安全评估。通过运营前安全评估的，由城市交通运输主管部门报请城市人民政府批准开通运营；通过运营前安全评估但竣工验收有暂时甩项的，报请城市人民政府批准开通试运营。

甩项工程完工后，由建设单位组织验收，验收合格的，通过运营单位组织的安全评估后，投入使用。受条件限制、甩项工程难以完成的，由建设单位会同运营单位，要求设计单位变更设计文件，完成后履行相关手续。甩项工程全部投入使用后，由城市交通运输主管部门报请城市人民政府批准转为运营。

城市轨道交通项目经城市人民政府批准运营后，相关部门按照有关规定编制竣工决算。

第三章 运营安全与应急

第十三条【运营安全责任主体】城市轨道交通运营单位是运营安全责任主体，应当按照国家有关规定和特许经营协议约定承担相应责任，特许经营协议中应当明确保障安全运营所必需的资金投入。

第十四条【从业人员管理】城市轨道交通运营单位应当配置满足运营需求的从业人员，并按国家相关标准进行安全和技能培训教育。列车驾驶员、行车调度员、行车值班员等关键岗位的从业人员应当经过考核后持证上岗。

城市轨道交通运营单位应当对关键岗位从业人员的设备操作、异常状况处理、安全防护技能等进行年度考核，必要时可以实施心理测试，考核不合格的，应当暂停或者调整岗位。

特种设备操作人员等应符合国家相关规定和标准要求，并持证上岗。

第十五条【企业日常管理】城市轨道交通运营单位应当落实安全生产责任制，建立健全人员管理制度，明确各岗位的责任人员、责任范围、操作规程和考核标准等内容。

城市轨道交通运营单位应当按照有关标准规范，建立健全设施设备检查、维修、更新改造制度和技术标准体系，定期检查和及时维修、更新改造，并保存记录，对城市轨道交通关键部位和关键设备进行动态监测，及时准确掌握运行状态，确保城市轨道交通各系统设施设备正常运行。

特种设备应当按照有关规定使用、保养及维修，接受法定检测机构的检测。发生问题，应当向特种设备行政主管部门报告。

鼓励建立覆盖城市轨道交通建设、运营生产全过程、各环节的信息化管理系统，加强相关设施设备和人员管理，提高运营安全生产水平。

第十六条【运营信息报送】城市轨道交通运营单位应当按照国家有关规定建立运营信息统计分析制度，并按照国家有关规定和城市交通运输主管部门要求报送相关信息。

第十七条【日常安全监管】城市交通运输主管部门应当定期对城市轨道交通运营单位日常安全管理工作进行监督检查，并可视情况组织开展安全评估。城市轨道交通运营单位应当按照国家有关规定，建立安全隐患排查治理制度。

第十八条【第三方机构和专家库管理】城市交通运输主管部门可委托第三方机构，开展车辆、信号、轨道、供电等关键子系统的专项验收和安全评估工作。第三方机构可聘请专家开展专项验收和安全评估工作。

交通运输部组织建立、公布并及时更新全国城市轨道交通专家库，并制定第三方机构和专家库管理制度。

第十九条【事故故障报送】交通运输部制定城市轨道交通运营安全事故及重大故障情况报送制度，指导各地制定预防措施，降低安全风险，提高行业运营安全水平。城市轨道交通运营单位应当对运营安全事故及重大故障进行调查分析，并按规定要求逐级上报。

第二十条【应急预案】城市轨道交通运营单位应当按照有关规定制定运营突发事件应急预案，现场处置方案应当明确人员疏散路线、引导人员、防护器材和装备等。

第二十一条【应急演练】城市轨道交通运营单位应当定期组织运营突发事件应急演练，广泛邀请社会公众参与，引导社会公众科学应对突发事件，提高自救、互救能力。

第二十二条【应急处置】可能发生大客流时，城市轨道交通运营单位应当按照预案要求及时增加运力，疏导乘客。可能危及运营安全时，城市轨道交通运营单位可采取限流、封站等措施，因运营突发事件、自然灾害、社会安全事件及其他原因严重影响运营安全时，城市轨道交通运营单位可暂停部分区段或者全线网的运营。采取的限流、封站、暂停运营等措施应当向城市交通运输主管部门报告。

第四章　运营安全保障

第二十三条【安全保护区】在城市轨道交通安全保护区内进行下列作业的，作业单位应当制定安全防护方案，征得城市轨道交通运营单位同意，并依法办理有关行政手续：

（一）新建、改建、扩建或者拆除建（构）筑物；

（二）挖掘、爆破、地基加固、打井、基坑施工、桩基础施工、钻探、灌浆、喷锚、地下顶进作业；

项目三　城市轨道交通安全管理法规和制度认知

（三）敷设或搭架管线、吊装等架空作业；
（四）取土、采石、挖沙、疏浚河道；
（五）大面积增加或者减少建（构）筑物载荷的活动；
（六）其他可能影响运营安全的作业活动。

有前款规定作业的，城市轨道交通运营单位可以要求作业单位对作业影响区域进行动态监测，并有权进入施工作业现场进行巡查。

第二十四条【安全保护区巡查】城市轨道交通运营单位应当在安全保护区内组织日常巡查，发现危及或者可能危及城市轨道交通安全运营情形的，应当予以制止并要求相关责任单位或者个人采取措施消除妨害。情节严重的，城市轨道交通运营单位应当及时报告有关部门核实查处。

第二十五条【安检工作】城市轨道交通运营单位应当公告乘坐城市轨道交通禁止限制携带物品目录，按照有关规定和标准委托具备资质的安检单位实施安检工作。

第二十六条【禁止危害设施设备行为】禁止下列危害城市轨道交通运营设施设备安全的行为：
（一）损坏隧道、轨道、路基、高架、车站、通风亭、冷却塔、变电站、护栏、护网等设施；
（二）损坏车辆或者干扰车辆正常运行；
（三）损坏或者干扰机电设备、电缆、通信信号系统、自动售/检票系统、视频监控设备等；
（四）擅自在高架桥梁上钻孔打眼，搭设电线或者其他承力绳索，设置附着物；
（五）损坏、移动、遮盖安全标志、监测设施及安全防护设备；
（六）其他危害城市轨道交通运营设施设备安全的行为。

第二十七条【禁止行为】禁止下列危害城市轨道交通运营安全的行为：
（一）拦截列车；
（二）强行上下车；
（三）擅自进入轨道、隧道或其他有禁止进入标志的区域；
（四）攀爬或者跨越围栏、护栏、护网、闸机等；
（五）擅自操作有警示标志的按钮和开关装置，在非紧急状态下动用紧急或者安全装置；
（六）在城市轨道交通车站出入口外停放车辆、乱设摊点等妨碍乘客通行和救援疏散的活动；
（七）在通风口、车站出入口 50m 范围内存放有毒、有害、易燃、易爆、放射性和腐蚀性等物品；
（八）在出入口、通风亭、变电站、冷却塔周边躺卧、留宿、堆放和晾晒物品等；
（九）危害城市轨道交通运营安全的其他行为。

第二十八条【商业设施管理】在城市轨道交通车站、车厢、隧道、站前广场等范围内

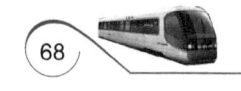

设置广告、商业设施的，不得影响正常运营，不得影响导向、提示、警示、运营服务等标志识别、设施设备使用和检修，不得挤占疏散通道。

第二十九条【安全宣传教育】城市交通运输主管部门和城市轨道交通运营单位应当采取多种途径和方式，宣传文明乘车理念，培养公众公共安全防范、应急疏散意识。

第五章 运营服务

第三十条【服务指标要求】城市轨道交通运营单位应当按照城市交通运输主管部门下达的运输服务指标要求，为乘客提供服务，并不断改进服务，提高服务质量。

第三十一条【运营计划管理】城市轨道交通运营单位应当根据城市轨道交通沿线乘客出行规律及网络化运输组织要求，合理编制运行计划，并报城市交通运输主管部门。

第三十二条【运营信息服务】城市轨道交通运营单位应当通过标志、广播、网络系统等多种方式向乘客提供导向、提示、警示、运营服务、应急等信息：

（一）在车站醒目位置公布首末班车时间、轨道交通线网图、进出站指示、换乘指示和票价信息；

（二）在站台和车厢等通过广播、电子显示屏等提供列车到达、间隔时间、方向提示等信息；

（三）运用多种信息发布手段及时告知乘客首末班车时间调整、车站（出入口）封闭、设施设备故障、限流、封站、暂停运营等非正常运营情况。

第三十三条【运营票价方案】城市交通运输主管部门会同有关部门建立健全城市轨道交通票价制定和调整机制，制定票价方案或者调整方案，报请城市人民政府批准后实施。

城市轨道交通运营单位应当按规定执行城市人民政府批准的票价并向社会公布。

第三十四条【服务质量监督】城市交通运输主管部门应当通过乘客满意度调查、日常检查等形式，对城市轨道交通运营单位服务质量进行监督。城市轨道交通运营单位应当将服务承诺定期向社会公布。

第三十五条【乘客投诉处理】城市交通运输主管部门和城市轨道交通运营单位应当分别建立投诉受理制度，接到乘客投诉后，应当及时处理，并将处理结果告知乘客。

第三十六条【违规乘车处置】乘客应当持有效车票乘车，不得无票、持无效车票或者逃票乘车；不得持伪造、变造的乘车证件或者冒用他人乘车证件乘车。

乘客无票或者持无效车票乘车的，城市轨道交通运营单位有权按照城市轨道交通网络最高票价补收票款，并按有关规定加收票款。

第三十七条【乘车秩序管理】城市交通运输主管部门应当组织制定城市轨道交通乘客守则。乘客进站、乘车应当遵守城市轨道交通乘客守则，不遵守守则的，城市轨道交通运营单位应当进行劝阻和制止，制止无效的，报告公安机关依法处理。

第三十八条【客伤处理】城市轨道交通运营过程中发生乘客伤亡的，城市轨道交通运营单位应当承担相应的损害赔偿责任，因乘客故意或者自身原因造成伤亡的除外。乘客及其他人员因违法违规行为造成城市轨道交通运营单位损失的，应当依法追究责任。

第六章 法律责任

第三十九条【违反从业人员管理的责任】违反本规定第十四条，城市轨道交通运营单位未按照国家相关标准进行安全和技能培训教育的，或者存在列车驾驶员、行车调度员、行车值班员等关键岗位的从业人员未进行考核后上岗的，或者未对关键岗位从业人员的设备操作、异常状况处理、安全防护技能等进行年度考核的，由城市交通运输主管部门责令限期改正；逾期未改正的，处5000元以上、1万元以下的罚款。

第四十条【违反设施设备管理的责任】违反本规定第十五条，城市轨道交通运营单位未建立设施设备检查、维修、更新改造制度和技术标准体系的，或者未定期检查和及时维修、更新改造的，或者未对城市轨道交通关键部位和关键设备进行动态监测的，由城市交通运输主管部门责令限期改正；逾期未改正的，处5000元以上、1万元以下的罚款。

第四十一条【违反运营信息报送的责任】违反本规定第十六条，城市轨道交通运营单位未按照国家有关规定建立运营信息统计分析制度的，或者未按照国家有关规定和城市交通运输主管部门要求报送相关信息的，由城市交通运输主管部门责令限期改正；逾期未改正的，处5000元以上、1万元以下的罚款。

第四十二条【违反日常安全管理的责任】违反本规定第十七条，城市轨道交通运营单位未按照国家有关规定和城市交通运输主管部门安全管理目标要求，建立安全隐患排查治理制度的，由城市交通运输主管部门责令限期改正；逾期未改正的，处5000元以上、1万元以下的罚款。

第四十三条【未制定应急预案的责任】违反本规定第二十一条，城市轨道交通运营单位未按照有关规定制定运营突发事件应急预案的，由城市交通运输主管部门责令限期改正，并处1万元以上、3万元以下的罚款。

第四十四条【未开展安全保护区巡查的责任】违反本规定第二十四条，城市轨道交通运营单位未在安全保护区内组织日常巡查的，由城市交通运输主管部门责令限期改正；逾期未改正的，处5000元以上、1万元以下的罚款。

第四十五条【违反运营计划管理的责任】违反本规定第三十一条，城市轨道交通运营单位未根据城市轨道交通沿线乘客出行规律及网络化运输组织要求编制运行计划的，或者未报城市交通运输主管部门的，由城市交通运输主管部门责令限期改正；逾期未改正的，处5000元以上、1万元以下的罚款。

第七章 附则

第四十六条【生效时限】本规定自 * 年 * 月 * 日起施行。

思考与练习

1. 简述《中华人民共和国安全生产法》颁布实施的意义。
2. 制定《中华人民共和国消防法》的目的是什么？
3. 《国家城市轨道交通运营突发事件应急预案》编制依据是什么？
4. 《地铁运营安全评价标准》GB/T 50438—2007评价指标分为哪两部分？

5. 《城市轨道交通运营安全管理规定》有哪些主要内容?
6. 简述禁止危害城市轨道交通运营安全的具体行为。
7. 城市轨道交通运营安全管理规定了哪几类法律责任?
8. 联系实际谈谈你对建立健全城市轨道交通安全管理各项规章制度的思考或建议。
9. 阅读网址 http://www.npc.gov.cn/wxzl/gongbao/2014-11/13/content_1892156.htm,《中华人民共和国安全生产法》。《中华人民共和国安全生产法》中关于"安全生产的监督管理"部分的内容是第几章?一共有几条?
10. 阅读网址 http://www.gov.cn/zhengce/content/2015-05/14/content_9751.htm,《国家处置城市地铁事故灾难应急预案》,并简述该预案中关于"后期处置"部分的内容。

项目四 城市轨道交通行车安全管理

教学目标

通过本项目教学，使学生了解城市轨道交通行车安全管理工作基础，包括城市轨道交通行车安全相关因素，城市轨道交通行车事故及分类；了解城市轨道交通行车事故作业标准要求；了解城市轨道交通行车事故及分类，掌握城市轨道交通行车事故处理原则、城市轨道交通行车事故原因分析及事故统计，初步掌握城市轨道交通行车事故应急救援，城市轨道交通行车安全评价指标。

知识要点

1. 城市轨道交通行车安全管理基础。
2. 城市轨道交通行车事故的预防。
3. 城市轨道交通行车事故的处理。
4. 城市轨道交通行车事故处理案例。

任务一　城市轨道交通行车安全管理基础

学习任务

1. 城市轨道交通行车安全相关因素。
2. 城市轨道交通行车事故及分类。
3. 城市轨道交通行车安全管理工作基础。

学习目标

1. 了解城市轨道交通行车安全相关因素。
2. 理解城市轨道交通行车事故及分类。
3. 了解城市轨道交通行车安全管理工作基础。
4. 能对行车事故等级进行判定。

基础知识

城市轨道交通在任何时候都应把实现"安全第一"与"零事故"作为优先考虑的问题和不懈追求的目标。行车安全是指城市轨道交通车辆在运送乘客的过程中，涉及行车、乘客安全的各项生产安全，它与运行的关系是密不可分、相互促进、相互制约的。行车必须安全，安全为了行车。没有行车安全，就没有运输畅通、运输效率，也就不可能产生经济效益和社会效益。因此，在这个意义上，行车安全是运输生产的生命线和永恒的主题。

一、城市轨道交通行车安全相关因素

行车安全也是城市轨道交通运营的基本要求,行车安全是人员、设备、管理和环境 4 个相关因素综合作用的反映。从系统的观点分析行车安全问题,可以把上述相关因素看成构成行车安全系统的 4 个子系统,它们相互交叉又相互作用,组成了一个复合的、多层次的行车安全系统,如图 4.1 所示。

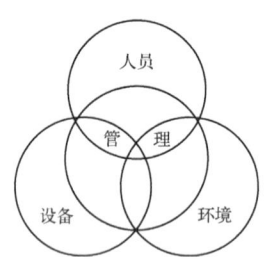

图 4.1 行车安全系统构成

(一)人员因素

人主要是指参与运输的工作人员和乘客。在各类事故中,很多是由于乘客没有遵守乘车规则而造成的,但由于城市轨道交通工作人员疏忽引发的事故比例也较大,而且后果严重。几乎每一起重大事故都与工作人员的失职有关,特别是发生事故后,工作人员的处理是否及时、正确是影响事故后果的重要因素。因此,对乘客加强安全宣传教育及对工作人员进行法制教育、技术教育、安全教育和职业教育是十分必要的。

(二)设备因素

技术设备的日常管理和维护直接影响着系统的运营安全和可靠性。城市轨道交通系统包含了以下主要设备:线路及车站、车辆及车辆段、环控系统、防灾报警系统等。只有各项技术设备协同可靠地工作,才能保证列车安全高效地完成运输任务。

(三)管理因素

加大城市轨道交通运营单位安全生产管理的力度,建立健全安全管理的法律法规,落实安全生产责任制,从安全生产"五要素"入手来抓好安全生产管理,从而更好地保障城市轨道交通行车安全。安全生产"五要素"是指:安全文化;安全法制;安全责任;安全科技;安全投入。安全生产"五要素"既相对独立,又是一个有机统一的整体,它们相辅相成甚至互为条件。

(四)环境因素

环境包括工作环境和自然环境。工作环境是针对工作人员岗位的工作舒适状态而言的,受噪声、温度、湿度等物理因素的影响。工作人员在恶劣的工作环境下容易产生生理、心理的变异,从而引起操作失误,给安全运输埋下隐患。因此,城市轨道交通要为工作人员提供良好的工作环境。自然环境是指外部环境，主要是指雨、雪、雾、地震等气候条件。恶劣的外部环境对列车运行安全也会产生很大影响，因此，必须加强自然灾害的预警和发生后的应急处置，最大限地降低人员伤亡和财产损失。

二、城市轨道交通行车事故及分类

（一）行车事故

在列车运行和车辆调动过程中，凡因违反规章制度、违反劳动纪律、技术设备不良及其他原因，造成人员伤亡、设备损坏、经济损失、危及正常行车的事故，都称为行车事故。

行车事故包括如下。

（1）由于人的行为失误，或因轨道交通系统的设备故障，而导致产生危及列车在正线上正常运行的事件。

（2）车站、车辆基地内所有与行车、调车作业有关的危及人身和设备安全的各类事件。

（3）列车运行过程中（包括运行途中和停车时间）危及乘客安全的事件。

（二）事故的分类

根据事故性质、损坏程度及对列车运行造成的影响程度，行车事故可分为重大行车事故、大事故、险性事故和一般事故 4 类。在发生行车安全事故时，除了尽快实施抢险、抢修、救护等积极处理外，必须按照行车事故报告程序及内容进行报告，并填写事故报表备案。

由于我国各城市地铁在设备、规章上并没有完全统一，所以目前我国尚未制定全国统一的城市轨道交通事故等级分类标准。但各拥有轨道交通系统的城市都结合自身的特色，制定了相关的规则和标准。以北京为例，依据轨道交通运营突发事件所造成的危害程度、波及范围、影响力大小、人员伤亡及财产损失等情况，将事故分为特别重大（Ⅰ级）、重大（Ⅱ级）、较大（Ⅲ级）和一般（Ⅳ级）4 个级别。

城市轨道交通事故按照其性质、损失及对行车造成的影响，可以分为重大事故、大事故、险性事故和一般事故 4 个类型。

1. 重大事故

（1）载客列车发生冲突、脱轨、火灾或爆炸，造成下列后果之一时的事故

① 人员死亡 3 人或者死亡、重伤 25 人及其以上者。

② 双线中断行车 150min 及其以上者。

③ 根据列车、车辆破损的规定，电动客车中破 1 辆。

（2）列车发生冲突、脱轨、火灾和爆炸，造成下列后果之一时的事故

① 人员死亡 3 人或死亡、重伤 5 人及其以上者。

② 双线行车中断 150min 及其以上者。

③ 根据机车车辆破损规定，电动客车大破 1 辆或中破 2 辆。

④ 根据机车、车辆破损规定，内燃机车大破 1 辆或轨道车报废 1 辆或车辆报废 1 辆或车辆大破 1 辆。

（3）调车重大事故

调车作业（包括整备作业）发生冲突或脱轨，造成第（1）、第（2）款各项后果之一时的事故。

（4）其他重大事故

由于其他原因造成第（1）、第（2）款各项后果之一时的事故。

2. 大事故

（1）载客列车发生冲突、脱轨、火灾或爆炸，造成下列情况之一时的事故

① 人员死亡或重伤2人及其以上者。

② 双线中断行车90min及其以上者。

③ 根据机车、车辆破损规定，电动客车小破1辆。

（2）其他列车发生冲突、脱轨、火灾或爆炸，造成下列后果之一时。

① 人员死亡或重伤2人及其以上者。

② 双线中断行车90min及其以上者。

③ 根据机车、车辆破损规定，电动客车中破1辆。

④ 根据机车、车辆破损规定，内燃机车中破1辆或轨道车大破1辆或车辆大破1辆。

（3）调车大事故

调车作业（包括整备作业）发生冲突或脱轨，造成第（1）、第（2）款各项后果之一时的事故。

（4）其他大事故

由于其他原因造成第（1）、第（2）款各项后果之一时的事故。

3. 险性事故

凡事故性质严重，但未造成损害后果或者损害后果不够认定为大事故的行车事故为行车险性事故。

（1）列车冲突。

（2）列车脱轨。

（3）列车分离。

（4）载客列车错开车门、运行途中打开车门、车未停稳开车门。

（5）载客列车车门夹人动车。

（6）载客列车夹物动车，导致客伤事件和所换乘城市轨道交通有关设备的损坏。

（7）列车冒进信号。

（8）列车无人驾驶运行。

（9）在运行中，电动客车的悬挂件脱落，造成列车下线或产生其他后果时。

（10）列车及其他行车设备发生火灾而影响运营。

（11）异物侵入车辆限界而造成后果的。

（12）未经批准，自动切除ATP运行。

项目四　城市轨道交通行车安全管理

4．一般事故

（1）调车冲突，调车脱轨。

（2）调车作业冒进信号。

（3）挤岔。

（4）列车运行中，因车辆部件脱落或其他原因损坏行车设备。

（5）因行车设备故障或其他原因造成单线行车中断 60min 及其以上时。

（6）行车有关人员因漏乘、漏接、出乘迟延耽误列车运行造成影响的。

（7）错误办理行车凭证发车。

（8）漏发、漏传、错传调度命令。

（9）列车停车超过停车牌位置 1 节车厢及以上。

（10）未预告而司机变更列车运行径路。

（11）应停列车在车站通过或应通过列车在车站停车。

相关案例

行车事故等级的判定

一、事故经过

2013 年 2 月 17 日 19 时 15 分，某 F1 次列车在 A 站发车时，司机操作 1 号车门选向开关过程中，此开关旋钮脱落。当时司机误认为门选向开关在"0"位，多次进行安装无法恢复，联系行车调度员，前方车站须更换操纵台到尾车进行开关车门作业。

19 时 19 分，F1 次列车到达 A 站的下站 B 站，司机按原计划到尾车进行开关门作业，但由于未考虑到屏蔽门无法联动问题，全列屏蔽门未打开。司机使用 AM 自动驾驶模式维持列车运行，到 B 站的下站 C 站继续到尾车进行开关门作业，由站台人员配合操纵屏蔽门开关，完成乘客乘降作业。

19 时 28 分，F1 次列车晚点 3 分到达 C 站的下站 D 站，司机按原故障处理方法进行开关门作业。当回到 1 号车完成更换操纵台作业后，列车客室车门再次打开，司机将激活钥匙回零客室车门关闭，再次处于激活状态时，列车车门再次打开。司机联系行调，分别采用 RM、EUM 驾驶模式，短接门关好旁路，使用紧急牵引进行试验，故障无法排除。

19 时 32 分，司机依据行调命令清人；19 时 36 分，清人完毕。19 时 38 分，司机向行调请求救援。19 时 48 分，担当救援任务的 F2 次列车与被救援 F1 次列车连挂完毕，19 时 50 分，J1 次救援列车由 D 站发车。20 时 25 分，经 DT 库线折返回 YC 车辆段。

二、事故影响

该事故造成停运车辆 7 列，晚点 5 分以上到达车辆 7 列，通过车辆 1 列，中途清人折返车辆 4 列，加开救援车辆 2 列，调表 11 个。

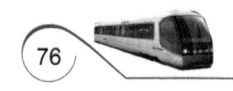

三、事故定性

城市轨道交通事故按照其性质、损失及对行车造成的影响，可以分为重大事故、大事故、险性事故和一般事故4个类型。

根据该事故造成的原因定性为一般事故。

任务二　城市轨道交通行车事故的预防

学习任务

1. 城市轨道交通行车调度事故的预防。
2. 城市轨道交通列车驾驶事故的预防。
3. 城市轨道交通接发列车作业事故的预防。
4. 城市轨道交通调车作业事故的预防。

学习目标

1. 了解城市轨道交通行车调度事故的预防。
2. 了解城市轨道交通列车驾驶事故的预防。
3. 了解城市轨道交通接发列车作业事故的预防。
4. 了解城市轨道交通调车作业事故的预防。

基础知识

行车事故预防工作的目的是要避免因发生事故而造成损失，针对行车安全工作的具体内容：行车调度安全、列车驾驶安全、接发列车作业安全、调车作业安全等，预防工作应主要从这几方面入手。

一、行车调度事故的预防

调度指挥必须坚持安全生产，正确及时地指挥列车运行，防止因指挥不当造成事故隐患。遇突发紧急事件时，要冷静、正确、及时处理，必须提高业务水平，提高应变能力。

城市轨道交通行车组织工作必须严格执行单一指挥的原则。行车各有关部门必须服从所在区段行车调度的集中统一指挥，各级领导对列车运行的指示必须通过行车调度下达，坚决禁止令出多口或多头指挥，维护调度命令的严肃性和权威性。

行车调度要具备较高的业务水平和紧急处理能力。熟练掌握调度工作技术是做好安全指挥工作的基础。行车调度必须熟悉主要行车人员情况，掌握车辆、线路、设备等方面的知识，熟知各项规章制度和各种行车作业的程序，掌握与其他调度的工作衔接，掌握处理各种行车意外情况和行车事故的方法，做到调度指挥胸有成竹、沉着冷静。

发布调度命令要正确、完整、清晰。调度命令是城市轨道交通运输工作实行集中领导、统一指挥的具体体现和保证之一，其具体要求如下。

（1）凡是指挥列车运行的命令和口头指示，只能由行车调度发布，有关行车人员必须坚决执行，不得违反。

（2）发布调度命令前应详细了解现场情况，听取有关人员意见。发布调度命令时应严格按行车相关规章办理，必须先拟后发，不得边拟边发。

（3）发布调度命令应按"一拟、二签、三发布、四复诵核对、五下达命令号码和时间"的程序办理。

（4）制订对常用的行车调度命令格式和用语的统一规定，使调度命令发布规范化、用语标准化，调度命令内容更加准确、简练、清晰、完整。

（5）发布调度命令时为确保命令的传达准确无误，行车调度应指定其中一人复诵其口头命令内容，其他人核对，确保无误，书面调度命令须填写记录。

二、列车驾驶事故的预防

城市轨道交通系统的列车驾驶安全，是整个城市轨道交通行车安全工作的关键环节之一，是把好行车安全的最后一道关口。

（一）影响列车驾驶安全的因素

在实际工作中，列车驾驶的安全隐患主要包括如下。

（1）行车纪律松弛、制度执行不严。纪律松弛，出乘标准化作业不落实，责任制贯彻不力，是影响安全行车的一大顽症。

（2）疲劳行车、带情绪开车。司机睡眠不足和将受外界环境影响而产生的情绪带入运行作业中，会产生生理、心理的疲劳，从而精力不济、精神不集中，给安全行车带来隐患。

（3）业务素质不高。由于技术问题及缺乏经验，司机业务水平不精，不能及时处理运行中的突发事件和故障。

（4）安全意识不强。司机思想波动大、情绪不稳定、责任心不强、行车纪律观念淡薄。

（5）行车技术、设备不完善。行车设备老化，技术结构不合理，使之不能适应实际行车的需要。

（6）风、雪、雷、电等恶劣气候及环境的影响。风、雪、雷、电等恶劣天气对安全运行的影响是不可低估的。列车司机对气候环境变化及对突发事件能否正确处置直接影响城市轨道交通运输的安全。

（7）安全管理及制度、规章的适用性存在缺陷。安全管理归根结底是对人的管理，而各项制度的健全和完善是行车安全的基础，是行车安全的依据，没有完整有效的制度与规定是制约安全行车的重要因素。

（二）不安全因素的控制

从安全运行管理的角度分析，行车事故是各种不安全因素相互作用的结果。因此，对行车安全因素的控制是行车安全的重要环节。

（1）加强对司机的违章行为造成行车事故的管理与控制。许多行车事故案例表明，人的不安全行为是引起行车不安全的因素及行车事故的直接原因。因此，通过对列车司机的

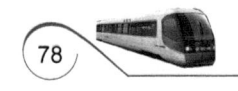

教育、培训、考核、惩戒等方法，可使列车司机对安全行车采取正确的态度。从安全运行管理的角度分析，行车事故是各种不安全因素相互作用的结果。因此，对行车不安全因素的控制是行车安全的重要环节。

（2）不断做好对列车司机的技术业务培训。司机的技术知识不足，特别是安全行车知识的缺乏、没有经验是引起行车不安全的重要原因。通过加强安全行车知识和业务技术知识的学习，可使司机在技术和经验上得到提高，成为合格的操纵者。

（3）强化和改善对行车设备的管理。许多行车事故的发生都留下了行车设备技术状态不良的痕迹，因而应不断进行相关行车设备的技术改造，使行车设备功能符合运营要求。

（4）提高司机适应环境变化与处置突发事件的应变能力。由于运行环境的变化和行车中产生的突发事件难以预测，因而提高司机在发生意外事件时的应变能力是防止与减少行车事故的重要因素。应在不断学习的基础上，以各类预案和规定为依据，开展定期和不定期的讲解、演练、培训，以提高应变能力。

三、接发列车作业事故的预防

车站在办理接车、发车和列车通过作业程序中发生的一切行车事故称为接发列车事故。接发列车作业惯性事故的种类主要包括如下。

（1）向占用区间发出列车。
（2）向占用线路接入列车。
（3）未准备好进路就接发列车。
（4）未办或错办闭塞就发出列车。
（5）列车冒进信号或越过警冲标。
（6）错误办理行车凭证发车或耽误列车。

发生接发列车惯性事故的主要原因包括以下几个方面。

（1）当班人员离岗、打盹或做与接发列车作业无关的事情。
（2）办理闭塞时没有确认区间处于空闲状态。
（3）不按规定检查确认接发列车进路。
（4）不认真核对行车凭证。
（5）错办或未及时办理信号。
（6）取消、变更接发列车进路时联络不彻底。

在接发列车作业中，从办理闭塞、准备进路到开放信号、交递凭证，直至列车由车站发出或通过，其间任何一个环节的漏洞都可能埋下事故隐患，任何一项作业的差错都往往危及列车安全。因此，日常办理每一趟列车，均须高度重视，认真作业。

目前，国内外城市轨道交通均采用信号系统控制列车运行，监控列车运行安全。列车正常行车时，由信号系统自动控制，信号正常时车站无须接发列车，只要由车站值班员、站台人员完成站台安全监控和乘客乘降的服务工作。只有遇到特殊情况（信号系统出现故障需要人工排列进路组织列车运行，或列车退回车站等情况）须接发列车，并应注意以下安全要求。

（1）办理闭塞作业的安全要求。办理列车闭塞是接发列车的首要作业环节，是列车取得区间占用权的重要环节，也是较易发生列车事故的关键环节。

办理闭塞前，必须认真确认区间已空闲。车站值班员在办理闭塞时，为防止向占用区间发出列车，在确认区间空闲时必须认真做好以下工作：检查确认前一列车是否完整到达；通过闭塞设备确认区间空闲；检查确认区间是否有列车占用；检查确认区间是否封锁；检查确认区间是否遗留车辆；检查确认区间内设有道岔时，发车进入正线的列车，区间道岔是否向正线开通并锁闭；检查确认有关记录情况；检查确认其他占用区间的情况；车次必须准确清晰；用语必须准确完整。

现场作业中，有的车站值班员承认闭塞时，仅简化回答"同意"两字而未复诵，未起到与相邻站互控、联控的作用，极易发生错办车次。为此，办理闭塞及承认闭塞时，均须完整按照行车标准用语执行。

（2）准备进路作业的安全要求。准备进路，泛指将列车经由车站所运行的线路安全开通。准备进路是接发列车工作中一项极为重要的作业环节，应引起注意的方面主要如下。

① 要确认接车线路空闲。车站在准备列车的接车进路或通过进路时，首先必须确认接车（通过）的线路空闲，以防止线路上存有机车、车辆及其他危及列车运行安全的障碍物等。为此，车站值班员和现场作业人员必须对接车（通过）进路是否空闲进行检查和确认；设有轨道电路及控制台上设有股道占用标志的，通过控制台对股道是否占用进行确认。

② 要确认接发车进路正确无误。接发列车进路的正确与否，直接关系列车运行安全。因此，在接发列车作业中，对列车进路的确认极为重要，切切不可疏忽。连锁设备正常时车站可通过信号设备的显示来确认接发车进路；遇有连锁设备停用时，对列车进路的现场检查则更须严密细致，对进路上的道岔逐个确认，确认道岔位置正确及按要求加锁后，方可报告接发车进路准备妥当。

③ 要确认影响进路的其他作业已经停止。

（3）办理及交付行车凭证的安全要求。行车凭证是列车占用区间的依据，包括信号机显示、路票、调度命令等。有关作业人员办理行车凭证时，必须认真严谨，注意防止因差错而造成行车事故。

要防止误操作信号设备。信号是指示列车运行的命令。信号正常时，信号机上显示的准许列车运行的各种信号均为列车行车凭证。信号的开放和关闭至关重要。因此，车站值班员、信号员在操作信号设备时，必须全神贯注，精力集中，遵章守纪，严格坚持"眼看、手指、口呼"一致的确认操纵制度，确保信号指示准确无误。

要准确填写相关行车凭证。使用路票、调度命令等书面凭证办理行车时，对其使用日期、区间、车次、地点、电话记录号码或调度命令号码等应特别注意。书面凭证填写后，必须逐字逐项复诵，认真进行核对经确认无误后，方可交付使用，以防止因填写错误而导致行车事故。

（4）接发列车作业程序及用语要求。为确保接发列车作业的安全稳定，尤其在应急处

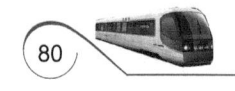

理中,车站接发列车作业应按规定程序办理,并使用规定用语。随意简化,甚至颠倒或遗漏作业程序及用语,将危及行车安全。

(5)接送列车及指示发车作业的安全要求。接送列车及指示发车直接关系接发列车作业安全。在信号正常的情况下,车站原则上不办理接发列车作业,遇特殊情况(指信号连锁故障需要人工排列进路组织列车运行时,或列车开到区间因故障要退回车站等情况)须接发列车时,车站接发列车人员应严格执行以下接发列车作业程序。

① 确认列车整列到达。

② 严密监视列车运行安全状态。站台岗人员随时注意站台乘客动态,当客车进站时应于站台扶梯口靠近紧急停车按钮附近站岗,防止乘客在关门时冲上车被夹伤,维护站台秩序,监督司机按规范动作关门。发车时,站台岗(或司机)若发现站台或屏蔽门异常,应立即用对讲机通知司机(或站台岗)并及时处理。

③ 确认列车发车条件无误后,方可指示发车。

四、调车作业事故的预防

(1)调车作业指挥及各岗位作业要求。车厂调车工作由车厂调度员集中领导、统一指挥,车厂值班员负责办理接发列车、排列列车进路和调车作业进路控制,调车作业人员应按相关标准和调车作业计划单执行。

车厂调度员应根据机车车辆(包括客车,下同)、线路、设备检修计划和现场作业情况,科学、合理地编制调车作业计划,组织调车人员安全、及时地完成调车任务。

调车作业由调车员单一指挥,根据调车作业计划单,正确、及时地显示信号,指挥调车司机,并注意行车安全。

调车司机应根据调车员的信号,准确、平稳地操纵机车,时刻注意确认信号,不间断进行瞭望,正确、及时地执行信号显示要求,负责调车作业安全。

车厂值班员根据调车作业计划单和现场作业情况、机车车辆停放股道,正确、及时地排列调车进路、开放调车信号,做到随时监控机车车辆运行。

(2)编制和布置调车作业计划的基本要求。编制调车作业计划。编制计划必须在确保安全的前提下,充分考虑调车效率,做到有调车机车名称,有编解或摘挂车次,有作业起止时间,有编制人员姓名、日期。调车作业计划要正确及时布置。调车领导人要将调车作业计划亲自传达给调车员,调车员亲自传达给参加调车作业的司机。调车员必须确认有关人员均已了解调车作业计划后方可开始作业。

变更调车作业计划。变更计划时,调车领导人必须停止调车作业,将变更内容重新传达给每一名作业人员,确认无误后方可作业。

(3)调车作业前准备工作的基本要求。认真检查线路、道岔、停留车情况,一是检查进行调车作业的线路上有无障碍物,二是检查停留车位置,三是检查防溜措施,四是检查确认道岔开通位置,五是检查"道沿"距离,检查确认无误后方可作业。

(4)调车作业显示信号的基本要求。目前,有部分城市轨道交通企业在车厂内调车作业和正线工程车推进运行时已采用无线调车电台进行现场指挥。正常情况下，都要使用无线调车电台指挥调车作业及进行调车作业人员相互间的联系，但在该设备发生故障时，则要改用手信号指挥调车作业。因此，调车作业人员不但要熟悉信号显示内容，还必须熟练掌握显示方法。显示信号时，应严肃认真，做到位置适当、正确及时、横平竖直、灯正圈圆、角度准确、段落清晰。

（5）调车运行安全的基本要求。调车作业四禁止：设备或障碍物侵入线路设备限界时，禁止调车作业；禁止提活钩、溜放调车作业；客车转向架液压减振器被拆除但空气弹簧无气时，禁止调车作业；禁止两组车组或列车同时在同一条股道上相对移动。

车厂值班员正确、及时地排列调车进路、开放调车信号，做到随时监控机车车辆运行。调车作业中，司机与车厂值班员保持联系，严格执行呼唤制度。

调车作业中司机要准确掌握速度，在瞭望条件差、天气不良等非常情况下应适当降低速度。

在尽头线上调车时，距线路终端应有 10m 安全距离，遇特殊情况要小于 10m 时，应与司机联系，严格控制速度并采取防溜措施。

在机车、车辆移动中，作业人员禁止有下列行为：在平板车的侧板或端板、支架上坐立；站在车梯上探身过远；在装载易于窜动货物的车辆间和货物空隙间站或坐卧；骑坐车帮，跨越车辆；进入线路内摘挡或调整钩位；在机车前后端坐立。

（6）车辆停留、防溜及止轮器存放的规定。连接线、牵出线、洗车线、走行线（接发列车时除外）、试车线、咽喉道岔区禁止停放机车车辆。在其他线路存放车辆时，应经车厂调度员同意方可占用。机车车辆应停在线路两端信号机内一侧。

工程机车、轨道车停放在带电区时，应在上车顶扶梯处悬挂"高压电，禁止爬上"标志牌。

调车作业，应做到摘车时先做好防溜（电客车应恢复气制动和停车制动，工程车拧紧手闸，必要时放置铁鞋）后再摘车；挂车前应首先检查防溜措施状况，确认无误后才能挂车，挂妥后再撤除防溜。

铁鞋应统一放置于机车车辆一侧的车轮下，撤除防溜后，铁鞋应及时放归原位。

任务三　城市轨道交通行车事故的处理

学习任务

1. 城市轨道交通行车事故处理原则。
2. 城市轨道交通行车事故原因分析及统计。
3. 城市轨道交通行车事故救援。
4. 城市轨道交通行车安全评价指标。

学习目标

1. 理解城市轨道交通行车事故处理原则及事故调查。

2. 掌握城市轨道交通行车事故原因分析及事故统计。
3. 掌握城市轨道交通行车事故救援基本流程。
4. 知道城市轨道交通行车安全评价指标。

基础知识

在城市轨道交通的运营过程中，由于各种主客观因素的影响可能发生的事故按类别可以分为行车事故、设备事故、工伤事故、火灾事故等，其中发生频率较高的是行车事故。减少行车事故的发生有利于维护整个地铁系统的运行安全。

一、城市轨道交通行车事故的处理

事故的分析、调查、处理是事故发生后的重要环节，目的是为了及时恢复正常运行、找出事故发生的原因并形成机制，从而制定相应的措施、方法与手段，杜绝事故的再次发生。

（一）行车事故处理原则

行车事故发生后，事故处理的原则如下。

（1）相关部门处理行车事故必须执行高度集中、统一指挥的原则。

（2）分级处理的原则。一旦发生行车事故，各相关部门应采取积极措施，迅速组织救援，尽快恢复运营。根据发生事故的隶属关系和事故的等级分类，按照分级管理原则予以处理。

凡发生特大、重大、较大安全生产事故的，由城市轨道交通运营安全管理部门配合上级有关部门调查处理。发生无人员伤亡的一般行车事故，由城市轨道交通运营安全管理部门具体负责调查处理。

（3）坚持"先救人，后救物；先全面，后局部；先正线，后其他"的原则，优先组织人员疏散、伤员抢救，同时兼顾重点设备和环境的防护，将损失降至最低程度。

（4）应坚持就近处理的原则。

（5）员工在行车事故处理过程中应兼顾现场的保护工作，以利于公安、消防和事件调查部门的现场取证。

（6）先通后复的原则。

（二）行车事故分级处理规定

根据发生事故的隶属关系和事故的等级分类，按照分级管理原则予以处理。

（1）凡发生下列特重大安全生产事故时，由城市轨道交通安全管理部门或者配合上级有关部门调查处理。

① 轨道交通发生重大事故、大事故、火灾、爆炸、毒害等事故。

② 造成2人（含）以上死亡的重、特大交通事故。

（2）凡发生下列安全生产事故时，由城市轨道交通安全管理部门具体负责调查处理。

① 发生行车的险性事故、涉及2个单位以上的一般事故。

② 火灾、爆炸、毒害事故，造成人员伤亡的。
③ 直接财产损失达到一定数额的。
④ 发生因工死亡事故。
⑤ 发生重大道路交通事故以上的。
⑥ 设施设备重大事故、大事故或涉及 2 个单位以上的一般事故。
⑦ 在短时间内连续发生多起安全事故。
⑧ 因人员违规操作或行车设备故障造成严重晚点 15min 或 30min 以上的事件。
⑨ 城市轨道交通安全管理部门安全生产委员会认为要调查处理的事故。
（3）凡发生以下安全生产事故时，由各直属单位具体负责调查处理。
① 发生行车的一般事故。
② 因人员违规造作或行车设备故障造成晚点 10min 以上事件。
③ 发生因工轻伤、重伤事故。
④ 发生设施设备一般事故、故障和障碍。
⑤ 客伤事故。

（三）行车事故报告

1. 行车事故通报的原则

车站及运营线路上发生突发事件后的请示报告工作，是降低各类损失、减少事故影响、缩短救援时间的重要环节。发生行车事故后，信息通报原则如下。

（1）发生各类突发事件时，行车值班员应认真确认现场情况，迅速、准确、客观地向行车调度员报告。同时根据处置预案视不同情况向值班站长、站区领导及地铁公安分局管界派出所报告。

（2）逐级报告的原则。事故发生在区间时，列车司机应立即报告行车调度。事故发生在车站内或车厂内时，车站值班站长或车厂调度员应立即报告行车调度。发生人员伤亡、火灾、爆炸、毒气袭击、聚众闹事、劫持人质及其他恐怖活动等事故，要报告 119 火警、120 急救中心或 110 匪警时，由现场负责人或目击者在第一时间直接报告；如果无法直接报告，则应以尽快报告的原则，向就近的车站或调度控制中心（车厂控制中心）或上级报告，再报告 119 火警、120 急救中心或 110 匪警。

（3）现场情况一时难以判断清楚时，应遵循"先报整体情况，然后继续确认，随时报告"的原则。如发现已经报告的内容有误，应立即予以更正。

（4）在迅速报告的基础上，对现场情况及处置过程随时报告。

（5）履行报告程序时应避免对其他作业的影响。遇有处置预案未尽事宜时，应边请示报告边本着"尽力保证安全、尽量减少损失、尽快恢复运营"的原则开展处理工作。

（6）在突发事件处理过程中，有关人员必须坚守岗位，加强监护，及时掌握并报告各类相关信息，严禁擅自离开指定岗位。

2. 行车事故报告程序

行车事故报告总体流程图如图 4.2 所示。

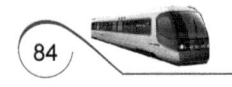

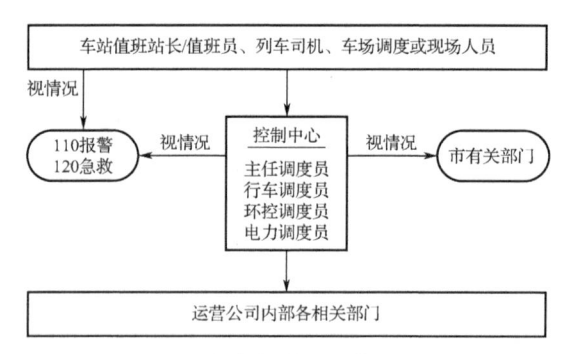

```
车站值班站长/值班员、列车司机、车场调度或现场人员
```

```
         视情况
110报警  ←视情况―  控制中心     ―视情况→  市有关部门
120急救              主任调度员
                     行车调度员
                     环控调度员
                     电力调度员
                          ↓
                  运营公司内部各相关部门
```

图 4.2　行车事故报告总体流程图

1）发生特别重大事故、重大事故时的报告程序

（1）在运营正线上发生时

① 由值乘列车的司机立即报告行车调度员，如果由于条件限制不能及时报告时，可由相邻车站行车值班员转报行车调度员。

② 行车调度员应将发生情况立刻报告调度中心上级领导，并且判断是否要出动救援列车。

③ 控制中心接到报告后，应将情况立刻报告总公司主管运营和安全相关科室负责人。

（2）在站场（包括出入场线）上发生时

① 由值乘司机立刻报告车辆段运转部门值班人员。

② 车辆场运转值班员或信号值班员立即报告车辆场值班调度与安全运行科，如需事故救援时，由安全运行部门立即组织事故救援工作的开展。

③ 车辆场计划调度科值班调度接到报告后，立刻报告车辆部门主要领导和总值班室。

④ 总值班室接到报告后，应报告总公司主管运营和安全相关科室负责人。

2）发生行车险性事故、一般事故的报告程序

（1）在运营正线上发生时

① 由值乘列车的司机立即报告行车调度员，如果由于条件限制不能及时报告时，则报告最近车站的行车值班员转报行车调度员。

② 行车调度员接到报告后，立即报告主任调度员，并且判断是否需要事故救援。

③ 总值班室接到报告后，应报告总公司主管运营和安全相关科室负责人。

（2）在站场（包括出入场线）上发生时

① 由值乘司机立刻报告车辆段运转部门值班人员。

② 车辆段运转值班人员接到报告后，应立即报告运转部主任、车辆段值班调度与安全运行科，如需要事故救援报告安全运行部门，并立即组织事故救援工作的开展。

③ 车辆段计划调度科值班调度要立即通报车辆部门主要领导，并通报总值班室。

④ 总值班室接到报告后，应报告总公司主管运营和安全相关科室。

项目四　城市轨道交通行车安全管理

3. 行车事故现场报告内容

无论行车事故的性质如何，在发生有关行车事故（事件）后，其报告内容应包括如下。

（1）事故概况及基本原因。

（2）事故发生的时间，包括月、日、时、分。

（3）事故发生的地点，包括区间、公里、米、站、站场线段等。

（4）列车车次、车号、关系人员职务、姓名。

（5）人员伤亡情况及车辆、线路等城市轨道交通设备损坏情况。

（6）是否需要救援等。

在紧急情况时，特别是在发生重大事故和大事故时，由于现场情况和环境情况很复杂、混乱，事故当事人可先报告上述部分内容，但必须报清事故发生的地址、事故概况及可能后果，是否需要救援帮忙，以利于行车安全管理部门及有关管理人员和领导决策。

必须进行现场事故抢救和救援时，行车调度员及时通知各相关部门进行准备。各相关部门一旦接到行车调度员及上级有关领导的指示，必须尽快做好救援准备，及时出动展开救援工作。

4. 行车事故处理

1）事故应急处置

在接到行车重大事故、大事故报告后，控制中心应立即采取应急处置措施，最大限度减少人员伤亡、降低事故损失和防止事故升级，尽快开通线路和恢复按图行车。具体的应急处置措施包括如下。

（1）在请求救援的情况下，应决定是从车辆段派出救援列车，还是由正线运行列车担当救援列车。如是前者，行车调度员应向车辆段运转值班员下达出动救援列车命令；如是后者，行车调度员应向担当救援任务的列车司机发布调度命令。正线运行列车原则上应先清客，后担当救援任务。

（2）关闭事故区间后方站的出站信号，阻止续行列车进入事故发生区间。如果已有列车进入事故发生区间，应采取措施使其退回后方站；在不能退回后方站时，应根据需要向列车司机发布撤离乘客的调度命令。

（3）根据需要，通知电力调度员切断牵引电流；向列车司机和有关车站发布撤离乘客的调度命令，调度命令应明确乘客撤离方向及注意事项。

（4）在接到救援命令后，救援列车和救援人员应在规定时间内到达事故现场，；在救援现场指挥者的主持下确定救援方案，组织实施；所有救援人员必须服从命令、听从指挥，按照分工开展救援工作；在救援过程中，应保持通信的畅通、规范信息的披露。

（5）在事故造成人员重伤时，应急处置的基本原则是尽可能抢救伤员生命。如发生在车站，应立即对重伤员采取包扎、止血等急救措施，并及时将重伤员送往医院；如发生在区间，列车司机应通知就近车站组织抢救，并设法迅速将重伤员送往就近车站。

若事故发生在线路区间，在专业人员及救援人员到大事故现场前，值乘司机负责引导乘客自救、组织疏散、安抚乘客等工作，等待进一步救援；在有关救援人员到达后，应由事故现场的最高行政领导负责制或委任相关专业人员指挥抢救，处理善后工作。

若事故发生在车站，应有车站站长负责乘客救援、组织乘客离开现场，并保护现场、查找证人、做好记录，等待有关救援人员与相关领导到达进行进一步救援活动，车站站长应在救援专业人员到达后向有关领导报告，并听从到达现场的最高行政领导和最高行政领导委任的救援指挥员的命令。现场勘查工作由行车管理部门和公安部门按规定进行。

在险性事故和一般事故发生后，值乘司机必须按规定程序要求报告，并且等待行车调度员的进一步命令指示，按要求执行，不得擅自移动列车。如需事故救援时，值乘司机应按照规定请求救援，并在救援人员和设备到现场前负责列车安全、乘客安全等工作。在救援人员到达后听取现场指挥人员简单报告情况，并按行车调度员或指定的事故救援指挥人员的命令执行。关于事故现场的勘测工作由行车管理部门按规定进行。

2）事故发生后的处理

（1）乘客的安全疏散问题。

根据全世界的轨道交通重大事故的经验和教训，乘客没有得到快速、及时、安全地疏散是造成严重后果的重要原因。所以，乘客快速、及时的安全疏散是整个城市轨道交通安全体系中极其重要的内容。一个完善的乘客安全疏散方案要尽可能详尽和具体。在 1~2h 不能恢复交通的情况下，运营公司要赶紧联系公交公司，安排在各个轨道交通系统出口处设有开往不同地方的专车，来有效疏导乘客。还有发生事故后，运营公司应担负起告知责任，不能以"故障"为借口，忽视甚至漠视乘客的知情权，导致乘客恐惧不安和混乱。

（2）建立事故处理专家系统。

城市轨道交通事故的分析和处理是一项复杂的、经验性很强的技术工作，城市轨道交通发生事故的原因很多，要求快速、有效、准确识别故障原因并采取有效措施，及时恢复城市轨道交通正常运行，这还是一个值得深入研究的工作。近年来，在安全科学领域中计算机技术已与安全管理、安全评价、风险分析预测等工程技术广泛结合，并且推动了安全科学发展的进程。利用计算机准确及高速度的科学计算功能进行安全分析、事故诊断、安全决策等任务。目前，城市轨道交通普遍安装了计算机监控系统，但对状态监测的作用没有得到充分发挥，需要一个后台的故障处理和分析系统来实现对监控信号的处理，充分实现对系统的智能化监控，提高整个监控系统的利用率。

专家系统内部含有大量的某个领域专家水平的知识与经验，能够利用人类专家的知识和解决问题的方法来处理该领域问题。利用专家的经验快速给出处理措施，辅助管理人员进行事故处理，提高城市轨道交通的安全经济运行水平。城市轨道交通事故处理专家系统就是建立在这样的基础之上的。

一旦事故和灾害发生，在全线上运行的列车不能继续按照原先的计划运行图运行，中央控制室必须及时对所有列车运行做出科学正确的调整。例如，韩国大邱城市轨道交通纵火案中，正是由于中央控制室管理不力，没有及时阻止另一列列车驶入已经失火的车站，导致了伤亡人员的增加，死亡人员中的多数也是第二列列车的乘客。

列车自动控制系统（ATC）中应包括针对发生紧急事故和灾害情况下的列车自动调度

系统。这个自动调度系统应该是一个实时专家系统。自动调度系统软件由事实库、规则库、推理机、数据黑板等构成。事实库中主要存放与推理有关的静态事实;规则库中主要存放调度专家的领域知识,如故障判断规则、运行图调整规则等;推理机模拟调度专家的思维方式,根据事实库中的事实,调用规则库中的规则,逐步进行推理,推理的中间结构暂存在数据黑板上。自动调度系统将及时制定出新的列车运行方案,防止灾害扩大化。

(四)行车事故调查

1. 事故调查处理小组的组成

行车事故调查处理小组由公司分管安全副总经理担任组长,公司副总工程师、安全保卫部部长、技术部部长、工会工作部部长担任副组长,公司安全保卫部、技术部及相关部门、中心人员(必要时请相关专家参加)担任组员。事故调查处理小组成员应当具有事故调查所需要的知识和专长,并与所调查的事故没有直接利害关系。事故调查处理小组成员应当服从统一领导,密切配合、恪尽职守、信息共享,事故调查期间未经事故调查处理小组组长允许,小组成员不得擅自发布有关事故的信息。

2. 事故调查的工作要求

事故调查处理应当坚持实事求是、尊重科学的原则,及时、准确地查清事故经过、事故原因和事故损失,查明事故性质,认定事故责任,总结事故教训,提出整改措施,并对事故责任者追究责任。事故调查处理小组应严格履行职责,及时、准确地完成事故调查处理工作。相关部门应支持、配合事故调查处理工作,并提供必要的便利条件。参加事故调查处理的部门、中心应当相互配合,提高事故调查处理工作的效率。工会依法参加事故调查处理,有权向有关部门提出处理意见。任何部门和个人不得阻碍、干涉事故调查处理小组的正常工作。

3. 事故调查工作规则

(1)发生事故时,现场负责人应及时安排人员采取各种方式收集事故证据,在事故调查处理小组到达现场后移交给事故处理小组。

(2)事故调查处理小组、公安地铁分局人员到达事故现场后,由事故调查处理小组负责指挥,按相关职责开展事故调查工作,必要时召开事故现场调查会。

(3)事故调查处理小组有权向事故发生部门、中心了解情况并调取有关资料。

(4)事故发生部门、中心主要负责人和有关人员在事故调查期间应当随时接受事故调查处理小组的询问、调查,如实提供有关情况和资料,并在事发24h内向事故调查处理小组提供事故初步分析报告(包括事故经过、原因分析、处置分析、整改措施等内容)。

(5)事故调查处理小组应当对事故调查报告进行充分讨论,并达成一致意见。意见不一致的,应当根据多数成员的意见做出结论,并在事故报告中如实表述各方的不同意见。

(6)事故调查内容包括以下方面。

① 做好现场调查工作,及时收集现场物证材料。

② 保护、勘查现场,详细检查车辆、线路及其他设备,做好事故事实材料收集工作。

③ 绘制现场示意图、摄影录像,如技术设备破损故障时,应保存其实物。

④ 对事故关系人员、现场见证人进行分别调查，由本人写出书面材料。
⑤ 检查有关技术文件的编制、填写情况，必要时将抄件附在调查记录内。
⑥ 要注意是否有人为破坏的迹象。

4. 事故调查处理报告的规定

（1）事故调查处理报告内容。
① 事故发生的经过和事故救援情况。
② 事故造成的人员伤亡和直接经济损失。
③ 事故发生的原因和事故性质。
④ 事故责任的认定及对事故责任者的处理建议。
⑤ 事故防范和整改措施。

（2）事故调查处理报告应当附具有关证据材料。事故调查处理小组成员应当在事故调查处理报告上签名。

（3）发生较大及以上事故时，事故调查处理小组应当自事故发生之日起 15 天内向公司安全生产委员会提交事故调查处理报告；发生险性及以下事故时，事故调查处理小组应当自事故发生之日起 10 天内向公司安全生产委员会提交事故调查处理报告。

（4）发生险性及以上事故时，事发单位应当自事故发生之日起 4 天内向事故调查处理小组提交事故调查处理正式报告；发生一般事故时，事发单位应当自事故发生之日起 2 天内向事故调查处理小组提交事故处理正式报告；发生事故苗头时，事发单位应当自事故发生之日起 1 天内向事故调查处理小组提交事故处理正式报告；事发单位并应根据具体情况及时续报。

（五）事故原因分析

事故原因的分析包括直接原因分析和间接（本质）原因分析，在进行事故原因分析时，从事故的直接原因入手，找出事故的本质原因，对下一步制定事故预防措施具有重要意义。

事故的直接原因是指直接导致事故发生的因素，通常是设备的异常状态（故障）和人的不安全行为。事故分析人员应了解，人的不安全行为往往与人的个体特征、工作环境有关。此外，人的不安全行为与设备的异常状态、人机系统的缺陷通常是相互作用的，即作业人员的不安全行为会引起设备的异常状态，而设备的异常状态和人机系统的缺陷也会使作业人员产生不安全行为。

事故的间接原因是指事故直接因素得以形成的原因，又称事故的本质原因，它们通常是：技术或设备上的缺陷，作业过程组织不合理，设备维修保养不良，规章或作业办法存在问题，技术培训和安全教育不够，以及作业监控、安全管理不到位等。

事故责任分析是在查明事故的直接原因和间接原因后，客观合理地分清事故有关各方的责任，以便做出适当处理，使有关各方吸取事故教训、改进安全工作。

一般而言，如果造成事故的原因主要是违章作业、违章指挥，违反劳动纪律和安全责任制，擅自使设备失去安全防护功能等，应追究肇事者的责任；如果造成事故的原因主要是间接原因，则应追究管理者（领导者）的责任。

（六）行车事故责任判定

行车事故责任判定的原则如下。

（1）行车事故责任按责任程度分为全部责任、主要责任、次要责任。负全部责任、主要责任时则影响本部门的安全成绩。

（2）因承办商在城市轨道交通内进行设备维修、施工而造成的行车事故，列为承办商责任事故。

（3）各设备主管部门因设备质量等原因发生的事故一律统计在该部门的事故中，能确定责任的，列为责任事故；不能确定为城市轨道交通部门责任的，列为非责任事故。

（4）运营单位批准的技术革新、科研项目进行试验时，在规定的试验期内，如试验的项目发生事故，不列为行车责任事故。但由于违反操作规程或其他人为原因发生事故的，仍列为责任事故。

（5）下列事故可列为非责任事故。

① 因自然灾害等原因使设备损坏造成行车事故的。

② 因人为破坏（经公安部门确认）造成行车事故的。

③ 列车火灾、爆炸及线路上障碍物造成行车事故而判明非城市轨道交通部门责任的。

城市轨道交通公司安全管理部门应备有行车事故登记簿，详细记载各种行车事故的发生经过、原因及处理情况，定期分析总结。同时，由各部门专、兼职安全管理人员协助，对职工进行安全生产教育。

（七）行车事故后果处理

（1）处理事故要以事实为依据，以国家法律、法规和公司规章制度为准绳，坚持"四不放过"的原则。所谓"四不放过"的原则，即事故原因没有查清不放过、事故责任者没有严肃处理不放过、职工没有受到教育不放过、防范措施没有落实不放过。认真调查分析，查明原因，分清责任，吸取教训，制定对策。

（2）对事故定性要准确，对事故责任者，应根据事故性质和情节分别予以批评教育、经济处罚、行政处分直至追究法律责任。事故性质、情节严重的，要按规定追究相关领导的责任，构成违法犯罪的，移交公安机关依法追究其法律责任。

（3）对事故分析处理拖延、推托责任、姑息纵容、隐瞒不报或不如实反映事故情况者，应予以严肃批评教育或纪律处分。

（4）有关事故处理的规定。

① 对于重大事故、较大事故、一般事故，负责事故调查的人民政府应当自收到事故调查报告之日起 15 日内做出批复；对于特别重大事故，30 日内做出批复，特殊情况下，批复时间可以适当延长，但延长的时间最长不超过 30 日。

② 有关机关应当按照人民政府的批复，依照法律、行政法规规定的权限和程序，对事故发生单位和有关人员进行行政处罚，对负有事故责任的国家工作人员进行处分。

③ 事故发生单位应当按照负责事故调查的人民政府的批复，对本单位负有事故责任的人员进行处理。

④ 负有事故责任的人员涉嫌犯罪的，依法追究刑事责任。

⑤ 事故发生单位应当认真吸取事故教训，落实防范和整改措施，防止事故再次发生。防范和整改措施的落实情况应当接受工会和职工的监督。安全生产监督管理部门和负有安全生产监督管理职责的有关部门应当对事故发生单位落实防范和整改措施的情况进行监督检查。

⑥ 事故处理的情况由负责事故调查的人民政府或者其授权的有关部门、机构向社会公布，依法应当保密的除外。

（八）事故统计分析

1. 事故统计

（1）地铁运营管理各部门应按照事故规定，建立事故统计分析制度，健全统计分析资料，并按规定及时报送。安全监察部门负责事故统计分析报告的日常工作，并负责监督指导有关部门（单位）做好事故统计分析报告工作。

（2）事故的统计报告应当坚持及时、准确、真实、完整的原则。

（3）事故的统计应按照事故类别、等级、性质、原因、部门、责任等项目分别进行统计。

（4）每日事故的统计时间，由上一日18时至当日18时止。但填报事故发生时间时，应以实际时间为准，即以零点改变日期。

（5）责任事故件数统计在负全部责任、主要责任的单位，非责任事故和待定责事故件数统计在发生单位。负同等责任或追究同等责任的，在总数中不重复统计件数。

（6）一起事故同时符合两个以上事故等级的，以最高事故等级进行统计。

（7）发生人员伤亡事故应按以下规定统计。

① 人员在事故中失踪，至事故结案时仍未找到的，按死亡统计。

② 事故受伤人员因正常手术治疗而加重伤害程度的，按手术后的伤害程度统计。

③ 事故受伤人员经救治无效，在 7 日内死亡，按死亡统计；经医疗事故鉴定委员会确认为医疗事故的，或 7 日后死亡的，按原伤害程度统计。

④ 事故受伤人员在 7 日内由轻伤发展成重伤的，按重伤统计。

⑤ 未经医疗事故鉴定委员会确认为医疗事故的伤亡，按责任事故统计。

⑥ 相撞事故发生后，经调查确认为自杀、他杀的，不在伤亡人数中统计。

2. 事故统计分析

（1）运营公司各部门要建立事故记录台账，详细记录各种运营事故发生的经过、原因及处理情况，定期分析总结，对员工进行安全教育。各级安全部门应将当日发生的运营事故记入运营事故统计表内。事故的统计可按事故类别进行统计，分为行车事故、设备事故（含供电事故）、工伤事故、火灾事故等。

（2）各部门应将当日发生的事故情况汇报公司安全部门。各部门应在次月初前 5 日内对事故及安全工作情况进行分析、总结，并填写"月度安全情况统计表"报公司分管领导和安全监察部门。报表和月安全情况分析于每月 3 日前报运营公司安全监察部门。对年内发生的各类行车事故分析汇总，填报"年度事故统计表"，于次年初前 5 日内报上级安全监察部门。

（3）安全监察部门于每月前 5 个工作日内，对上月内发生的各类运营事故进行分析汇总。

（4）事故的统计数字和责任部门以安全监察部的记载为依据。事故涉及两个以上部门时，应将事故件数列入主要责任部门。按同等责任论处的事故，事故的双方均统计数字，但运营公司只统计一件事故件数。

（5）因设备质量等原因发生的事故一律统计在该部门的事故中，能确定责任的列责任事故。如不能确定为地铁责任的，列该部门其他事故。

（6）任何单位在发生各类运营事故后，均应立即召开由单位领导主持的事故分析会，认真分析事故原因，汲取事故教训，找出薄弱环节，制定具体措施，防止类似事故的再次发生。分析会应详细记录，会议纪要迅速报运营公司安全监察部门。

（7）地铁公司统计运营事故时按实际发生的责任事故件数统计，责任事故件数作为对各单位的考核依据。

（8）构成一般及以上责任事故的，应填报《生产安全事故统计报表》，上报市级安全监察部门。

二、城市轨道交通行车事故的救援

在日常运营中，一旦发生重大事故、大事故，必须迅速组织救援。及时有效的救援能减少人员伤亡、降低事故损失和防止事故升级。应急救援工作是安全管理的重要组成部分，它包括救援基础工作和现场应急处置两个方面。

（一）救援基础工作

救援基础工作的核心是编制应急预案。应急预案是针对潜在的、可能发生的事故（故障、突发事件），预先编制一个如何应急处置的书面计划。编制应急预案的目的是：防止事故（故障、突发事件）扩大、升级，最大限度减少事故（故障、突发事件）造成的危害损失。

应急预案的基本内容应包括：特定事故（故障、突发事件）的定义，报警或报告程序，应急处置组织指挥，应急处置程序与措施，抢险抢修方案，现场急救医疗方案，以及通信、交通等内部保障条件和救护、消防、公安等外部支援条件。

应急预案一旦编制完毕，应下达到所有有关人员，如应急处置指挥人员、参与应急处置人员、可能与事故（故障、突发事件）直接有关人员，以及可能会受到事故（故障、突发事件）影响的人员等，还应通过培训与演习来强化上述人员对应急预案的了解与掌握。

轨道交通的应急预案主要有故障应急预案、事故应急预案和突发事件应急预案三类。故障应急预案如列车故障应急预案、供电设备故障应急预案等；事故应急预案如行车事故应急预案、外部人员伤亡事故应急预案等；突发事件应急预案如火灾、爆炸、投毒应急预案，车站大客流应急预案等。

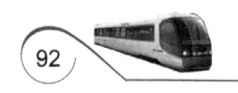

围绕应急预案,应建立应急救援组织体系、配备救援设备器材、组织救援培训与演习等工作。

应急救援指挥机构一般由企业和有关职能部门的负责人组成,明确事故(故障、突发事件)发生时应急救援的总指挥和现场指挥人。救援指挥机构下设负责日常工作的办公室和执行各项救援任务的小组,各级人员均应职责分明。完整的救援组织体系还应包括外援单位,因此要配备负责内外部协调和公共关系的人员。

配备救援设备器材,并确保它们经常处于技术良好状态,是成功进行救援必须具备的物质基础。在平时应有专人负责救援设备器材的保管、养护和维修。

组织救援培训与演习,其目的是使有关人员对救援知识和救援技术、应急预案内容做到应知应会。演习方式可以是模拟演习,也可以是现场演习;可以是单项演习,也可以是综合演习。直接执行救援任务的人员必须定期参加演习,通过演习熟悉救援步骤和方法,掌握救援设备器材使用,以及了解如何进行自我防护等。此外,通过救援演习,还能进一步检验应急预案的可行性、发现应急预案存在的问题,以便进一步完善应急预案。

(二)现场应急处置

在发生事故(故障、突发事件)时,应急处置的指导思想是:先控制、后处置,救人第一。现场人员应尽一切可能控制事故(故障、突发事件)的扩大,以减少伤害损失;并应按规定程序及时向有关方面报告。

有关方面接到事故(故障、突发事件)报告后,应根据应急预案和具体情况,迅速采取有效措施。对重大、大事故等应立即组织救援。在进行救援时,严禁违章指挥、冒险作业,避免在救援过程中发生二次事故,增加人员伤亡和财产损失。现场应急处置的重点是控制事故源头、危险区域,组织人员撤离和抢救受伤人员。

控制和切断事故源头是排除事故的关键。控制危险区域既是为了使救援工作不受干扰,也是为了避免无关人员或列车进入使事故扩大。

迅速组织危险区域内非救援人员撤离,直接关系到能否减少人员伤亡,因此是一项紧迫和重要的任务。在组织撤离时,救援人员应熟悉地形、明确撤离路线;同时应采取必要的防护措施,如切断牵引电流、通风排烟方向与撤离方向相反等。

急救医疗人员应根据具体情况,采取各种措施对受伤人员进行紧急抢救和治疗。对重伤员,应采取有效措施抢救伤员生命,并及时安排专人送往医院救治。急救医疗小组应掌握重伤员的姓名、性别和受伤情况,以及送往医院和陪送人员等信息。陪送人员到医院后应尽可能详细、准确地说明重伤员的受伤原因,以便医院及时诊断和进行救治。

三、城市轨道交通行车安全评价指标

为了全面、准确反映运营安全状况,须要建立安全评价指标。分析安全评价指标,有助于掌握事故(故障)发生规律,找出安全生产、安全管理的薄弱环节和存在问题,从而为进一步加强安全工作提供决策依据。安全评价指标大体可分为数值指标和比值指标两类。数值指标侧重于从总量上反映运营安全状况。比值指标考虑了完成的工作量,更适用于安全状况的纵向或横向比较。

（一）数值指标

（1）事故次数：统计时，按行车事故、其他事故分别统计。对行车事故，按列车事故和调车事故，以及按重大事故、大事故、险性事故和一般事故分别统计。

（2）责任事故次数：统计口径与事故次数统计相同。

（3）责任事故伤亡人数：按职工伤亡人数、乘客伤亡人数和外部人员伤亡人数分别统计，以及按死亡人数、重伤人数和轻伤人数分别统计。

（4）责任事故直接经济损失：直接经济损失由人员伤亡费用、设备损坏的资产损失、系统中断运行的损失、救援及事故处理费用构成。

（5）行车安全天数。

（6）安全驾驶公里。

（7）车辆故障次数。

（8）列车故障次数。

（9）中央 ATS 系统故障次数。

（10）牵引供电故障次数。

（二）比值指标

（1）列车事故率：平均每完成百万列车公里所发生的责任列车事故次数，即

$$列车事故率 = \frac{责任列车事故次数}{列车公里} \times 10^6$$

（2）乘客伤亡率：平均每完成亿人公里因责任事故所造成的乘客伤亡人数，即

$$乘客伤亡率 = \frac{责任事故乘客伤亡人次数}{人公里} \times 10^8$$

（3）职工死亡率：单位时间内，平均每千人职工因事故所造成的死亡职工数；或者是平均每完成百万单位工作量因事故所造成的死亡职工数，即

$$职工死亡率 = \frac{因事故死亡职工数}{职工人数} \times 10^8$$

或

$$职工死亡率 = \frac{因事故死亡职工数}{单位工作量} \times 10^6$$

（4）职工重伤率：统计计算口径与职工死亡率相同。

（5）车辆临修率：

$$车辆临修率 = \frac{临修次数}{车公里} \times 10^8$$

（6）列车故障下线率：

$$列车故障下线率 = \frac{列车故障回库次数}{列车公里} \times 10^4$$

（7）中央 ATS 系统故障率：

$$\text{中央 ATS 系统故障率} = \frac{\text{中央 ATS 系统故障次数}}{\text{中央 ATS 系统运行小时}} \times 10^8$$

任务四 城市轨道交通行车事故案例

学习任务

1. 地铁列车相撞事故案例。
2. 地铁列车脱轨事故案例。

学习目标

1. 学习城市轨道交通行车事故案例。
2. 熟悉城市轨道交通行车案例事故处理流程。
3. 培养城市轨道交通行车案例事故预防的能力。

案例及分析

案例1 2009年12月22日上海地铁列车相撞事故

一、事故概况

2009年12月22日5时50分，上海地铁1号线陕西南路至人民广场区间突发供电触网跳闸故障，造成该区列车停驶。为确保运营不中断，地铁方面采取1号线非故障段（富锦路至火车站，徐家汇至莘庄分段运营）两头小交路运行。7时06分，跳闸故障基本排除，在运营调整恢复的过程中，由中山北路站开往上海火车站的1号线150号车，根据调整后的小交路模式运行至上海火车站折返站时，由于该车冒进信号（闯红灯），与正在折返的117号车侧面碰撞，150号车的头部撞到了117号车的中后部车厢。

据了解，当时两车速度较慢，且150号车司机采取了紧急制动措施，被撞的117号车为空车。150号车上的乘客无人受伤。在发生事故后，一时间受影响最大的是乘客。地铁150号车的乘客，滞留车厢内长达4个小时，不仅耽误了上班族正常的上班时间，也影响了冬至日前往墓地的人群的行程。同时对地面交通也产生了重大影响，为地面交通一度带来了很大压力，地铁运营管理部门立即启动应急预案：派出抢修队伍到现场排除故障并启动地面公交配套预案，调集80辆公交车到该区间短驳乘客。

二、事故处理

事故发生后，上海地铁集团根据报告，立即启动应急处置预案和管理制度，采取一系列应急处置措施。一是在相撞事故发生后，立即组织相关人员参加事故救援。抢修人员及时赶到现场，迅速开展现场处置。二是第一时间对1号线的运营组织进行调整，根据客流情况，实施了限流、关闭换乘通道、配合实施公交预案等措施。三是调集工作人员重点做好对乘客的宣传和解释工作。通过上海轨道交通运营协调中心（COCC）实施公交应急预案、快速、准确地向路网传递故障信息，发布处置指令。同时，上海轨道交通运营协调中心利用多种传媒渠道，包括交通广播、地铁公司网站及乘客信息有道系统等，滚动发布1号线运营故障、线路调整及公交接驳等提示信息。

由于地铁1号线为骨干线路，事发适逢工作日上班早高峰时段和冬至日出行高峰，客流量巨大，虽然各部门在救援过程中立即响应并紧急出动，但由于应急协同配合熟练程度不够，滞留乘客较多，导致疏散过程缓慢。同时，部分乘客未积极配合地铁运营单位疏散要求，使得疏散效果不理想，也影响了事故救援效率。

三、事故预防

1. 事故原因分析

此次事故是由于信息号系统故障引起的。从事故原因和事故处置过程来看，主要存在两方面的问题。

（1）信号系统故障检测机制不完善。信号系统的任何一个小故障都可能引发事故。事故发生前，信号系统已运行9年，而信号系统故障直到发生此次事故才暴露出来。这反映了信号系统风险因素识别的复杂性及安全监测的必要性，必须要建立完善的信号系统故障监测机制。

（2）事故救援过程中表现出应急处置经验不足。发生事故后，乘客与地铁运营单位之间应急配合处理，地面交通网络、区域交通管理应急联动等方面都存在着一定的问题。针对应急处置和联动协调经验不足的问题，须完善应急处置指挥架构，进一步细化车站应急处置预案，加强车站运营信息发布的执行和监督工作，进一步丰富信息发布渠道，梳理信息发布内容，规范信息发布形式。

2. 预防措施

信号系统等信息化设备有利于提高城市轨道交通运营效率，但由于其技术条件高、制式多样及接口复杂等特点，对设备的可靠性提出了更高的要求。信号系统设备一旦发生故障，可能会造成严重后果。信号系统故障是此次事故的直接原因，而列车驾驶员的正确处置减轻了事故后果，减少了人员伤亡和财产损失。针对本次事故，应提高以下预防措施。

（1）应规范城市轨道交通信息化产品的标准。信息系统的任何疏漏都会引起异常，并可能导致事故。因此，产品生产不能麻痹大意，要高度重视产品质量，对每个数据进行严格测试。城市轨道交通主管部门也应规范城市轨道交通信息化产品的验收标准，提高信号系统的可靠性，从源头把好安全关。

（2）要切实提高应急预案的科学性和可操作性。在此次事故的救援过程中，由于信息不畅等原因，未能充分发挥协同救援的能力。因此，地方交通运输主管部门应组织轨道交通运营单位进行各种突发事件的应急演练，检验并不断修正各项应急预案，提高应急预案的科学性和可操作性。

（3）应不断提高运营管理人员的安全意识和职业技能。本次事故中，由于列车驾驶员及时发现险情，提前1s采取紧急制动措施，降低了事故造成的损失。对城市轨道交通运营管理人员进行安全培训，提高其运营安全意识，不仅能保障常态下的行车安全，还能确保运营管理人员在应急情况下采取正确的处置措施，降低事故危害，甚至避免事故发生。

案例2　2007年1月7日美国华盛顿地铁列车脱轨事故

一、事故概况

美国东部时间2007年1月7日15点45分，华盛顿地铁"绿线"504次列车，在华盛顿市中心的维农山庄广场——会展中心站附近脱轨。事故发生时，该列车正在从南向轨道转辙至北向轨道，第5节车厢突然脱轨，撞在隧道壁上，未发生倾覆和翻滚。事发列车为6辆编组，载有150多名乘客。事发前2节车厢已抵达站台，因此前4节车厢的乘客可以通过列车头部的车门离开，后2节车厢的乘客则在救援人员的帮助下，在事故发生45分钟后离开隧道。此次事故共造成23人受伤，1人伤势较重。被损坏车辆的更新替换需要花费约380万美元。

二、事故处理

华盛顿都会区交通局、911报警中心、华盛顿区消防和紧急医疗部门全力参与此次事故的救援。

15点45分，在脱轨事故发生后，列车驾驶员立即向控制中心报告事故，等待控制中心下达调度命令。

15点51分，控制中心对列车驾驶员下达调度命令，指示504列车驾驶员和列车上的车辆维修人员设置列车手动自动，确认事故发生的确切位置，向控制中心报告。车辆维修人员随后确认了事故发生的位置，进入事故车厢检查乘客伤势，将乘客受伤情况向控制中心报告。在后期事故调查中，车辆维修人员还协助美国交通运输安全委员会对列车和轨道进行了性能检测。

15点53分，控制中心向911报警中心报告事故情况，并请求消防、医疗等部门协助事故救援。911报警中心接到报警后，立即对消防和医疗等相关部门下达指令，实行统一调度指挥，相关救援部门迅速赶往现场处置。

16点，消防部门和紧急医疗部门的救援队伍抵达事故现场，立即开始救援工作。

16点23分，华盛顿都会区交通局关闭供电轨的电力供应，消防部门开始对车厢内被困乘客进行疏散。

16点26分，列车后两节车厢的人员开始疏散，于16点46分疏散完毕。

三、事故预防

1. 事故原因分析

调查结果显示，此次事故与列车驾驶员的操纵技术、轨道状况、轨道几何形状、信号控制系统、转辙器的位置和维修状况及列车转动刚度均无直接关系，列车车轮技术缺陷和安全监管体系的不完善是造成此次事故的主要原因。

（1）列车车轮技术缺陷是导致此次事故的直接原因。此次事故列车车轮表面粗糙，增加了列车脱轨的可能性。经调查发现，对此次事故列车车轮进行修整打磨时的质量监控程序不完善，是造成列车脱轨事故的主要原因。

（2）事故地段未设防护轨道是发生事故的另一个重要原因。事故后，经地铁维修人员检测分析，8 号道岔处未设置防护轨道，增大了列车脱轨的可能性。

（3）华盛顿地铁安全监管体系不完善是诱发此次事故的间接原因，发生事故的 504 次列车型号属于 5000 系列车。该型号列车以双车厢电动车组的形式运行，有良好的鲁棒性、刚性和防撞性，但同时也存在扭转性能较差的问题。在此次事故发生之前，5000 系列车已经发生了一系列的脱轨事故。在 2003~2006 年期间，该系列列车至少发生了 7 起脱轨事故。鉴于这一系列的脱轨事故，华盛顿都会区交通局成立了调查委员会，专门聘请咨询顾问，并请美国公共交通协会参与技术评审。华盛顿都会区交通局对这起事故案例进行了详细论证，但一直没有根据相关的研究成果，制定并实施有效的安全改进措施，最终还是因预防改进措施不到位发生了此次事故。

2. 预防措施

（1）应确保轨道和车辆等设备的安全性。城市轨道交通系统是包含轨道、车辆、信号和供电设备等各种设备的复杂系统，确保系统的安全性既要考虑固定设备，又要考虑移动设备。在轨道的设计上，要满足城市轨道交通车辆安全、快速、大容量的要求。运营过程中，要利用信息化手段对轨道的安全状态进行监测，判断存在的风险因素，并进行及时有效的维修和更新改造，保证列车运营安全。

（2）城市轨道交通运营单位应不断完善应急预案。城市轨道交通系统安全防范措施通常分为预防、准备、响应、恢复和再预防几个步骤。城市轨道交通系统应构建完善的应急预案，这是避免事故发生和减少事故损失的重要措施。

（3）建立健全事故原因整改机制。在华盛顿地铁发生此次事故之前，已经发生了一系类似的脱轨事故，尽管有关部门对此前发生的事故进行了调查和分析，但并没有提出并实施有效的改进措施。因此，轨道交通运营单位应认真总结已发生的各类事故的经验教训，提出整改措施并进行隐患排查，从预防体系上最大限度地减少事故发生的概率和造成的损失。

网址导航

地铁行车调度规章阅读网址

1. 上海地铁行车调度工作规程 3.0

   阅读网址为 http://wenku.baidu.com/view/5103566ca98271fe910ef90b.html。

2. 地铁行车调度手册（南昌轨道交通 Q/NGYY-A-DPZD-J-02-2015 V1.1）

   阅读网址为 http://wenku.baidu.com/view/56a457030640be1e650e52ea551810a6f524c8f7.html。

任务五　城市轨道交通行车安全管理综合能力实践

一、教师工作活页

实践项目教师工作活页　　　　　　　　NO：_____

实践项目	城市轨道交通行车安全管理综合能力实践		
学　时	2	班　级	略
教学环境	多媒体教室或轨道交通综合实验室		
工具设备	多媒体设备课件、图片、示教板、计算机多媒体设备等		
教学目标	专业能力	（1）能说出城市轨道交通安全相关因素； （2）能说出城市轨道行车事故定义及分类； （3）能说出城市轨道交通行车事故调查处理小组的组成； （4）能说出城市轨道交通接发列车的安全要求； （5）能说出接发列车作业惯性事故的种类； （6）能说出城市轨道交通行车事故原因分析工作要点； （7）能区分城市轨道交通行车安全中的数值评价指标和比值评价指标； （8）能说出城市轨道交通行车事故应急处置工作要点。	
	方法能力	（1）能综合运用专业知识，通过利用专业书籍、多媒体课件和图片资料获得帮助信息； （2）能根据项目学习任务确定方案，从中学会表达及展示活动过程和成果。	
	社会能力	（1）能在教学活动中保持积极向上的学习态度； （2）能与小组成员和教师就学习中的问题进行交流和沟通； （3）能与他人共享学习资源，具有较好的合作能力和团队协作精神。	
教学活动	略（详见教学活动设计）。		
教学评价	学生活动：① 以5~8人小组为单位开展实践教学活动，根据本组同学在实训过程中的能力表现及结果进行自评及组内互评；② 根据其他小组同学在成果展示活动中的表现及结果进行互评。 教师活动：① 教师组织学生开展评价活动和总结；② 对学生本项目学业成绩做出综合评价。		
教学资料	（1）城市轨道交通行车安全管理教材； （2）城市轨道交通行车事故案例分析等参考书； （3）实践项目学生学习活页（附页）。		
指导教师		教学时间	年　月　日

二、实践项目学生学习活页

实践项目学生学习活页　　　　　　　　NO：_____

实践项目1	城市轨道交通行车安全管理综合能力实践
班级：_____　姓名：_____　学号：_____　时间：_____	
一、能力目标 　1. 专业能力目标 （1）能说出城市轨道交通安全相关因素； （2）能说出城市轨道行车事故定义及分类； （3）能说出城市轨道交通行车事故调查处理小组的组成；	

续表

（4）能说出城市轨道交通接发列车的安全要求；
（5）能说出接发列车作业惯性事故的种类；
（6）能说出城市轨道交通行车事故原因分析工作要点；
（7）能区分城市轨道交通行车安全中的数值指标和比值指标；
（8）能说出城市轨道交通行车事故应急处置工作要点。
2. 方法能力目标
（1）能综合运用专业知识，通过利用专业书籍、多媒体课件和图片资料获得帮助信息；
（2）能根据项目学习任务确定方案，从中学会表达及展示活动过程和成果。
3. 社会能力目标
（1）能在教学活动中保持积极向上的学习态度；
（2）能与小组成员和教师就学习中的问题进行交流和沟通；
（3）能与他人共享学习资源，具有较好的合作能力和团队协作精神。

二、知识总结

1. 简述城市轨道交通行车安全相关因素。

2. 简述城市轨道交通列车驾驶安全因素。

3. 简述城市轨道交通行车驾驶事故的控制措施。

4. 简述城市轨道交通行车安全评价指标。

5. 简述城市轨道交通事故救援基本流程。

三、运用实践

1. 根据指导老师给出的行车事故案例，试
（1）对案例进行分析；
（2）对行车事故等级进行判定。

2. 说出行车事故报告程序，绘制事故报告总体流程图。

3. 结合案例，分析行车事故预防措施。

续表

四、活动小结

五、成绩评定

1. 学生评价

评价等级	A—优	B—良	C—中	D—及格	E—不及格
学生自评					
组内互评					
他组互评					

2. 教师评价

评价等级	A—优	B—良	C—中	D—及格	E—不及格
专业能力					
方法能力					
社会能力					
评价结果					

3. 综合评价

评价等级	A—优	B—良	C—中	D—及格	E—不及格
评价结果					

注：按照学生自评占10%、组内互评占10%、他组互评占20%、教师评价占60%的比例计分。其中，A—100分，B—85分，C—75分，D—60分，E—50分。

4. 评价量规

等　　级	行为表现描述
A	能圆满高效地完成实践任务的全部内容
B	能顺利完成实践任务的全部内容
C	能完成实践任务的全部内容，但需要一些帮助和指导
D	自己只能完成实践任务的部分内容，但在现场的指导下，已经完成任务的全部内容
E	不能完成实践任务的全部内容

思考与练习

1. 城市轨道交通行车安全相关因素是什么？
2. 城市轨道交通行车事故是怎样分类及定义的？
3. 列车驾驶事故的预防措施是什么？
4. 接发列车作业事故的预防安全要求包括哪些内容？

项目四　城市轨道交通行车安全管理

5. 城市轨道交通行车事故处理原则是什么？
6. 城市轨道交通行车事故报告的内容有哪些？
7. 城市轨道交通行车事故的调查工作要求是什么？
8. 事故产生的原因分为哪两种？其内容分别是什么？
9. 行车事故中人员伤亡事故统计规定包括哪些？
10. 城市轨道交通行车事故救援的内容是什么？
11. 城市轨道交通行车安全评价指标中数值指标和比值指标的内容是什么？

项目五　城市轨道交通车站安全管理

教学目标

通过本项目教学，使学生了解城市轨道交通车站安全管理的基本内涵，了解城市轨道交通车站人员安全管理基本要求；了解城市轨道交通车站大客流组织的原则，掌握车站大客流组织基本方法；掌握城市轨道交通车站安检管理的工作流程和基本方法；理解城市轨道交通车站安全管理的重要意义，初步掌握对城市轨道交通车站突发事件处置能力和基本方法。

知识要点

1. 城市轨道交通车站安全管理基础知识。
2. 城市轨道交通车站人员安全管理。
3. 城市轨道交通车站大客流管理。
4. 城市轨道交通车站安检管理。
5. 城市轨道交通车站防恐防暴。
6. 城市轨道交通车站运营事故案例。

任务一　城市轨道交通车站安全管理基础

学习任务

1. 城市轨道交通车站安全管理的基本内涵。
2. 城市轨道交通车站安全管理的意义。
3. 影响城市轨道交通车站安全管理的因素。

学习目标

1. 理解城市轨道交通车站安全管理的基本内涵。
2. 了解城市轨道交通车站安全管理的重要意义。
3. 掌握城市轨道交通车站安全管理的影响因素。

基础知识

城市轨道交通车站具有供列车停车、折返、检修、临时待避及乘客集散、上下车、换乘等功能，为满足安全、迅速、方便的组织乘客进出站的运营要求，车站同时又是轨道交通运营设备的集中设置地。车站安全管理工作在城市轨道安全系统中处于核心的位置。

一、轨道交通车站安全管理基本内涵

车站安全管理是指管理者按照生产的客观规律，通过计划、组织、指挥、协调和控制管理手段作用于影响车站安全的人员、设备、环境等因素，提高车站自控能力，实现安全管理的目标。安全、快捷组织乘客乘降，尽量避免和减少车站发生事故，有效地避免由事故引起的人和物的损失。城市轨道交通车站安全管理模式的总体方针为"安全第一，预防为主"，指导方针包含了安全管理规范要体现综合管理思想、安全管理内容对整个轨道交通运输安全水平提升有益。"安全第一"是乘客的基本需求和首要标准，也是轨道交通运营管理的主题。轨道交通车站安全水平不但反映了轨道交通运营管理水平和运输服务质量，而且是城市轨道交通系统实现顺畅、高效运营的前提。

二、车站安全管理的重要意义

轨道交通车站是城市轨道交通系统的直接对外窗口，因此做好车站的安全管理工作，将有助于提高轨道交通运营系统的效益和竞争力。

（一）加强车站安全管理是保障乘客安全乘车的先决条件

从运输需求的基本内涵和特点来看，乘客选择乘坐交通工具来实现运输需求，最基础的目标便是安全到达目的地，其中安全是前提和基础，其次才能够谈到快速、舒适、便捷等其他方面的要求。因此，城市轨道交通运营企业必须将保证乘客安全作为提供运输服务的首要目标，在确保运输过程乘客安全的前提下，才能追求经济效益。

（二）加强车站安全管理是确保轨道交通行业持续发展的必要前提

城市轨道交通车辆相对普通公交车、出租汽车等交通工具，技术状况非常高，相关设备系统比较完备，加之运行相对封闭，不受外界干扰，车辆和设施的技术故障率相对较低。因此，车站内安全设施布局和设置，车辆设备的人为操作和控制，车站内的安全检查和事故防范，突发事件的应急处置能力等都是影响城市轨道交通安全隐患的重要因素，必须引起各方尤其是运营企业的高度重视。城市轨道交通运营企业必须将车站安全管理放在第一位，切实保障城市轨道交通事业的持续健康发展。

（三）加强车站安全管理是维护社会稳定的重要手段

轨道交通车站内部乘客聚集度高，难免有时候会发生意外，若处理不好，可能会导致群死群伤的重大、特大事故的发生。重大、特大事故的发生，不仅会造成严重的经济损失，使民众缺少安全感，而且对发生的事故的地区和单位的经济发展也会造成重大的负面影响。重大、特大事故的发生往往会造成恶劣的社会影响，引发许多复杂的社会问题，如处理不当，可能会酿成社会动荡。

三、车站安全管理影响因素

从系统理论出发，与轨道交通车站安全有关的因素可以划分为4类：人、机器、环境及管理。系统中的"人",是指作为工作主体的人,"机"是指人为控制的一切对象的总称(包括固定设备和移动设备),"环境"是指人、机共处的特定的工作条件(包括内部环境和外部环境)。考虑人、机、环境对安全的影响,尤其考虑了三者的相互作用。包括人—人、人—机、人—环境、机—机、机—环境以及人—机—环境等。以管理作为控制、协调手段,协调人、机、环境之间的相互关系,并通过反馈作用将信息状态的信息反馈给管理系统,从而改进管理方法,最终得到更为安全的系统。城市轨道交通车站的安全管理划分为对人的安全管理、对设备的安全管理、对环境的安全管理。所有这些管理工作对车站的安全生产工作具有重要的意义和保证作用。车站运营安全影响因素及其关系如图 5.1 所示。

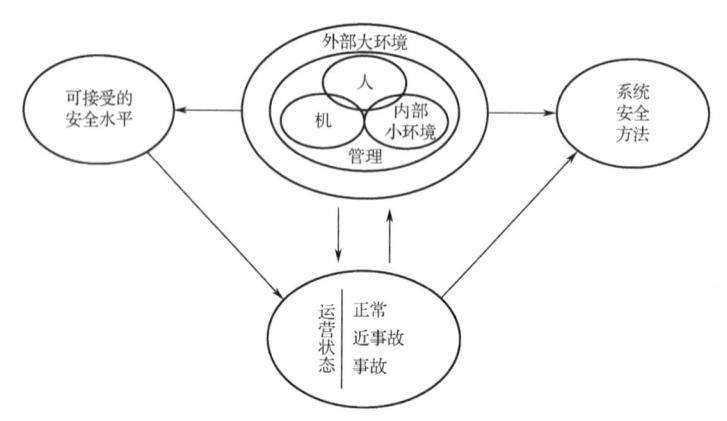

图 5.1　车站运营安全影响因素及其关系

任务二　城市轨道交通车站人员安全管理

学习任务

1. 城市轨道交通车站运营人员配置。
2. 城市轨道交通车站运营管理业务范畴。
3. 影响车站运营安全人员因素。
4. 城市轨道交通乘客安全管理。
5. 城市轨道交通车站班组安全管理。

学习目标

1. 了解城市轨道交通车站运营人员配置。
2. 了解城市轨道交通车站运营管理业务范畴。
3. 理解影响车站运营安全人员因素。
4. 掌握乘客安全管理的基本要求。
5. 了解城市轨道交通车站班组安全管理。

基础知识

城市轨道交通的各个环节、各个方面的工作都有赖于人的操作与管理，通过专业工作人员的操作、监控及管理能够很好地推进轨道交通安全管理工作的顺利有序进行，做好人员的安排能够在很大程度上提高安全管理水平。

一、城市轨道交通车站运营人员基本配置

城市轨道交通车站管理人员包括站长、值班站长、车站值班员等，具体人员的数量需要根据车站的规模等因素进行合理设置。

（一）站长

站长是车站运营工作的总指挥，全面负责车站客流组织、行车组织、票务管理、大客流情况下的内勤保障和组织协调等工作。

（二）值班站长

值班站长负责本班组的业务及人员管理。当班值班站长主要负责车站客流组织，指挥车站客运人员维持站厅秩序，组织人员控制乘客进入车站，及时引导疏散乘客，防止事态扩大，保持与行车值班员、站长联系，及时开启紧急出入口，随时准备限制客流，保证站厅畅通、站台不超员。

（三）值班员

值班员有行车值班员和客运值班员。行车值班员负责本班组行车工作的开展。客运值班员负责本班组客运及票务业务。

车站车控室配备行车值班员，主要负责车站行车组织工作。根据行车调度员指挥办理行车业务，监控列车运行，当出现大客流、服务纠纷等突发事件时，及时报告值班站长并保持与行车调度员及其他有关部门的联系。一般还设置1名备班行车值班员负责加强监控，利用广播宣传组织、疏散客流，在非正常行车时负责接发列车作业、递送路票等站台层的行车业务。

当班客运值班员负责当天所有的票务工作，确保充足的零钱找兑，负责清点当日票款收入。备班客运值班员负责在站厅巡视，处理乘客事务，更换自动售票机 TVM、自动检票机 GATE、半自动售票机 POST 的票箱，确保票务室的安全和整洁。

（四）客运人员

客运人员主要包括站务员、售/检票员和引导人员。客运人员在值班站长的指挥下，坚守岗位，维护好车站秩序。车站每组进站闸机可以安排1名工作人员，负责指导乘客快速通过闸机，并处理简单的乘客事务和维护现场秩序。当闸机出现故障时，客运人员和自动售检票（AFC）专业人员能够迅速修复，确保闸机处于正常服务状态。

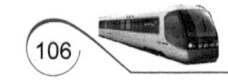

（五）站台安全员

每个车站都配置安全员。站台安全员站在站台两端紧急停车按钮处及站台中部，并听从值班站长的指挥，参与组织、疏散客流。利用扬声器等设备做好宣传工作，维护好站台秩序，制止乘客强扒车门上下车，防止乘客跌入轨道，并与车控室保持联系，及时汇报站台客流情况。

二、城市轨道交通车站运营管理岗位业务范畴

（一）站长

1. 安全管理

（1）对车站行车、客运、票务、消防、治安及人身安全负责。

（2）贯彻实施各项安全管理制度和措施，制订、落实各项安全工作计划。

（3）按照安全制度，检查车站安全情况，及时消除安全隐患。

（4）组织车站员工参与处理各类事件、事故。

（5）每月组织召开班组月度安全工作会议，进行月度安全工作总结和员工安全教育，做好记录。

2. 行车、客运和票务管理

（1）组织执行车站行车组织方案，开展车站客运和票务工作。

（2）编制日常及节假日客运组织方案。

（3）定期做好车站行车、客运和票务的计划、检查、总结工作。

3. 乘客服务

（1）监督车站乘客服务为乘客提供优质服务。

（2）受理并处理乘客投诉、来信、来访。

（3）定期做好车站行车、客运和票务的计划、检查、总结工作。

4. 班组管理

（1）每月根据上级要求，结合车站实际制订计划，做好员工排班及考勤工作。

（2）对全站员工、保安、保洁进行管理考核，每月汇总、公布员工考勤情况。

（3）每月定期召开班组成员会议，及时解决车站出现的问题。

（4）负责本站建章立制工作。

（5）负责本站与驻站部门、接口单位的联劳协作，协调车站相关工作。

5. 员工培训

（1）根据上级的要求制订车站培训及演练计划。

（2）负责新员工和调岗、复训员工的车站及安全教育。

（3）定期进行员工教育，掌握员工思想、工作状况，接车站实际情况安排并开展培训工作。

（4）定期检查培训效果，进行培训总结。

(二)值班站长

(1)接班后,阅读相关文件、通知等,了解上一班的运营情况,掌握注意事项及工作重点,落实本班工作;按计划组织本班组员工班前的业务培训。

(2)主持交接班会,传达上级指示及相关文件、通知精神,强调注意事项及工作重点。

(3)按规定巡站,检查、知道行车、票务、乘客服务等工作;监督各岗位工作执行情况,做好本班组的考核记录。

(4)监控车站消防设施设备运作情况,检查、监督设备系统报警记录登记情况。

(5)做好维修施工的监督和管理工作。

(6)遇突发事件、事故时组织本班组执行相应的应急处理程序。

(7)组织各岗位人员按程序做好开、关站工作。

(8)协助站长做好车站的基础管理工作,做好当班事务的记录,属于本班处理的工作原则上不留到下一班处理。

(9)做好本班工作的班后总结,按规定汇总上报重要生产信息。

(三)值班员

1. 行车值班员

(1)交接完毕后,登录相关系统工作终端,如信号系统、环控系统、防灾报警系统、门禁系统、自动售检票系统等;监视车站各类设备系统的运行情况。

(2)负责车站行车工作,通过电视监控屏监视列车到发情况及乘客动态,并按规定播放乘客广播。

(3)遇危及行车安全的情况时,在车站综合监控室设备系统就地控制盘上按压紧急停车按钮,并执行应急处理程序。

(4)遇突发事件、事故时根据值班站长指示执行相应的应急处理预案。

(5)接到文件、通知及时登记、汇报,并协助值班站长处理本班工作。

(6)做好施工的登记手续及安全防护监督工作。

(7)按程序及值班站长指示开、关站。

(8)与接班行车值班员按规定进行交接班;交接完毕,退出登录的相关系统工作终端。

2. 客运值班员

(1)签到后,与交班客运值班员按规定进行交接,登录车站票务室自动售检票系统操作终端。

(2)为售票员配币,及时将相关数据输入自动售检票系统操作终端,及时填写、上交报表。

(3)巡视车站,监督指导客运及票务工作,检查售票员工作情况,进行必要的复核,监督票务政策的执行。

（4）协助值班站长处理车站内务；处理相关客运、票务事务，做好车站客流组织与控制、票务设备故障的保修与处理、失物处理、乘客投诉等工作。

（5）保持票务室办公环境整洁，确保无车票、现金遗漏。

（6）按程序及值班站长指示开、关站，运营结束后更换钱箱和票箱，开启钱箱、清点并打包、结账；填写报表，按要求封好要加封的车票、现金，及时将相关数据输入自动售检票系统操作终端。

（7）在规定的解行时间内做好解行工作。

（8）遇突发事件、事故时，根据值班站长指示执行相应的应急处理程序。

（9）与接班客运值班员按规定进行交接；退出票务室自动售检票系统操作终端。

（四）站务员

1. 售票员

（1）按规定班制上下班，签到后参加点名和交接班会，了解工作注意事项，到车站票务室领取车票、备用金及票务钥匙等。

（2）接班售票员要与交班售票员做好交接工作。早班售票员要做好下列开窗前准备工作，准备完毕后，插入工号牌，开始服务：检查对讲设备能否正常使用；检查票务设备、备品（验钞机、分钞机、发票等）的状态、数量；检查客服中心卫生；检查客服中心有无来历不明的现金、车票；如有问题立即报客运值班员。

（3）工作中保持客服中心的整洁，票证、报表、钱袋（箱）摆放整齐。当报表、硬币、车票、发票等数量不足时，提前报告客运值班员；客服中心门保持锁闭状态。

（4）严格执行售票作业程序。

（5）收到的现金要分类摆好，数量过多时，通知客运值班员预收钱款。

（6）当班中因故离岗或重新上岗时须向客运值班员汇报，退出或重新登录票务系统，做好票务钥匙、票务设备、对讲设备的交接工作。

（7）下班时，退出票务系统，整理钱、票，如要与接班售票员交接，按规定交接完毕后，将钱、票带回票务室与客运值班员结算。

2. 站厅巡视岗

（1）带齐工作备品准时到岗，引导乘客正确使用自动售检票设备，及时处理自动售检票设备故障，解答乘客咨询，如遇解决不了的问题立即报车控室，并协助客运值班员更换钱箱和票箱。

（2）巡视车站，发现乘客有违反乘车规定的行为要及时劝止。

（3）做好车站安防巡查工作，确保消防通道畅通，发现可疑人员或可疑物品，及时汇报对乘客携带的可疑物品，要求乘客开箱配合检查。

（4）根据车站要求，定岗售票。

（5）运营结束、清客完毕后，将相关钥匙及对讲设备交还车控室，并在相应的台账上注销，交班完毕后下班。

项目五　城市轨道交通车站安全管理

3. 站台巡视岗

（1）按照站台岗作业标准程序监视列车到发、巡视站台及线路出清情况，列车进站时组织乘客上下车，发现紧急情况及时按压紧急停车按钮。

（2）主动疏导乘客候车，关注乘客动态，提醒乘客不要手扶屏蔽门。

（3）发现站台有异样情况时，立即报车控室，并按指示处理。

（4）在运营结束后，协助客运值班员在站台、站厅清客，并按程序及车站要求，做好开、关站工作。

（5）如有夜间施工作业，按车控室指示引导有关施工人员及设置防护，作业中要关注防护是否完好。

三、影响车站运营安全人员因素

（一）运营系统内人员（从业人员）

影响城市轨道交通运营安全的关键运营作业人员包括：领导决策与监督人员（生产指挥人员）、一线操作职工（基层作业人员）、安全质量监督人员和应急处置人员等。如果运营一线的员工和负有管理责任的人员的思想品质、技术业务水平和心理、生理素质等不适应运营工作要求，往往会酿成事故。

某地铁运营 5 年来，因作业人员操作不当或工作过程不到位导致的运营生产事件占事件总数的 80%以上，其中驾驶人员因素诱发的占 80%左右，调度人员诱发的占 7%左右，行车值班人员诱发的占 6%左右，维修人员诱发的占 5%左右。

（二）运营系统外人员（非从业人员）

影响城市轨道交通运营安全的关键系统外部人员包括：周围居民、乘客及相关市民等。主要体现在不遵守乘车守则（主要表现在携带危险品、乱动设备设施、自杀等）、人为故意破坏（主要表现有恐怖袭击、蓄意破坏、偷盗等）、无应急技能或应急技能低（主要表现在发生突发事件时不能自救、不能在工作人员指引下沉着冷静、紧张有序的疏散等）等几个方面。影响车站运营安全人员因素分析如图 5.2 所示。

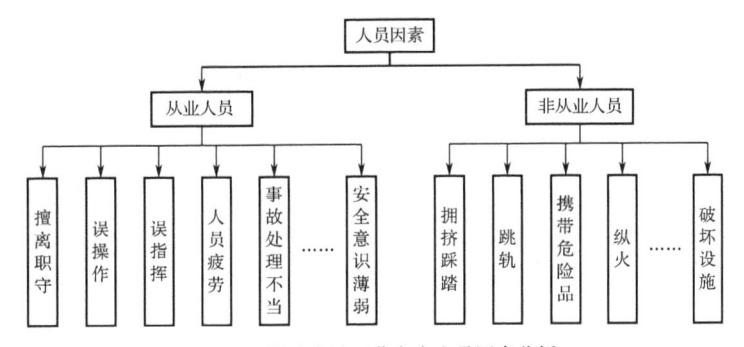

图 5.2　影响车站运营安全人员因素分析

四、车站班组安全管理

(一)车站班组安全管理原则

1. 防微杜渐的原则

从生产实践来看,小事故发生的频率远远高于大事故、重大事故、特大事故。"抓小"就是不放过任何小事故和事故苗头,防患于未然,其目的在于防止大事故的发生。对已发生的事故,要如实汇报,按照"三不放过"的原则(即事故原因分析不清不放过,责任者和群众没有受过教育不放过,没有制定防范措施不放过),组织对大事故及以上和认为必要的事故进行调查分析,制定防范措施,严肃认真处理。

2. 责、权、利的统一对等和规范原则

加强班组安全管理,保持班组安全的长期有序可控,首先要保证班组责、权、利的统一对等,明确班组在安全生产中的地位和作用;同时,确定统一考核标准,规范工作流程,奖罚分明。

(二)车站班组安全管理内容

1. 落实逐级负责制

逐级负责制要求除遇紧急、重大、特殊情况外,实行"逐级汇报、越级检查"的办法。并实行谁主管谁负责,旨在落实分工负责,是针对领导班子的;谁分管谁负责,旨在落实专业负责,是针对车间和机关干部的;谁的岗位谁负责,旨在落实岗位负责,是针对广大职工的。对安全问题,按其性质实行分层管理:车站领导班子,主要控制超前性、关键性、倾向性和具有全局性的问题;安全室,主要负责前沿性、基础性、达标性的问题;班组,主要负责岗位性、随机性的问题。

2. 实施安全百日考核

安全百日考核包括车站大百日考核、班组百日考核和个人岗位百日考核。实施的目的是要将安全工作的要求落实到每个车站、班组和岗位。

3. 细化干部的工作标准

(1)着力强化干部的责任意识。重点强化在安全上没有局外人的责任意识。

(2)狠抓干部的管理标准。要求各科室、各班组必须克服工作不细、作风不实、标准不高、管理不狠、责任不明、政令不畅、考核不严、奖惩不当的倾向。

(3)努力克服官僚主义、形式主义、好人主义及经验主义。

4. 严格职工的作业标准化

(1)深入开展标准化活动。对全站各工种的作业标准进行补充修订完善后,下发给职工,要求背熟,达到每项作业符合标准要求、并按标准用语进行作业的联系对话。对职工背标及用标的熟练程度须进行考核。

(2)规范表格及簿册的填写。车站将班组管家账、调度命令的规范样式及填写要求下发到各班组,要求车站值班人员每到一岗点必须查看表格及簿册的填写并签字。

五、乘客安全管理

轨道交通车站客流量大，一旦发生事故，如不能及时处理，由于乘客的慌乱，很有可能造成更大的事故发生。因此，对乘客进行安全管理，可在一定程度上减少或避免事故的发生，尤其是可以避免恶性事故的发生。

（一）规范乘客行为

乘客应严格遵守轨道交通安全法规有关规定。轨道交通运营管理部门应设立警示标志，对不能做的事情做出明确规定，如若乘客违反，车站工作人员应及时制止不安全行为，并进行说服教育，对情节恶劣且不听劝阻可按照相关规定进行处罚，要使受罚者受到教育，提高认识，并影响其他人员要规范自己的行为，不要以身试法。

由北京市人民代表大会常务委员会通过的《北京市轨道交通运营安全条例》（2015年5月1日起实施），该条例明确提出禁止下列危害轨道交通运营安全的行为。

（1）擅自进入轨道、隧道等高度危险活动区域。
（2）擅自进入控制室、车辆驾驶室等非公共区域。
（3）向车辆、维修工程车或者其他设备设施投掷物品。
（4）在轨道线路上放置、丢弃障碍物。
（5）在高架线路桥下空间、站前广场存放、使用有毒有害、易燃易爆危险物品。
（6）在通风亭周边排放粉尘、烟尘、腐蚀性气体。
（7）在保护区内烧荒、燃放烟花爆竹。
（8）在车站出入口、疏散通道内、闸机口滞留。
（9）强行上下车。
（10）在非紧急状态下动用紧急或者安全装置。
（11）在车站、车厢或者疏散通道内堆放物品、设置摊点等影响疏散的行为。
（12）攀爬、跨越护栏护网，违规进出闸机。
（13）在运行的自动扶梯上逆行。
（14）在车站、车厢内追逐、打闹或者从事滑板、轮滑、自行车等运动。
（15）在车站、车厢内乞讨、卖艺。
（16）在车站、车厢内派发广告等物品。
（17）其他危害轨道交通运营安全的行为。

（二）加大安全宣传教育力度

乘客在日常生活或工作中安全知识、经验等的积累对于轨道交通运输方式的安全意识的培养和提高能够起到积极的促进作用。但是，由于轨道交通的特点决定了其除了具有安全问题中共性的部分外，还具有自己个性的内容，因此，在其他方面的安全教育并不能代替轨道交通安全教育的作用。

相对于企业对职工进行的安全知识宣传、教育、培训，对乘客进行安全知识的宣传、教育难度要大一些，其原因是乘客的流动性较大，且乘客的安全文化水平参差不齐，对安全问题的认识程度良莠不齐，对乘客接受宣传教育的约束力也较小。这些困难决定了对乘客的安全知识宣传要做到时间上灵活，形式上丰富多样，内容形式上要充分体现科学性、趣味性、易读性，尽量避免枯燥的说教，这样将有助于降低乘客接受安全宣传的抵触情绪，提高其接受地铁安全宣传教育的主动性、积极性。例如，针对部分乘客对轨道交通车站安全问题关注度较低，或对站内其他乘客的不安全行为态度冷漠的现状，可以通过宣传教育，使人们用严肃的态度来对待安全问题，积极主动地参与到维护安全的活动中来，努力减少各类事故的发生。

相关案例

杭州地铁乘客守则

第一条 根据杭州市城市轨道交通运营管理办法（杭州市人民政府令第 268 号），制定本守则。

第二条 凡进入地铁车站（含出入口、通道）的人员须遵守本守则。

第三条 乘客乘坐地铁时应遵守社会公德，讲究文明礼貌，接受、配合地铁工作人员的管理和安全检查，共同维护乘车秩序和车站安全，并注意车站的运营通告。

第四条 乘客须持有效车票乘车，持票进入收费区后，须在 180min 内离开收费区，超过上述时限，按出闸站线网最高单程票价补交票款；车票金额不足时，乘客须补交超过部分票款。

第五条 无票或持无效车票乘车时，按出闸站线网最高单程票价补交票款；对使用伪造的优惠乘车证件、冒用他人优惠乘车证件乘坐列车的乘客，依据杭州市城市轨道交通运营管理办法进行处罚。

第六条 1 名乘客可免费带领 1 名身高 1.3m 以下（含 1.3m，下同）的儿童乘车，带领 1 名以上的乘客应另行购票；身高 1.3m 以下的儿童不得单独乘车。

第七条 为保证车站的秩序，乘客应自觉遵循出入车站、上下步梯时靠右行走的原则；搭乘自动扶梯时，应紧握扶手带，靠右站立。

第八条 搭乘自动扶梯时，同行人应照顾好儿童和老人，不得多人挤站在同一阶扶梯或在扶梯上奔跑、打闹。

第九条 行动不便者、学龄前儿童、精神病患者须在健康成人陪同下乘车，否则，由此导致的事故由其本人、家属或法定监护人承担相应责任。

第十条 乘客应提倡尊老爱幼、文明乘车的美德，主动给老、幼、病、残、孕，以及怀抱婴儿或者有其他需要的乘客让座和提供方便。

第十一条 乘客携带的物品重量不得超过 30kg，体积不得大于 0.15m^3，长、宽、高之和不得超过 1.8m，并不得影响其他乘客乘车。

第十二条 为保证乘车安全，乘客须配合车站工作人员的安全检查，严禁携带易燃、易爆、有毒、有放射性、腐蚀性等危险品及禽畜和猫、狗（盲人携带的导盲犬除外）等动物，以及易污损、有严重异味、无包装易碎、尖锐物品进站、乘车。

第十三条　乘客不得携带风筝、充气气球、自行车（有安全包装的折叠自行车除外），以及影响地铁运营秩序和危及乘客人身安全的物品进站、乘车。

第十四条　禁止赤脚、赤膊、醉酒者、烈性传染病患者或健康状况危及他人安全者进站、乘车。

第十五条　乘客应自觉保持地铁车站、车厢内的环境卫生，维护公共秩序，禁止下列行为：

（一）擅自在车站内摆摊设点，擅自在车站或列车内兜售或派发物品、报纸、广告、宣传品等；

（二）在列车内进食；

（三）在车站或列车内吸烟、随地吐痰、便溺、吐口香糖及乱扔果皮、纸屑、包装物等；

（四）在车站或列车及其他地铁设施上乱涂写、乱刻画、乱张贴、乱悬挂物品等；

（五）踩踏车站或车厢内座席；

（六）在车站或列车内躺卧、乞讨、卖艺及歌舞表演等；

（七）在车站或列车内使用滑板、溜冰鞋；

（八）在车站或列车内大声喧哗、嬉戏、悬吊、打闹、打架等行为；

（九）影响地铁公共秩序、公共场所容貌、环境卫生的其他行为。

第十六条　上车的乘客在车门两侧候车，下车的乘客从车门中部下车；候车时，禁止倚靠屏蔽门；上下列车时，应注意站台间隙；车门开启、关闭时，不得触摸车门和屏蔽门；列车车门蜂鸣器响、车门及屏蔽门警示灯亮时，乘客不得强行上下车；车到终点时，乘客须带齐行李物品全部下车，严禁在车厢或车站内逗留。

第十七条　正确使用地铁车站的自动售检票机、自动查询机、自动扶梯及其他设施、设备；因乘客不当行为造成的设备损坏，须赔偿相应的损失。

第十八条　乘客不得在非紧急情况下擅自动用紧急或安全应急装置。

第十九条　遇地铁客流量激增，严重影响运营秩序，可能危及运营安全时，乘客应配合运营单位临时限制客流的工作。

第二十条　在地铁范围内发生意外情况时，乘客应保持冷静，服从车站工作人员的指挥；需要紧急疏散时，乘客须在工作人员的指引或广播的提示下，有序疏散。

第二十一条　乘客因自身健康问题或故意、过失造成自身伤害事故等行为，由其自行承担责任；因乘客原因造成地铁运营损失或伤害他人的行为，由其承担相应责任。

第二十二条　乘客应当自觉遵守地铁线路运营单位有关票务、安全等方面的服务须知，接受、配合地铁车站的安全检查，听从地铁工作人员的指挥；发生纠纷时，可向地铁工作人员反映，但不得影响地铁的正常运营。

第二十三条　乘客违反城市轨道交通运营管理办法（中华人民共和国建设部令第140

号）和杭州市城市轨道交通运营管理办法的，按照有关规定予以处罚。

第二十四条 本守则自 2012 年 10 月 1 日起施行。

第二十五条 本守则由杭州市交通运输局负责解释。

任务三　城市轨道交通车站大客流组织

学习任务

1. 城市轨道交通车站客流组织的内容。
2. 城市轨道交通车站客流组织的原则。
3. 城市轨道交通车站客流组织的影响因素。
4. 城市轨道交通车站大客流组织管理。

学习目标

1. 了解城市轨道交通车站客流组织的内容和原则。
2. 了解城市轨道交通车站客流组织的影响因素。
3. 了解大客流的定义、分类及特点，掌握车站大客流控制等级和控制措施。

基础知识

轨道交通车站客流组织是轨道交通运营管理的重点，当车站出现大客流、或某条线路发生延误、运能不足导致车站大客流事件时，需要客流组织及行车组织的相互配合，确保轨道交通安全运营与乘客人身安全。

一、车站客流组织的基本内容

轨道交通是一个大容量的快速运输系统，主要是通过合理的、科学的客流组织来完成其大容量的客运任务。客流组织是通过合理布置客运相关设备、设施，以及对客流采取有效的分流或引导措施，来组织客流运送的过程。乘客乘坐地铁流程图如图 5.3 所示。

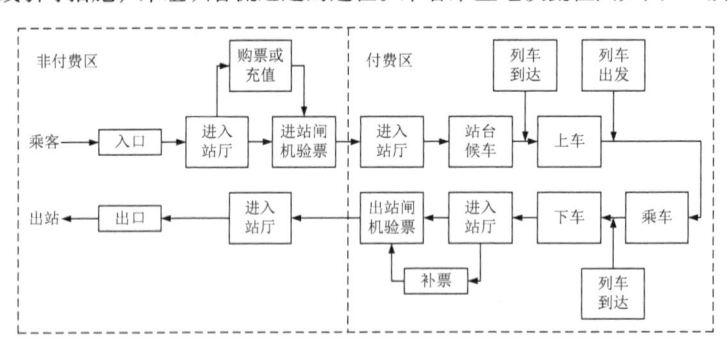

图 5.3　乘客乘坐地铁流程图

城市轨道交通线路的走向一般都是客流集中的交通走廊，连接着重要的客流集散点，如铁路车站、汽车客运站、航空港、航运港等交通枢纽、大型工业经济活动中心、体育场、博览会、大剧院等重要活动中心及规模较大的住宅区等。正因为如此，某些特殊车站会不定期的遇到大客流。为保证乘客的安全和正常的运营秩序，车站客流组织方面应备有完善的运营组织方案和措施。

城市轨道交通系统的客流组织主要是指经过其车站的设备、设施和空间的分析，根据一定客流预测方法计算得到的城市轨道交通车站在未来某个时间段的进出车站乘客数量，制订符合车站实际情况的乘客进站、乘车（或换乘）、下车、出站疏导和指引的方案，以及根据方案进行的车站行车、票务和人员组织。因此，城市轨道交通车站客流组织的主要内容包括：车站售检票、车站导向标志、车站自动扶梯、隔离护栏等设施的设置，以及车站广播的导向、售检票数量的配置、工作人员的配备、应急举措等。

二、车站客流组织的基本原则

（1）以确保乘客安全为根本原则。当站内设施设备的实际负荷超过其承载能力，或车站服务水平低于乘客所能接受的范围时，为了保证乘客安全及车站服务水平，对进站客流或换乘客流规模采取一定的大客流组织，避免拥挤，便于大客流发生时能及时疏散。

（2）科学合理的设计乘客流向，在轨道交通站台、楼梯、大厅处尽量减少客流相互交叉和对流，并合理的设计标线，要有醒目的标志提醒乘客在楼梯和扶梯上尽量靠右站立和行走，有秩序的上下车，避免产生拥挤。

（3）在客流容易混行的区域，如大厅或楼梯等处，须设置必要的安全线或栅栏隔离，以免流向不同的乘客互相干扰。

（4）随时掌握客流变化规律，经常统计分析客流量，注意恶劣天气或者特殊节假日期间客流的变化，随时监视客流的骤变，同时密切注视乘客的安全状况。

（5）工作人员要引导乘客在换乘通道单向流动。避免大客流在换乘通道因为双向行走造成大客流相互冲击，引发交通秩序混乱。

（6）完善统一导向标志系统，准确快速地分散客流，避免乘客交叉聚集和拥挤。

（7）尽量为乘客提供方便，减少进出站和换乘时间及距离。

（8）建立一套完善的突发事件应急指挥系统，对客流组织和突发事件进行统一调度、统一安排、统一指挥。

三、车站客流组织的影响因素

不同类型的车站，其客流组织内容有着较大的区别。例如，中、小型车站的客流组织比较简单，而大型车站和换乘车站的因客流较大、客流方向比较复杂，其客流组织也比较复杂。侧式站台的车站容易将不同方向的客流分开，但是不利于乘客的换乘，售检票设置较分散，不利于车站集中管理；而岛式站台的优缺点正好和侧视站台相反。因此，在编制车站的具体客流组织方案时，不能以偏概全，要有区别对待，不同的车站应有不同的客流组织方案，做到一站一预案。一般情况下，城市轨道交通车站客流组织影响因素主要包括以下几个方面。

(一)车站出入口及通道

车站出入口及通道的数量、规模和位置,应根据车站进出客流的方向和数量确定。从运输安全和消防疏散的角度考虑,每个车站都必须保持开通 2 个以上的出入通道。且在设计时,为了保证车站通道一定的通过能力,通道的最小宽度不得小于 2.5m。轨道交通车站 1m 通道每小时通过人数设计参数见表 5.1。

表 5.1　轨道交通车站 1m 通道每小时通过人数设计参数

设施部位名称		每小时通过人数
1m 宽通道	单向	5000
	双向混行	4000
1m 宽自动人行道		9600

(二)站厅

通常情况下,城市轨道交通车站的站厅分为付费区和非付费区。根据客流组织经验,站厅容纳率一般为 2~3 人/m^2。

(三)站台

站台主要供列车停靠时乘客上下车使用。根据实际客流组织经验,站台容纳率一般为 2~3 人/m^2。

(四)通道通过能力

一般以线路远期规划客流设计通道通过能力。以深圳地铁车站的客流组织为例,根据其经验和客流数据调查,当单向通行时,每米净宽通道通过能力达到 70~85 人/min;当双向通行时,每米净宽通道通过能力达到 50~65 人/min。

(五)乘降设备通过能力

乘降设备通过能力一般指楼梯、自动扶梯的通过能力,是根据客流数据进行调查和计算。例如,深圳地铁车站的楼梯、自动扶梯通过能力见表 5.2。

表 5.2　深圳地铁车站的楼梯、自动扶梯通过能力(人/min)

沉降设备	通过能力	沉降设备	通过能力
楼梯单向向上	60~70	楼梯双向	45~60
楼梯单向向下	50~65	自动扶梯	100~120

(六)自动售检票及检票设备通过能力

以天津地铁的自动售票机及检票设备为例,其自动售票及检票设备通过能力见表 5.3。

表 5.3　天津地铁车站的自动售票机及检票设备能力（人/min）

条　件	自动售票机	进　闸　机	出　闸　机
引导充分时	3～4	12～15	12～15
乘客自助时	1～2	8～9	8～10

（七）列车运行能力

列车运行能力是影响大客流运营组织最主要因素，而影响列车运行能力的两大因素则是行车密度和车辆荷载。一般列车最大输送能力是以考察乘客不愿意再上车而等待下列车的车辆荷载。例如，深圳地铁一般认为车辆上乘客达到 6 人/m^2 时为满载，达到 9 人/m^2 时为超限的极限值。而天津地铁因为采用的车型不一样（为 B 型车），车体宽度为 2.8m，列车行车组织为 4、6 节混跑模式，车厢内达到 6 人/m^2 时为满载，达到 8 人/m^2 时为超载。

根据国内城市轨道交通车站的实际客运组织情况和实际运营经验，车站通过能力的瓶颈主要体现在出入口、进出闸机，以及由站厅转到站台的自动扶梯口等处。而且在车站的客流组织过程中，只要控制好车站设备中的能力薄弱环节，就能做好车站的客流组织方案，组织好车站的客流。因此，做好城市轨道交通车站的设备通过能力分析，有利于提高城市轨道交通车站在大客流情况下客流组织效率。

四、车站大客流的组织管理

（一）大客流的定义

大客流是指城市轨道交通车站在某时段集中到达的客流量，超过车站正常客运设施或客运组织措施所能承担的客流量时的客流。

城市轨道交通系统的大客流一般都在大型文体活动散场时或重要节假日期间发生，主要表现为非常拥挤或极度拥挤、乘客流动速度明显减缓、客流交叉干扰严重等。因此，大客流对城市轨道交通系统乘客的出行会造成不利影响，对城市轨道交通系统的运营安全也造成较大的威胁。车站客流组织流程及大客流事件产生过程如图 5.4 所示。

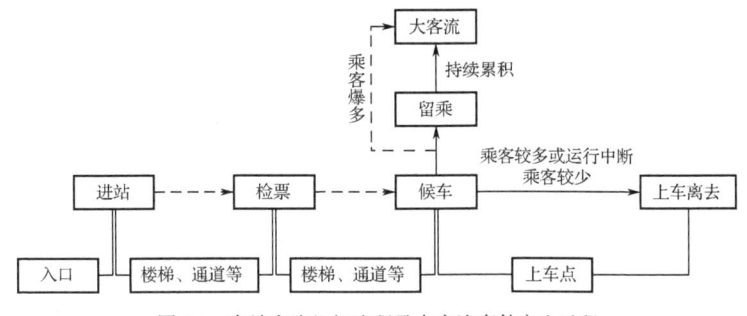

图 5.4　车站客流组织流程及大客流事件产生过程

（二）大客流的分类及特点

1. 大客流分类

大客流根据产生的原因，可分为可预见性大客流和不可预见性大客流两大类。

可预见性大客流有以下类型。

（1）早晚上下班高峰时段引发的车站大客流。

（2）节假日大客流，主要是指在国家法定的元旦、春节、清明节、劳动节、端午节、中秋节、国庆节期间市民出行及游客旅游等造成全线各站客流普遍大幅上升。

（3）大型活动大客流，主要指在地铁沿线附近举行的大型活动结束后，大量的乘客在较短时间内涌入地铁车站乘车，造成车站客流迅速上升。

（4）恶劣天气大客流，主要是指由于大雨、雪等恶劣天气对地面交通造成影响，使较多的市民乘坐地铁或进入地铁车站避雨、雪，造成地铁各个车站客流上升。

不可预见性大客流有以下类型。

（1）车站周边临时组织的大型活动。

（2）天气突变。

（3）地铁发生紧急事件，如地铁车站发生火灾、大面积停电、列车延误等事故时。

2. 大客流特点

可预见性大客流的特点如下。

（1）早晚上下班高峰时段车站大客流的特点：具有一定的规律，其持续时间及客流量因不同城市有所区别，离住宅、办公、商业区较近的车站会在上下班时段客流大幅上升。

（2）节假日大客流的特点：劳动节、国庆节是旅游、购物黄金周，大批游客的到来及市民在节假日期间出行购物、休闲等会使地铁的客流大幅上升，特别是商业区或旅游景点附近的车站，客流的冲击会很大；春节前后大批外地劳务人员返乡，将对铁路客运站和长途汽车站附近的地铁车站造成较大冲击，但春节期间的客流会相对稳定，不会有太大影响；元旦、清明、端午、中秋等节日的短假期，游客不会对地铁的客流变化产生较大影响，但市民出行、购物会给商业区附近的车站产生较大客流，同时使其他车站的客流也会比平常有所上升。

（3）大型活动大客流的特点：大型活动大客流主要是由购物休闲的乘客构成，在特定时间段（如大型活动结束后）客流会显著增加，一般都在周末举行，因大客流所发生的时间和规模大多可预见，且其持续的时间一般都会比较短，影响范围也有限，通常只对该活动地点附近的城市轨道交通车站影响较大。

（4）暑假大客流的特点：暑假大客流主要有购物休闲、旅游观光和放暑假的学生等乘客构成，每年 7、8 月间城市轨道交通车站的客流较平时有明显的增加，而且其大客流的高峰时段一般都集中在每日的 8：00~16：00 之间。

（5）恶劣天气大客流的特点：当出现大雨、雪等恶劣天气的时候，地面交通受到较大影响，很多市民会改乘地铁，造成车站客流普遍增大。此类客流对车站的冲击不会太大，但列车会比较拥挤，乘客上下车比较困难。

不可预见性大客流的特点如下。

不可预见性大客流的规模、时间长短等事前无法预测，没有一定的规律性，车站客流量在短时间内会急剧上升。对此，车站工作人员须迅速报告、灵活处理，并启动相关应急预案。

（三）车站的大客流控制基本方法

1. 车站大客流的控制等级

为确保车站客流组织有序进行，当车站客流规模达到一定程度时，应对车站内相应区域的乘客数量进行适当控制。车站客流控制可分为3个等级。

第一级：站台客流控制

当站台候车乘客数量达到一定规模时，为缓解客流拥挤程度，确保乘客安全和车站客流的有序组织，启动第一级客流控制措施。即在连接站厅与站台的通道或楼梯（或自动扶梯）口处设置控制点，通过采取设置隔离围栏、警戒绳及调整楼梯（或自动扶梯）通行方向等措施，控制进入站台候车的乘客数量。

第二级：付费区客流控制

若在站台客流控制模式下，客流仍有继续增大的趋势，则启动第二级客流控制措施。即在进站闸机处设置控制点，通过适时控制进站闸机的开放数量，减缓售检票速度，限制进入站厅付费区的乘客数量。

第三级：非付费区客流控制

若付费区客流控制仍不能有效缓解客流压力，则启动第三级客流控制措施。即在车站出入口处设置控制点，通过采取设置迂回的限流隔离栏杆、控制部分出入口单向使用（只出不进）或关闭部分入口等措施，减缓乘客进入车站的速度或限制进入车站的乘客数量。

2. 车站大客流的控制方法

为了能有序地组织好城市轨道交通车站的大客流，必须预先做好大客流组织方案，以指导车站的大客流组织工作。在正常客流情况下，车站客流组织相对容易。而大客流往往难以预测，有时会出现比预测还要大得多的客流，这时要以保证疏散客流安全为前提，尽快疏散客流，并采取客流控制措施，以避免混乱失控，主要可以采取的措施如下。

（1）人工引导客流。利用广播做好客流引导、安抚和宣传工作。增加售检票能力，事先准备足够多的车票，在出入口通道、站厅等处增加临时售票点，增设临时检票点来疏散大客流。把车站部分入站闸机调整为出站闸机模式，并打开边门加快乘客出站速度，不让客流在站台和站厅处停滞，保证客流疏散安全。车站还可以及时将通往站厅、站台的下行自动扶梯调整为上行模式，以延缓乘客进入车站的速度。

（2）采取临时疏散措施对客流方向进行限制。城市轨道交通车站可以进行两级疏导，即出入口、站厅的疏导，以及站厅、站台扶梯与站台的疏导，对站台、站厅、出入口采取逐级控制。根据车站临时检票位置的设置，安排车站人员在出入口、站厅处疏导，采取逐级控制，设置临时导向、警戒绳，限制客流的方向，保持通道的通畅和出入口、站厅客流的秩序，保证客流均匀上下扶梯和尽快上下列车，同时保证乘客在站台候车的安全。

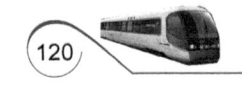

（3）加强监控。行车值班员通过闭路电视实时监控车站大客流的重点部位，并与现场负责人保持密切联系。必要时可以对其中某个出入口采取短时间限制客流进入车站的措施，以阻止部分客流进入车站，从而避免与车站客流形成对流。

值班员要持续向控制中心报告大客流实时组织情况。由于站台客流会太大，控制中心要根据车站值班员的报告，及时采取有效措施，可以安排后续列车间隔跳停相应车站，或者安排列车在该车站就近的折返线折返，以此增加通过车站的行车密度，减小列车行车间隔和提高车站的列车输送能力，以减轻站台客流对冲压力。

（4）延缓售票速度，关闭所有闸机，待站台客流明显缓解后再放行。关闭其中某个出入口，限制乘客进入车站，延长大客流疏散时间。

（5）联系安排公交接驳。根据事先制定的应急预案，联系公交企业，按照应急预案在规定地点进行乘客的疏散。

任务四　城市轨道交通车站安检管理

学习任务

1. 城市轨道交通车站安检工作的基本内容。
2. 车站安检工作的重要意义。
3. 车站安全检查人员的工作职责。
4. 车站安检管理工作的基本流程。
5. 车站安检工作的组织形式。
6. 车站安检管理措施。

学习目标

1. 了解城市轨道交通车站安检工作的基本内容。
2. 知道车站安检工作的重要意义。
3. 熟悉车站安全检查人员的工作职责。
4. 掌握车站安检管理工作的基本流程。
5. 理解车站安检工作的组织形式。
6. 熟知车站安检管理措施。

基础知识

根据轨道交通安全条例规定运营单位应当依法选择具有保安资质的单位从事安全检查工作，按照公安机关制定的标准和合同约定对安全检查单位实施管理。安全检查单位应当依照本条例规定对轨道交通进站乘车人员进行安全检查。

一、车站安检工作的基本内容

车站安检是进入地铁人员必须履行的检查手续，是保障乘客人身安全的重要预防措施。车站安检的内容主要是检查乘客及其行李物品中是否携带枪支、弹药、易爆、腐蚀、有毒放射性等危险物品,以确保地铁及乘客的安全。车站安检必须在乘客进站前进行,拒绝检查者不准进入地铁,情节严重者可转交至警方处理。车站安检一般有3种检查方法:一是X射线安检设备,主要用于检查乘客的行李物品;二是探测检查门,用于对乘客的身体检查,主要检查乘客是否携带禁带物品;三是磁性探测器,也叫手提式探测器,主要用于对乘客进行近身检查。

二、车站安检工作的重要意义

城市轨道交通系统是一个复杂的大系统,为有效控制安全风险隐患的多变性,建立长效的安全管理机制,须明确安全风险,落实危险源管控措施,从源头上预防和减少事故的发生,以确保行车安全、人身安全和设备安全,保障正常运营秩序。轨道交通车站由于其封闭性、人流密度大、运行的位置较特殊(地下或高架)等特性,安全性的保证更加重要。据上海市公安局轨道公交总队统计,自2014年1月以来至今共安检各类箱包、物品1.09亿包次,均100余万包次;查获各类违禁品、危险品7600余件,其中烟花鞭炮16.5万余响、汽油3.2升、酒精油漆350余升、管制刀具1900余把、仿真枪88支。如果没有安检的控制,那么这些易燃易爆品一旦进入地铁车厢,很容易产生不可估量的恶性后果。因此,地铁安检作为一道守护安全的屏障,其存在是十分必要的。

三、车站安全检查人员的工作职责

安全检查人员应当具备轨道交通运营安全基础知识,熟悉安全检查规章制度和安全检查设备设施操作规程,掌握相应的安全检查技能,经公安机关考核合格后方可上岗作业。

(一)安检人员实施安全检查应遵守的规定

(1)佩戴工作证件。
(2)文明礼貌,尊重受检查人。
(3)执行安全检查操作规程。
(4)不得损坏受检查人携带的合法物品。

(二)安检人员实施安全检查的工作要求

(1)禁止携带枪支弹药、弩、匕首等管制器具和爆炸性、易燃性、放射性、毒害性、腐蚀性等危险物质进站乘车。
(2)进入轨道交通车站的乘车人员都应接受并配合安全检查。
(3)对不接受安全检查的,安全检查人员应当拒绝其进站乘车。
(4)拒不接受安全检查并强行进入车站或者扰乱安全检查现场秩序的,安全检查人员应当制止并报公安机关依法处理。
(5)发现非法携带法律、法规规定的违禁物品的,安全检查人员应当按照规定处置并及时报告公安机关依法处理。

四、车站安检管理工作的基本流程

车站安检工作的基本流程是：引导、检查、定性、处理。车站安检工作流程图如图 5.5 所示。

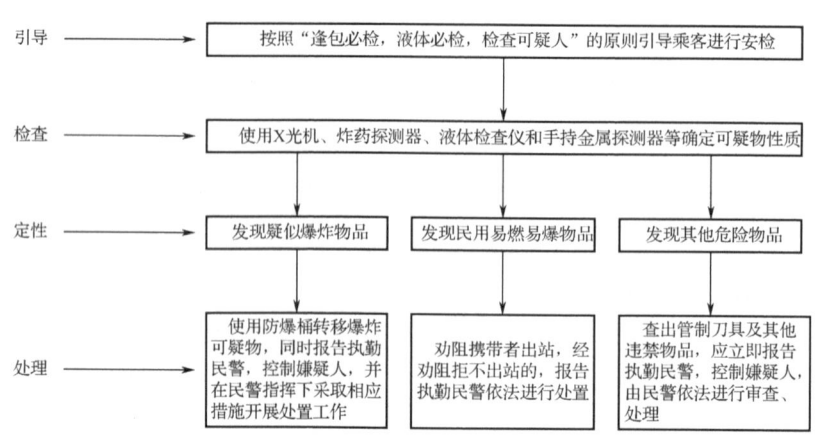

```
引导 ──→ 按照"逢包必检，液体必检，检查可疑人"的原则引导乘客进行安检

检查 ──→ 使用X光机、炸药探测器、液体检查仪和手持金属探测器等确定可疑物性质

定性 ──→ 发现疑似爆炸物品 ／ 发现民用易燃易爆物品 ／ 发现其他危险物品

处理 ──→ 使用防爆桶转移爆炸可疑物，同时报告执勤民警，控制嫌疑人，并在民警指挥下采取相应措施开展处置工作 ／ 劝阻携带者出站，经劝阻拒不出站的，报告执勤民警依法进行处置 ／ 查出管制刀具及其他违禁物品，应立即报告执勤民警，控制嫌疑人，由民警依法进行审查、处理
```

图 5.5　车站安检工作流程图

（一）引导

乘客进站后，由安检指示引导牌和安检工作人员引导至安检区域接受安检。

（二）检查

（1）对于携带行包的乘客，使用通道式 X 光机对乘客行包及其随身物品进行检查。

（2）可疑行包被送至开包台，同时扫描的 X 射线图像将被传送至复检区域的开包查验站，用以对比嫌疑行包的 X 射线图像进行开包检查。

可疑行包由安检工作人员在开包台使用炸药探测器对其进行复检。

（4）对于可疑液体，使用液体检查仪进行检查。

（5）安检人员使用手持金属探测仪对可疑乘客实施抽查。

（三）定性

根据检查结果对可疑物品进行定性。

（四）处理

根据检查定性结果，按规定执行相关处理。

五、车站安检工作的组织形式

从安检级别方面划分，安检由高到低可以分为常检、轮检和抽检。常检即全面安检，在全面安检的前提下，依据设置安检设施的位置，安检又可以分为"乘车安检"和"进站安检"。下面主要分析探讨乘车安检和进站安检两种组织形式。

（一）乘车安检

乘车安检，即入站闸机处安检，是指在每一组进站闸机配套设置一处安检设施的安检组织形式。

1. 乘车安检的优点

1）节省成本

地铁车站闸机分布相对集中，一般以组团形式分布，标准站进站闸机通常不多于2组，因此只要设置不超过2处的安检设施，相比进站安检需要更多安检设施和工作人员投入，乘车安检可以节省大量成本。

2）组织简便

乘车安检所需安检设施数量少，一般只需两处，它以进站闸机为依托组织，在入站闸机处使用伸缩围栏设置引导即可，组织起来简单方便。

3）符合客流组织的原则

地铁车站客流组织原则坚持"由内至外"的原则，乘车安检仅在车站的入站闸机处开展，利用地铁通道过街的乘客可以不通过安检快速出站，便于分散客流。同时，不占用出入口外侧或连通物业处的空间，对车站周边影响小。

4）减少乘客票务违规

乘客在入站闸机处接受安检，将乘客的进站行为置于安检人员的监督之下，在一定程度上减少了违规使用学生卡、并闸、跳闸等票务违规行为的发生概率，避免了这一部分票务收益的流失。

5）有利于现场监控

地铁进站闸机处，一般都有固定摄像头覆盖，将安检过程置于车站摄像头监控范围内，便于对安检现场的监管。监控录像记录下乘客接受安检的情况、安检员的工作情况。如果发生异常状况，车站能够对现场情形有一个直观的了解，为处理因安检产生的纠纷及突发事件提供依据和保障。

2. 乘车安检的缺点

（1）可能造成闸机处人员拥堵。

在客流量比较大的车站，尤其是在高峰时段，由于安检，大量乘客滞留在站厅非付费区进站闸机处，给地铁车站非付费区的客流组织造成一定压力。

（2）影响车站客流流向和闸机进站通过能力。

（3）影响客流组织的灵活性。

对于站厅非付费区面积相对较小而客流量又比较大的车站而言，安检设施的设置加剧了站厅使用空间不足的状况，对车站客流组织灵活性造成影响。

（4）安全系数相对较小。

入站安检是对刚进站的所有乘客进行安全检查，从而将安全隐患更大范围地排除在车站站厅以外，乘车安检却只针对已进入车站站厅范围并且有乘车需要的乘客开展，增加了站厅非付费区的危险系数。除此以外，非付费区进站闸机处人员的聚集也会使得不安全、

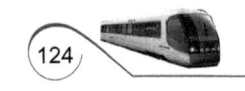

不稳定的因素增加，纵观国内外发生的多起安全事故，不法分子都是选择人员密集的场所实施犯罪活动。

（二）进站安检

进站安检，即出入口通道或通道与站厅连接处安检，是指在每一处，或是通过客流组织形式实现多处公用一处安检的方式，在出入口、通道或通道与站厅连接处设置安检设施的组织形式。

1. 进站安检的优点

（1）节省站内空间。进站安检在出入口、通道或通道与站厅连接处实施安检，节省了站内非付费区的空间，对车站内部空间影响相对较小。

（2）有利于第三级客流控制措施的实施。对于大客流车站，实施第三级客流控制时，车站可利用安检配合车站客流组织，减缓乘客通过速度。出入口关闭或实施单向通行措施时，安检力量可以配合车站进行客流控制。

（3）安全系数相对较高。乘车安检将潜在的安全风险控制在付费区以外，进站安检将潜在的安全风险控制在站厅非付费区以外，扩大了安全范围，大大增加了站厅的安全系数。

2. 进站安检的缺点

1）安检投入高

进站安检一般要求每个出入口、通道或通道与站厅连接处设置一处安检设施，而一般的地铁车站都拥有至少两个出入口，这就需要两套或两套以上的安检设施。如采用客流组织措施实现多个出入口公用一处安检设施的方式组织，则受站外或站厅空间所限，除相近出入口外，此种形式一般难以实施。因此，相比乘车安检，进站安检要投入更多的人力、物力成本。

2）要加建临时设施

在出入口安检，出于雨雪等恶劣气象因素考虑，在站外安检要加盖雨棚等大量配套的临时设施。另外，由于客流组织的需要，还要在站外安装围栏等对客流加以引导。

3）进站安检有空间要求

进站安检，要求出入口、通道和通道与站厅连接处有足够安置设备的空间，又要有不影响客流出站方向流动的空间。现代地铁运营越来越趋向于采用"地铁+物业"的模式，物业与地铁通道紧密连接，甚至直接连通地铁站厅。这样的结构往往导致中间地带的缓冲空间不足，给车站安检带来更大难度。

一般无固定站外、出入口处固定摄像头一般对准扶梯等关键部位，球形摄像机的监视范围是一定的，很难保证对安检区域的全天候覆盖，不利于对安检的监管及监控资料的保存和使用。

六、强化车站安检管理的措施

（一）开展主动安检宣传

充分利用广播、电视、电台、报纸、广告灯箱等媒介对地铁车站安检进行广泛宣传，让乘客知晓除易燃易爆等违禁物品外，还有哪些常见物品是不可以带进地铁车站范围的，并派发印有安全乘车及违禁物品内容的小册子，在车站出入口明显位置张贴宣传图片，营造自觉安检的良好氛围。普及安全乘车和紧急自救知识，规范乘客行为，提高乘客安全意识和自我防范能力。同时，让广大乘客充分了解到安检工作的重要性和必要性，了解安检工作人员的辛苦，进而对安检工作给予更多的理解和配合。

（二）合理选择安检组织形式

根据车站客流、布局特点选择适合的安检形式，灵活开展，及时发现并处理存在的安全隐患，使安检充分为运营服务。在安检实施过程中，乘客进站速度与安检流速是一对突出的矛盾。特别是住宅区周边地铁车站，早晚高峰客流人员高度密集，给安检带来较大难度，易形成乘客候检时间长、站内滞留等现象。具备条件的安检点应设立"优先安检通道"，对特殊人群（如孕妇、小学生、老年人）及未携带箱包的乘客应开辟专用通道，实施目测安检或在必要的情况下进行手检。这样既确保了快速通行，体现了"人性化"安检，又缓解了安检压力，有效解决了乘客滞留的问题。

（三）加强安检人员教育和培训

调查显示，实施全面安检以来，关于地铁车站的很大一部分投诉来源于安检。很多市民反映，安检员存在工作懈怠状况，工作不认真，与乘客发生冲突，这让原本愿意主动配合的乘客很不满。因此，安检员在上岗前必须接受专业的培训，主要对其开展地铁运营安全基础知识培训、安检工作流程培训、公共安全防范知识培训、突发事件应急处置培训、消防安全培训、客服礼仪培训等内容。由运营企业进行考核，考核合格后方可持证上岗。组织定期的抽查，不合格者必须重新接受培训，多次不合格者，给予劝退处理。同时，建立奖励制度，对查获重要可疑物、获得正面新闻报道或获得市民表扬的安检员给予奖励。

（四）采取科学的管理措施

安检科学管理措施的制定应更具主动性、科学性。首先，从安检原则、站点设置、设备人员配备、工作流程、安检级别、投诉受理渠道等方面对安检工作程序和标准逐一进行规范，并由权威部门授权发布。其次，明确安检与车站运营中需要相互配合的各个方面，并制定与车站应急预案相匹配的安检应急措施。再次，执行"安检常态化"以来，根据安检实际开展工作中暴露出来的种种问题，建议新线规划、设计、建设安装过程中充分考虑安检元素的存在。

相关案例

杭州地铁一号线安检禁带、限带物品规定

目的：为了保障地铁安全运营和乘客的生命财产不受损害，同时保障安检工作的顺利开展，特制定以下管理规定。

违禁品：下列物品严禁携带进站乘车。

一、枪支、军用或警用械具，如手枪、气枪、猎枪、运动枪、麻醉注射枪、样品枪、道具枪、发令枪、仿真枪、警棍、手铐、钢珠枪、催泪枪、电击器、手刺等。

二、爆炸物品，如子弹、炸药、雷管、导火索、导爆索、礼花弹、烟花、爆竹等。

三、管制刀具，如匕首、三棱刮刀、带有自锁装置的弹簧刀。

四、易燃易爆物品，如氢气、液化石油气、氧气、汽油、煤油、柴油、苯、酒精、油漆、香蕉水、松香油、固体酒精等。

五、毒害品，如氰化物、汞（水银）、剧毒农药等剧毒化学品，以及硒粉、苯酚、生漆等具有可燃、助燃特性的毒害品。

六、腐蚀性物品，如盐酸、硫酸、蓄电池等具有可燃、助燃特性的腐蚀品。

七、放射性同位素等放射性物品。

八、国家法律、法规规定的其他禁止乘客携带的物品。

如乘客违反以上规定，非法携带违禁品进入公共场所或者公共交通工具的，公安机关予以收缴，并按照《中华人民共和国治安管理处罚法》第三十二条规定，处五日以上十日以下拘留，可以并处500元以下罚款；情节严重，触犯刑律的，依法追究刑事责任。

危险品：下列物品属于影响轨道交通运输安全的危险品，限量携带乘坐轨道交通。

一、限带刀具：未拆封或日常生活用的水果刀、菜刀、剪刀、美工刀可以携带一把乘坐地铁。

二、限带酒类：白酒不得超过1000毫升（2斤），听装啤酒不得超过6听，红酒和黄酒不得超过6瓶；瓶装啤酒和散装白酒严禁携带进站乘车。

三、其他危险品：以下物品可限带2件以下乘坐地铁。

医用氧气袋（凭医院等有效证明、身份证明登记后可带）、皮革光亮剂、打火机（10cm以内）、硅胶、地板蜡、安全火柴、樟脑、仿真儿童玩具刀（木制和塑料制品）、表演和晨练用的金属用具，如宝剑（未开刃儿过的）等。

四、乘客携带的物品必须符合《杭州市城市轨道交通运营管理办法》和《杭州地铁乘客守则》中相关规定的要求，否则不得携带进站乘车。

杭州市公安局地铁公安分局
杭州杭港地铁有限公司

任务五　城市轨道交通车站防恐防暴

学习任务

1. 城市轨道交通恐怖袭击事件危险源。
2. 处置恐怖袭击事件的基本原则。
3. 恐怖袭击的应急处置方案。
4. 反恐防暴的主要措施。

学习目标

1. 知道城市轨道交通恐怖袭击事件危险源。

2. 理解处置恐怖袭击事件的基本原则。
3. 掌握恐怖袭击的应急处置方案。
4. 熟悉反恐防暴的主要措施。

基础知识

城市轨道交通车站具有"人流密集、建筑环境封闭、社会关注度高"等特点，极易成为暴力恐怖分子利用的"软肋"。随着城市化进程快速发展，各类诱发城市轨道交通恐怖袭击事件的因素明显增多，反恐防暴的形势更加严峻，给城市轨道交通反恐防暴工作增加了难度，提出了更高的要求。

一、城市轨道交通恐怖袭击事件危险源

（1）爆炸袭击。爆炸是最常见的恐怖袭击方式，并且在今后相当长的一段时间内，仍将是恐怖袭击活动的主要手段。爆炸活动主要表现在恐怖分子在地铁车站或列车内放置炸弹，伤害无辜群众，破坏公共设施，引起社会恐慌。例如，2005年7月，英国伦敦地铁车站发生的连环爆炸事件。

（2）纵火袭击。在城市轨道交通各自安全事故中，火灾的危害尤为严重。纵火行为一般表现为恐怖分子携带可燃物在地铁车站、列车车厢内故意放火，造成严重后果。例如，2003年发生在韩国大邱地铁的纵火案。

（3）生化及核辐射袭击。生化及核辐射袭击主要表现为不法分子利用有毒有害物质和放射性物质侵害人员和基础设施，造成环境污染等。例如，1995年，日本东京地铁发生了一起震惊世界的投毒事件，东京地铁三条线路共5列列车上散布沙林毒气，死伤惨重。

（4）其他袭击。恐怖分子在难以获得枪支和爆炸物的情况下，刀具和汽油等工具就成了他们的主要武器，这些工具看似简易，但其危害程度也不容轻视。例如，2014年发生在昆明火车站的暴力恐怖袭击事件，就是由不法分子手持刀具针对无辜乘客进行的砍杀事件。类似事件也极有可能出现在城市轨道交通车站中，产生恶劣影响。

二、处置恐怖袭击事件的基本原则

（1）统一指挥原则。在应急指挥机构领导和指挥下，各相关部门充分发挥职能作用，密切配合，妥善地开展各项防恐工作。

（2）减少损失原则。尽最大努力，最大限度地避免和减少人员伤亡、财产损失和社会影响，尽快恢复运营，维护公众生命和财产安全。

（3）快速响应原则。采取一切有效通信手段，尽快将信息向相关部门汇报，各部门快速反应，高效处理恐怖事件。

（4）平战结合原则。将防恐防暴和日常安全生产工作紧密结合起来，加强对设施设备的安全维护，同时不断完善应急预案，加强应急演练工作。

（5）预防为主原则。加强全员反恐防暴意识的教育，落实日常的安全防卫工作，完善对作业场所出入人员管理；加强对危险物品的检查，落实安全巡查制度。

三、恐怖袭击应急处置方案

发生恐怖袭击事件,事发车站要及时上报,通知地铁公安,请求救援。同时,做好自身防护,组织现有力量开展紧急救援,疏散乘客。

城市轨道交通空间封闭,通风效果差,纵火、爆炸等恐怖袭击容易使危害扩大,造成较大的生命和财产损失,纵火袭击的处理方案,如同车站火灾疏散方案,这里不再赘述。

车站接到被投放毒气信息的报警后,车站工作人员要保持冷静,迅速核实信息;对无法判别的不明物体,车站工作人员不要轻举妄动,迅速报告公司防恐工作组,请求专业人员进行排查。同时,车站要设置安全防护,隔离可疑区域,做好乘客稳定工作,避免出现慌乱;必要时组织清客、关站。

四、反恐防暴的主要措施

为减少甚至消除恐怖袭击对人民群众生命和财产造成的威胁,车站还是要树立安全意识,制定防范措施来防止恐怖袭击的发生。车站可采取的防范措施如下。

(1) 工作人员要认真履行岗位职责,按规定要求认真巡视站厅及各出入口,注意观察进站乘客的动态,发现可疑人员要对其进行询问并及时报告车站驻站民警。

(2) 车站工作人员应每天对车站进行全面检查,加强对墙角、垃圾桶等隐蔽部位的检查,发现可疑物品要及时通知车控室并引导乘客远离该区域,必要时设置安全防护。

(3) 车站工作人员应做好进站安检工作,乘客携带物品经检查确认为危险物品的,或不能完全确认但怀疑为危险物品的,立即封锁现场,并设置隔离带,由公安人员按专业程序处理,并做好乘客的疏散工作。

(4) 工作人员要密切留意乘客携带物品的情况,发现乘客带有可疑物品时要立即询问并做相应的检查,必要时制止其进站并及时通知车控室及驻站民警。

(5) 车站出入口或票亭显著位置应悬挂严禁携带"三品"进站乘车的标语或标志,并定期向乘客派发相关安全宣传材料。

(6) 车站工作人员应对进站施工人员携带物品进行检查,施工许可使用的氧气、乙炔及其他易燃易爆品应在施工完毕后及时带走,不能遗留在车站。

任务六 城市轨道交通车站运营事故案例

学习任务

1. 车站员工受伤事故案例。
2. 乘客落轨并被撞击的事故案例。
3. 车站运营设备事故案例。

学习目标

1. 学习城市轨道交通车站安全管理相关案例。

2. 掌握地铁车站运营事故处理的基本方法和技能。

案例及分析

案例1　车站广告灯箱脱落导致员工受伤事故

一、事故概况

2005年1月16日上午8：50，××地铁站值班站长按照规定对车站进行全面巡视，当巡视到车站B出入口右边的广告灯箱（灯箱编号：63）时，发现该灯箱没有上锁，且内面安装的光管处在通电工作状态。考虑到保障乘客安全，并节约用电，××地铁站值班站长将灯箱的电源切断。在操作过程中，灯箱上部四个固定的活页突然脱落，致使整个灯箱外盖（玻璃和铁框）砸落下来，该值班站长右手四个手指和左手手背受伤，头部被玻璃砸伤，玻璃碎片扎伤额头，头部流血。当时，整个灯箱外盖掉落后，把值班站长压倒在地，在保安员的帮助下，才得以脱身。

二、原因分析

（1）灯箱广告画脱落后整改的责任没有落实到位，车站报修后，迟迟没人处理，车站基于客运服务的要求，由车站人员负责去张贴掉落的广告画或将其撕下，导致事件发生。

（2）广告灯箱的安装质量存有问题，固定活页没有固定好，活页脱落致使打开外盖时，外盖整体掉落。

三、处理与整改措施

（1）建议对全线广告灯箱进行巡查和整改，特别是站台层灯箱，在活塞风作用下，易松脱，导致行车事故，应引起重视。

（2）明确责任接口，对灯箱广告画脱落，车站负责汇报，具体整改应由报业集团负责落实。

（3）建立限时修复机制，报业集团应明确责任人。对广告画脱落的灯箱，车站与相应责任人联系，在规定时间内修复。

案例2　上海地铁2号线发生乘客落轨并被撞击的事故

一、事故概况

2011年6月3日10：39，上海地铁2号线世纪大道站发生一起乘客落轨并被进站列车撞击的事故。当时落入轨道的是一名女性乘客，坠轨前站在由世纪大道开往广兰路方向的站台上。女子落轨后，虽然站务员及列车司机都做出反应，按下紧急制动开关，但列车仍然与女子发生碰撞。用地铁运营方一名工作人员的话来说，列车"越过了坠轨的地方"。

二、原因分析

（1）发生事故的车站都没有安装屏蔽门装置，仅安装了固定式的半身栏杆。没有做好安全防护工作。

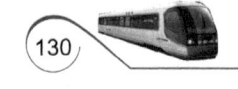

（2）地铁运营方曾表示，由于上海地铁2号线部分地下车站采用了开放式的通风系统，因此，隧道本身就是通风系统的一部分，如果加装屏蔽门会导致通风不良等情况发生。

三、处理与整改措施

（1）安装屏蔽门于地铁、轻轨等交通车站站台边缘等处，将车站站台与行车隧道区域隔离开，可有效防止人员跌落轨道产生意外事故，为乘客提供舒适、安全的候车环境，提升地铁服务水平。

（2）屏蔽门的安装，降低了车站空调通风系统的运行能耗；同时减少了列车运行噪声和活塞风对车站的影响。

案例3　北京地铁4号线电扶梯逆行事故

一、事故概况

2011年7月5日9时36分，北京地铁4号线动物园站自动扶梯发生设备故障，本来上行的电扶梯突然静止，又变成下行，且速度不断加快，导致正在乘坐电扶梯的乘客摔倒挤压，事故造成一名13岁男孩死亡，30人受伤，其中2人重伤。

二、原因分析

（1）导致本次事故发生的原因是由于事故扶梯从双主机到单主机的设计变更，未进行载荷设计核算，构成设计缺陷。

（2）螺栓长度和螺栓附着面加工不符合设计要求，制造存在缺陷。

（3）主机固定螺栓松动、安全保护装置调整不正确，日常保养不符合要求。在扶梯运行过程中驱动主机固定螺栓发生断裂，造成主机颠覆，驱动链条脱落，梯级失去上行动力逆向下滑，辅助制动器开关未正常启动。

三、处理与整改措施

（1）加强监管力度，保养到位。

（2）加强员工安全培训，吸取教训，提高员工安全意识。

（3）加大考核力度，对影响乘客安全运营的设备必须从严管理。

案例4　误送电导致设备烧毁事故

一、事故概况

某日，区间泵房1号水泵出现故障报警，当班电工甲分开电源开关，和乙前往检查维修。到了下班时仍没修好，甲和乙没有将电源线进行包扎处理和防护就返回车站，由于接班的丙和丁未按时到车站接班，甲和乙没交班便下班了。丙和丁到车站后，发现区间泵房1号水泵电源开关在分位，又没有挂"有人工作，禁止操作"标志牌，以为是跳闸，便随手合闸送电，开关立即跳闸，经检查，1号水泵烧毁。

二、原因分析

（1）甲分开电源开关检修水泵时，没有按规定挂"有人工作，禁止操作"标志牌，在没修好水泵的情况下，没有做好防护，没有将故障检修情况交给下一班，是造成本事故的主要原因。

（2）丙和丁看到电源开关在分位时，没有查清楚是什么原因，就合闸送电，是造成本事故的直接原因。

（3）员工安全意识淡薄，劳动纪律不强，没有执行交接班制度，没有将故障及处理情况记录在交接本上，没有将没完成且不具备送电使用的情况交给下一班。

三、处理与整改措施

（1）按"四不放过"原则分析事故原因，吸取教训，举一反三，杜绝违章违纪行为。

（2）加强业务和安全教育，增强员工的安全意识，检修作业时要严格落实技术措施和安全组织措施。停电检修时要挂"有人工作，禁止操作"标志牌，并做好安全防护。

（3）强化劳动纪律，按规定做好交接班工作，交班时要将发现的故障隐患、故障处理情况和未完成的工作交给下一班。

（4）部门、车间要加强作业安全和劳动纪律的检查，防止类似事故发生。

任务七　城市轨道交通车站安全管理综合能力实践

一、教师工作活页

实践项目教师工作活页　　　　NO：_____

实践项目	城市轨道交通消防安全管理综合能力实践		
学　　时	2	班　　级	略
教学环境	多媒体教室或轨道交通综合实验室		
工具设备	多媒体设备课件、图片、示教板、计算机多媒体设备等		
教学目标	专业能力	（1）能说出城市轨道交通车站安全管理的基本内涵； （2）能说出城市轨道交通车站运营管理业务范畴； （3）能说出城市轨道交通乘客安全管理要点； （4）能说出城市轨道交通车站大客流组织基本原则和影响因素处理流程； （5）能说出车站安全检查人员的工作职责； （6）能说出车站安检管理工作的基本流程； （7）能说出城市轨道交通恐怖袭击事件危险源类型； （8）能说出掌握恐怖袭击的应急处置方案； （9）掌握地铁车站运营事故处理的基本方法和技能。	
	方法能力	（1）能综合运用专业知识，通过利用专业书籍、多媒体课件和图片资料获得帮助信息； （2）能根据项目学习任务确定方案，从中学会表达及展示活动过程和成果。	
	社会能力	（1）能在教学活动中保持积极向上的学习态度； （2）能与小组成员和教师就学习中的问题进行交流和沟通； （3）能与他人共享学习资源，具有较好的合作能力和团队协作精神。	

续表

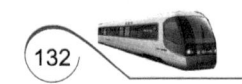

教学活动	略（详见教学活动设计）。
教学评价	学生活动：① 以5～8人小组为单位开展实践教学活动，根据本组同学在实训过程中的能力表现及结果进行自评及组内互评；② 根据其他小组同学在成果展示活动中的表现及结果进行互评。 教师活动：① 教师组织学生开展评价活动和总结；② 对学生本项目学业成绩做出综合评价。
教学资料	（1）城市轨道交通安全管理教材； （2）城市轨道交通消防安全法规制度等参考书； （3）实践项目学生学习活页（附页）。
指导教师	教学时间　　　　　　年　　月　　日

二、实践项目学生学习活页

实践项目学生学习活页　　　　　　　　　　　　　　NO：_____

实践项目2　城市轨道交通消防安全管理综合能力实践

班级：_____　姓名：_____　学号：_____　时间：_____

一、能力目标

1. 专业能力目标

（1）能说出城市轨道交通车站安全管理的基本内涵；
（2）能说出城市轨道交通车站运营管理业务范畴；
（3）能说出城市轨道交通乘客安全管理要点；
（4）能说出城市轨道交通车站大客流组织基本原则和影响因素处理流程；
（5）能说出车站安全检查人员的工作职责；
（6）能说出车站安检管理工作的基本流程；
（7）能说出城市轨道交通恐怖袭击事件危险源类型；
（8）能说出掌握恐怖袭击的应急处置方案；
（9）掌握地铁车站运营事故处理的基本方法和技能。

2. 方法能力目标

（1）能综合运用专业知识，通过利用专业书籍、多媒体课件和图片资料获得帮助信息；
（2）能根据项目学习任务确定方案，从中学会表达及展示活动过程和成果。

3. 社会能力目标

（1）能在教学活动中保持积极向上的学习态度；
（2）能与小组成员和教师就学习中的问题进行交流和沟通；
（3）能与他人共享学习资源，具有较好的合作能力和团队协作精神。

二、知识总结

1. 简述城市轨道交通车站安全管理的意义。

2. 简述城市轨道交通车站运营人员基本配置。

3. 简述城市轨道交通车站班组安全管理主要内容。

续表

    4. 简述城市轨道大客流的定义、分类及特点。

    5. 简述车站遭遇恐怖袭击事件的处置原则。

    6. 简述地铁车站安检工作的组织形式。

三、运用实践
    1. 说出城市轨道交通车站值班站长岗位安全管理工作职责。

    2. 画出车站安检工作流程图。哪些物品严禁携带进站乘车?

    3. 常见恐怖袭击手段有哪些? 应如何应对?

    4. 请描述乘客物品掉落轨道应如何处理。

    5. 请描述突发大客流应如何应对。

四、活动小结
_____
_____

五、成绩评定
    1. 学生评价

评价等级	A—优	B—良	C—中	D—及格	E—不及格
学生自评					
组内互评					
他组互评					

续表

2. 教师评价

评价等级	A—优	B—良	C—中	D—及格	E—不及格
专业能力					
方法能力					
社会能力					
评价结果					

3. 综合评价

评价等级	A—优	B—良	C—中	D—及格	E—不及格
评价结果					

注：按照学生自评占10%、组内互评占10%、他组互评占20%、教师评价占60%的比例计分。其中，A—100分，B—85分，C—75分，D—60分，E—50分。

4. 评价量规

等　级	行为表现描述
A	能圆满高效地完成实践任务的全部内容
B	能顺利完成实践任务的全部内容
C	能完成实践任务的全部内容，但需要一些帮助和指导
D	自己只能完成实践任务的部分内容，但在现场的指导下，已经能完成任务的全部内容
E	不能完成实践任务的全部内容

安全小贴示

地铁防范恐怖袭击常识问答

一、常见的恐怖袭击手段

1. 常规手段

（1）爆炸。

① 爆炸恐怖袭击，如炸弹爆炸、汽车炸弹爆炸、自杀性人体炸弹爆炸等。

② 枪击恐怖袭击，如手枪射击、制式步枪或冲锋枪射击等。

（2）劫持，如劫持人、劫持车、船、飞机等；

（3）破坏，如纵火破坏及破坏电力、交通、通信、供气供水设施等。

2. 非常规手段

（1）核与辐射恐怖袭击：通过核爆炸或放射性物质的散布，造成环境污染或使人员受到辐射照射。

（2）生物恐怖袭击：利用有害生物或有害生物产品侵害人、农作物、家畜等。

（3）化学恐怖袭击：利用有毒、有害化学物质侵害人、城市重要基础设施、食品与饮用水等。

（4）网络恐怖袭击活动：利用网络散布恐怖袭击、组织恐怖活动、攻击计算机程序和信息系统等。

二、如何识别恐怖嫌疑人

实施恐怖袭击的嫌疑人脸上不会贴有标记，但是会有一些不同寻常的举止行为可以引起我们的警惕，例如：

（1）神情恐慌、言行异常者。

（2）着装、携带物品与其身份明显不符，或与季节不协调者。

（3）冒称熟人、假献殷勤者。

（4）在检查过程中，催促检查或态度蛮横、不愿接受检查者。

（5）疑似公安部门通报的嫌疑人员。

三、如何识别可疑爆炸物

在不触动可疑物的前提下：

（1）看。由表及里、由近及远、由上到下无一遗漏地观察，识别、判断可疑物品或可疑部位有无暗藏的爆炸装置。

（2）听。在寂静的环境中用耳倾听是否有异常声响。

（3）嗅。例如，黑火药含有硫黄，会放出臭鸡蛋（硫化氢）味；自制硝铵炸药的硝酸铵会分解出明显的氨水味等。

四、爆炸物可能放置在公共场所什么地方

（1）标志性建筑物或其他附近的建筑物内外。

（2）重大活动场合，如大型运动会、检阅、演出、朝拜、展览等场所。

（3）人口相对聚集的场所，如体育场馆、影剧院、宾馆、运动员村、商场、超市、车站、机场、码头、学校等。

（4）行李、包裹、食品、手提包及各种日用品之中。

（5）宾馆、饭店、洗浴中心、歌舞厅及其易于隐蔽且闲杂人员容易进出的地点。

（6）各种交通工具上。

（7）易于接近且能够实现其爆炸目的的地点。

五、发现可疑爆炸物怎么办

（1）不要触动。

（2）及时报警。

（3）迅速撤离。疏散时，有序撤离，不要互相拥挤，以免发生踩踏造成伤亡。

（4）协助警方的调查。目击者应尽量识别可疑物发现的时间、大小、位置、外观，有无人动过等情况，如有可能，用手中的照相机进行照相或录像，为警方提供有价值的线索。

六、在地铁内遇到纵火恐怖袭击怎么办

（1）沉着冷静，及时报警。可以用自己的手机拨打119，也可按下车厢内的紧急按钮，条件允许时用车厢内灭火器灭火自救。

（2）如果火势蔓延迅速，逃至相对安全的车厢，关闭车厢门，防止蔓延，赢得逃离时间。

（3）列车到站时，听从工作人员指挥撤离。

（4）如停电，可按照应急灯的指示标志有序逃生，注意要朝背离火源的方向逃生。

（5）若车门打不开，可利用身边的物品击打破门。同时，将携带的衣物、纸巾沾湿，捂住口鼻，低身逃离；一旦身上着火，可就地打滚或请他人协助用厚重的衣物压灭火苗。

七、在地铁内发生爆炸怎么办

（1）迅速按下列车紧急按钮，使司机在监视器上获取报警信号。

（2）依靠车内的消防器材进行灭火。

（3）列车在运行期间，不要有拉门、砸窗、跳车等危险行为。

（4）在隧道内疏散时，听从指挥，沉着冷静、紧张有序地通过车头或车尾疏散门进入隧道，向邻近车站撤离。

（5）寻找简易防护物，如衣服、纸巾等捂鼻，采用低姿势撤离。视线不清时，手摸墙壁撤离。

（6）受到火灾威胁时，不要盲目跟从人流相互拥挤、乱冲乱摸，要注意朝明亮处，迎着新鲜空气跑。

（7）身上着火不要奔跑，就地打滚或用厚重衣物压灭。

（8）注意观察现场可疑人、可疑物，协助警方调查。

（9）在平时乘坐地铁时要注意熟悉环境，留心地铁的消防设施和安全装置。

八、在地铁上遇到枪击怎么办

（1）快速掩蔽。要快速蹲下，尽可能背靠车体，或者趴下，不要随意站起走动。

（2）及时报警。通过每节车厢紧急报警按钮进行报警。

（3）快速撤离。判明情况后，快速撤离到较为安全的车厢内；等车到站后，迅速下车撤离，注意在车门和出站口避免拥挤，听从站台工作人员指挥，按顺序撤出；如果车辆中途停在隧道内，不要急于破窗跳车，以免出现其他伤害。

（4）自救互救。到达安全区后，检查是否受伤，发现受伤及时进行自救互救，等待救援。

（5）事后协助。向警方提供现场信息，协助警方调查。

思考与练习

1. 什么是车站安全管理？
2. 城市轨道交通车站安全管理主要包括哪几个方面？

3. 做好城市轨道交通车站安全管理的意义体现在哪些方面？
4. 增强人员安全意识的主要途径主要有哪些？
5. 针对城市轨道交通车站的大客流，可以实施哪些组织措施以维护车站安全？
6. 试述车站可能发生的恐怖袭击事件。
7. 简述防止恐怖袭击发生的预防措施。
8. 城市轨道交通车站进行危险源辨识的方法和步骤包括哪些？
9. 城市轨道交通车站目前的安检组织形式有哪些？你觉得可以在哪些方面进行提升？
10. 请举例说明相关城市轨道交通车站运营事故案例，阐述学习心得。

项目六 城市轨道交通消防安全管理

教学目标

通过本项目教学,使学生了解城市轨道交通消防安全管理基本性质,理解城市轨道交通消防基本概念,掌握城市轨道交通消防安全管理基础知识;知道城市轨道交通消防设施及使用要求;熟悉地铁火灾事故的救援与处理的程序;掌握地铁火灾事故的救援与处理基本方法和技能。

知识要点

1. 城市轨道交通消防安全管理工作基础。
2. 城市轨道交通消防设施及使用。
3. 地铁火灾事故的救援与处理。
4. 地铁火灾安全逃生技巧与方法。
5. 城市轨道交通消防安全管理案例。

任务一 城市轨道交通消防安全管理基础

学习任务

1. 城市轨道交通消防安全管理基本概念。
2. 城市轨道交通消防安全事故的类型。
3. 城市轨道交通消防安全事故的预防。
4. 城市轨道交通消防安全的管理措施。

学习目标

1. 理解城市轨道交通消防的基本概念。
2. 知道城市轨道交通消防安全事故的类型。
3. 了解地铁火灾事故的原因与特点。
4. 地铁火灾危险源的控制。
5. 掌握城市轨道交通消防安全的管理措施。

基础知识

城市轨道交通的消防安全管理是城市轨道交通安全管理重要内容。由于城市轨道交通大部分系统整体位于地下,包括区间隧道、站台、站厅及设备管理用房等,其内部空间大,与外界连通的开口相对较少,只有少量的通风井和车站的出入口与外界直接连通。一旦发生火灾等事故，损失往往十分严重。

一、城市轨道交通消防的基本概念

（一）防火分区

防火分区是指采用具有一定耐火能力的分隔设施（如楼梯、墙体等）划分出的、能在一定时间内防止火灾向同一建筑的其余部分蔓延的局部区域（空间单元）。

防火分区设置的目的：有效地控制火灾发生的范围，同时便于人员疏散，消防救援。

防火分隔物分为固定和活动式两类。固定式包括内外墙体、楼梯、防火墙等；活动式包括防火门、窗、卷帘、防火水幕等。

（二）疏散通道

疏散通道是指疏散时人员从房间内至房间门，或从房间门至疏散楼梯或外部出口等安全出口的室内通道，包括从站台疏散至站厅、站厅到出口，公共区域至非公共区域。

车站火灾救火的第一原则是保护生命安全。

（三）消防联动

消防联动是指在发生火灾情况下，通过某种方式（自动化系统程序或者消防联动控制盘），启动对应一系列消防设施。

（四）消防设施

城市轨道交通消防设施包括水消防（消防栓）、灭火器、消防水泵（部分车站）、气体灭火、FAS（火灾自动报警系统）、火灾传感器、防火卷帘、防火卷帘门、防火水帘、防火阀、抽排烟风机等。

二、城市轨道交通消防安全事故的类型

（一）地铁火灾

1. 地铁火灾的分类

地铁火灾的分类见表 6.1。

表 6.1 地铁火灾的分类

火灾类别	火灾发生区域
车站火灾	公共区火灾：站厅公共区、站台公共区
	设备区火灾：气体灭火房间火灾、普通设备房间火灾、设备区走道火灾
隧道火灾	车辆火灾：车头火灾、车尾火灾、车厢中部火灾
	隧道线缆火灾

各类火灾均有预设应急模式，即收到并确认火灾信号，FAS 系统直接下发对应模式，启动各系统、设备进行救灾。按照可燃物数量、电气设备数量，以及分类表中位置发生火灾的可能性由高到低，依次为设备区火灾>公共区火灾>车辆火灾>隧道线缆火灾。

2. 地铁火灾的特点

城市轨道交通大部分运行于由车站和隧道构成的相对封闭的空间内,人和设备高度密集。在这种特殊的环境中,一旦发生火灾事故,其危害将是极其严重的。

1)人员恐慌易混乱

地铁区间隧道出入口少、通道狭窄、疏散距离长、人员多,故造成人员的恐慌和行动混乱,易发生挤踩事故。

2)浓烟积聚不易散

地铁内部封闭的环境使物质不易充分燃烧,火灾时可燃物的发烟量很大,而地铁的进排风只靠少量的风口,机械通风系统发生故障时很难依靠自然通风补救,烟雾的控制和排除比较复杂。浓烟积聚不易散,对人员逃生和火灾扑救带来困难。

3)空间温度峰值高

发生火灾后,大量的热量积聚无法散去,空间温度提高很快,火势猛烈阶段温度可达到1000℃以上。高温会造成气流方向的变化,对逃生人员影响很大,而且会对车站结构造成很大的破坏。

4)人员疏散难度大

自下而上的疏散路线与内部烟和热气流自然流动的方向一致,因而人员的疏散必须在烟和热气流的扩散速度超过步行速度之前完成,时间短暂给人员的疏散带来很大困难。

5)环境限制扑救难

由于地下空间限制,以及浓烟、高温、缺氧、有毒、视线不清、通信中断等原因,救援人员很难了解现场情况,大型的灭火设备可能无法进入现场,救援人员需要特殊防护等特点,因此救人灭火困难大。

3. 地铁火灾的起因

1)设备故障引发火灾

城市轨道交通车站及城轨列车内电气线路、电气设备高度密集,这些电气线路和设备在运行中发生短路、过负荷、过热等故障是引发城市轨道交通火灾事故的重要因素。

2)人为因素引发火灾

工作人员违章操作、用火不慎、乘客携带易燃易爆危险品乘车或在城市轨道车站内吸烟、人为纵火等也可能引发城市轨道交通火灾事故。

3)环境因素引发火灾

环境因素主要包括城市轨道交通内部潮湿、高温、粉尘大、鼠害等因素。城市轨道交通内部通风不畅、隧道散热不良等原因导致温度过高;隧道内存在漏水情况,地下湿气不易排出,导致地下空间湿度大;老鼠等小动物啃咬电缆电线等都可能造成电气设备、线路绝缘性能下降,造成电气设备短路,引起火灾。

4)外来因素引发火灾

城市轨道交通车站通常与地面商业建筑合建,由于商场、车库、写字楼等商业场所具有较高的火灾风险,一旦发生火灾、爆炸及其他灾害,不仅可能对城市轨道交通的正常运营带来影响,严重时甚至可能造成城市轨道交通财产和人身方面的重大损失。

(二)生化毒气

生化毒气主要来自地铁遭遇核生化恐怖袭击,恐怖分子使用"脏弹"(放射性布撒装置),施放化学毒剂、生物制剂等"毒气",制造骇人事件。核生化恐怖袭击形式也越来越多样化,破坏力也越来越强,如"沙林"毒气、"脏弹"、VX 神经毒气、芥子毒气等化学制剂,以及炭疽病菌、天花病毒等生物制剂等。例如,1995 年 3 月 20 日,邪教组织"奥姆真理教"成员向日本东京地铁内投放了沙林毒气,造成 12 人死亡,约 5500 人中毒,1036 人住院治疗。

(三)地铁爆炸

爆炸事件常与火灾、毒气相关联。地铁爆炸主要表现为恐怖分子故意安置炸弹,伤害生命,造成政治影响,给有关方面施加压力,爆炸是最普遍的恐怖袭击方式。2005 年 7 月 7 日,伦敦六处地铁站遭遇恐怖爆炸袭击,造成多人伤亡。

三、城市轨道交通消防安全事故的预防

(一)地铁火灾危险源的控制

1. 火灾危险源及类型

火灾危险源以热能、化学能等能量形式,失去控制的释放(或交换),从而造成危害。火灾危险源分为两类:第一类危险源包括可燃物、火灾烟气及燃烧产生的有毒有害气体成分;第二类危险源是为了防止火灾发生、降低火灾危害所采取的措施中存在的缺陷。

2. 地铁火灾危险源的控制

1)严格控制可燃材料

车站内应严格控制可燃材料,车辆段、车站建筑、装修材料和列车车厢内装饰材料的选用应符合相关的设计规范。

2)及时清理可燃垃圾

车站站厅、站台、列车车厢和管理用房内的垃圾应及时清理,可燃垃圾堆积时不应超过一昼夜。

3)严禁人为的火灾源头

车站站厅、站台、管理用房和列车车厢、隧道内严禁吸烟,并张贴"严禁吸烟"标志,且不得采用明火、电炉和电热取暖器采暖。强化消防管理工作,明确消防安全责任。

(二)城市轨道交通消防安全的管理措施

1. 提高地铁抗灾的能力

1)优先采用岛式车站

地铁车站采用侧式站台,两列列车停靠在一起,其间距只有 1.4m 左右,容易造成火势蔓延扩大。如果采用岛式站台,两列车之间以宽度为 10m 以上的站台隔开,一旦列车发生火灾,火势不会在短时间内蔓延到另一列车。

2）采取有效防火分隔

将站台站厅层的公共区域划为一个防火分区、车站设备区和管理区划为独立的防火分区，把地铁车站商业用房与车站之间采取防火分隔。在同一站厅层平面的不同线路之间采取防火分隔措施，可防止一条线路发生火灾而影响其他线路正常运行的情况发生。

3）完善安全疏散系统

疏散楼梯、安全通道、安全出口、紧急安全门是火灾时乘客疏散和消防人员灭火救援的必要途径，要确保安全疏散体系的科学性、合理性和可靠性，完善消防专用通道及隧道安全疏散通道，提高车站疏散安全系数。

4）加强消防安全设施

加强报警监控系统，提高安全动态信息的监控能力。装备自动灭火系统可以增强地铁车站火灾的防控能力。合理划分防烟分区，明确排烟方式，提高排烟设备的耐热能力。优化应急照明系统设置和安全疏散诱导标志，利于引导乘客在烟雾中沿着安全出口方向疏散。加强消防通信系统，确保火灾时地下与地上、车站与隧道之间消防通信联络的畅通。

2. 增强地铁自防自救的能力

1）落实消防安全责任制

按照《中华人民共和国消防法》和公安部《机关、团体、企业、事业单位消防安全管理规定》的要求，建立统一的消防安全管理组织，明确消防安全责任，依法履行消防安全职责，切实落实消防安全责任制。

2）制定事故应急预案

制定完善的事故应急预案，规范应急处置程序，根据预案进行演练，使各岗位的人员都明确事故情况下自己的职责和行动的步骤，培养紧急应变能力，提高事故初期灭火抢险和疏散乘客的效能。

3）消除车站火灾危险源

地铁运营部门严格进行危险物品查堵和设备检查保养，加强站厅和安全通道及商铺的管理，消除车站的火灾危险源，公安消防部门依法加强对地铁消防安全工作的监督检查。

3. 提升地铁灭火救援的综合能力

1）健全快速反应机制

建立城市地铁系统应急协调监控中心，整合社会力量，建立由政府统一领导、公安消防为主体、相关部门协同配合的地铁灭火救援指挥体系，形成统一指挥、高效处置地铁系统的快速反应机制。

2）配强灭火救援装备

配置适应地铁灭火救援需要的特种消防装备，如长时间空气呼吸器、消防防化服、紧急呼救器等消防员个人防护装备和抢险救援车、大功率排烟车、防化车、洗消车等特种消防车辆，以及生物侦检、毒气探测、生命探测、气动破拆等特种器材。

3）重视灭火救援技术研究

结合地铁的实际情况和现有的装备器材，研究地铁灭火救援的技术，借鉴和汲取国内外火灾救援经验和教训，加强实地实战演练，提高处置地铁火灾事故的能力。

相关案例

地铁运营公司消防安全管理制度

1　目的

为了加强公司消防安全管理，预防火灾和减少危害，保障人身和财产安全，制定本制度。

2　范围

适用于运营分公司所管辖区域内的消防管理。

3　职责

3.1　安全部

3.1.1　负责宣传、贯彻、落实国家和企业有关消防法律法规、规章制度，开展员工消防安全知识培训。

3.1.2　负责做好分公司消防监督和管理工作。

3.1.3　组织分公司消防年度检测工作的实施。

3.1.4　负责做好分公司消防应急管理工作，定期开展消防演练和竞赛活动。

3.1.5　负责与公安消防部门联系，做好消防管理的协调工作。

3.1.6　参加火灾事故的调查处理，负责火情事件的调查分析和处理。

3.1.7　负责本部门办公区域内的日常消防安全管理工作。

3.1.8　建立和健全运营分公司消防安全台账。

3.2　设施保障一部

3.2.1　负责本部门办公区域，主变电所，车站、车辆段（场）、控制中心、办公楼等部门专业设备用房（区域）内的日常消防安全管理工作。

3.2.2　负责部门所管消防设施设备的定期检查、维修、更换等工作。

3.2.3　定期组织员工开展消防四个能力建设的消防安全教育，提高消防技术能力。

3.2.4　火情发生时迅速组织扑救，配合火灾事故的调查处理工作。

3.2.5　建立消防安全工作台账。

3.3　设施保障二部

3.3.1　负责本部门办公区域，车站、车辆段（场）、控制中心、办公楼等部门专业设备用房（区域）内的日常消防安全管理工作。

3.3.2　负责部门所管消防设施设备的定期检查、维修、更换等工作。

3.3.3　定期组织员工开展消防四个能力建设的消防安全教育，提高消防技术能力。

3.3.4　火情发生时迅速组织扑救，配合火灾事故的调查处理工作。

3.3.5　建立消防安全工作台账。

3.4　车辆保障部

3.4.1 负责本部门办公区域，分公司车辆段（场）生产区域内的日常消防安全管理工作。
3.4.2 定期组织员工开展消防四个能力建设的消防安全教育，提高消防技术能力。
3.4.3 火情发生时迅速组织扑救，配合火灾事故的调查处理工作。
3.4.4 负责做好分公司消防应急管理工作，定期开展车辆段（场）消防演练。
3.4.5 建立消防安全工作台账。

3.5 调度部
3.5.1 负责本部门办公区域，控制中心管理范围内的日常消防安全管理工作。
3.5.2 定期组织员工开展消防4个能力建设的消防安全教育，提高消防技术能力。
3.5.3 负责做好分公司消防应急管理工作，定期开展控制中心消防演练。
3.5.4 火情发生时迅速组织扑救，配合火灾事故的调查处理工作。
3.5.5 建立消防安全工作台账。

3.6 客运部
3.6.1 负责本部门办公区域，车站管辖范围内的日常消防安全管理工作。
3.6.2 定期组织员工开展消防四个能力建设的消防安全教育，提高消防技术能力。
3.6.3 负责做好分公司消防应急管理工作，定期开展车站消防演练。
3.6.4 火情发生时迅速组织扑救，配合火灾事故的调查处理工作。
3.6.5 建立消防安全工作台账。

3.7 办公室
3.7.1 负责本部门办公区域，分公司管辖办公楼宇，汽车停车库（场）等办公生活区域内的日常消防安全管理工作。
3.7.2 负责对接后勤服务中心食堂、司机公寓等场所消防管理工作。

3.8 人力资源部
负责本部门办公区域，分公司所管辖范围内相关培训场所的日常消防安全管理工作。

3.9 技术部
3.9.1 负责本部门办公区域内的日常消防安全管理工作。
3.9.2 负责分公司消防设施设备的技术归口管理工作。

3.10 物资部
负责本部门办公区域，分公司物资库及危险品库内的日常消防安全管理工作。

3.11 企业发展部
负责本部门办公区域内的日常消防安全管理工作。

3.12 财务部
负责本部门办公区域内的日常消防安全管理工作。

4 质量要求
防止和减少火灾事故的发生。

5 工作规范

5.1 日常消防安全管理

指日常开展的巡查、检查、隐患整改、宣传、台账管理等工作。

5.2 消防管理组织

5.2.1 分公司消防安全管理员全面负责分公司的日常消防安全管理工作。

5.2.2 部门（中心）负责人为部门（中心）消防安全责任人，负责部门（中心）的消防安全管理工作。

5.2.3 部门（中心）安全管理工程师为本部门（中心）的消防安全管理员，协助部门（中心）负责人开展本部门（中心）的日常消防安全管理工作。职能部（室）门消防安全管理员由部（室）门指定专人兼任。

5.2.4 各工班消防安全员由工班长兼任。

5.3 消防安全教育

5.3.1 消防安全教育的内容

5.3.1.1 消防安全法律法规、方针政策

5.3.1.2 消防安全技能

5.3.1.3 消防科普知识

5.3.1.4 火灾案例

5.3.2 采取多种形式，定期对员工开展消防安全教育，增强员工的防火安全意识，提高员工自防自救能力。

5.3.3 各部门结合各自的岗位实际，建立消防安全教育台账，对员工开展消防安全教育，每季度不少于一次，覆盖面达到100%。部门开展的日常安全教育应包含消防内容。

5.4 消防安全检查

5.4.1 消防安全检查的内容

5.4.1.1 易燃易爆危险物品及其他重要物资的生产、使用、储存、运输过程的防火安全情况。

5.4.1.2 用火用电情况及其他火源管理情况。

5.4.1.3 建筑物的消防水源、消防通道情况。

5.4.1.4 火灾隐患整改情况。

5.4.1.5 消防组织和防火规章制度的建立和执行情况。

5.4.1.6 消防设施、设备、器材配备的完好、有效期限情况。

5.4.1.7 员工的消防安全思想情况。

5.4.1.8 消防疏散通道畅通情况。

5.4.2 消防安全检查的形式

5.4.2.1 各部门（中心）由消防责任人组织开展经常性防火自查，每半月不少于一次并建立检查台账。

5.4.2.2 分公司对各部门（中心）的消防安全督查每月不少于一次，

5.5 防火巡查

5.5.1 防火巡查的主要内容

5.5.1.1 消防设施、器材位置是否被移动。

5.5.1.2 消防设施、器材数量是否完整。

5.5.1.3 有无违章用火用电现象。

5.5.1.4 安全出口、疏散通道是否被阻塞。

5.5.1.5 消防重点部位人员在岗情况。

5.5.1.6 防火门是否处在常闭状态，防火卷帘门有无被杂物阻塞。

5.5.2 防火巡查形式

5.5.2.1 车站、列车、变电所、材料库房、易燃品库、控制中心等消防重点部位每两小时进行一次防火巡查；其他部位每日进行一次。

5.5.2.2 在巡查中发现的隐患应当立即进行整改，对无法整改的应及时向部门负责人报告。

5.5.2.3 防火巡查应当填写巡查记录。

5.6 电器防火安全

5.6.1 各部门（中心）要定期组织有关人员检查所辖区域内的电路和电器设备，保持电路线路和电器设备完好无损。

5.6.2 禁止在电线电器设备周围堆放、悬挂物品。

5.6.3 禁止在电源附近烘烤衣物。

5.6.4 禁止堵塞电器开关的通道。

5.5.5 禁止无证人员拆装、维修电器设备。

5.6.6 禁止乱拉、乱接电器电线。

5.6.7 禁止用铜丝等有色金属丝代替熔断器。

5.6.8 油库、易燃品库、油漆车间、蓄电池检修间等部位的电器设备必须符合防爆要求。

5.6.9 严禁违章使用电炉、热得快、取暖器等大功率电器。

5.7 火灾隐患整改

5.7.1 凡引发火灾（火情）和影响灭火的人的不安全行为、物的不安全状态、环境的不良好状况都会成为火灾隐患。

5.7.2 在检查、巡查过程中发现火灾隐患应及时整改；各部门（中心）不能及时整改的火灾隐患，应积极采取防范措施，并报送分公司。

5.7.3 本部门（中心）发现的火灾隐患整改困难的，应书面报分公司。

5.7.4 凡接到公安消防部门或上级消防隐患整改通知书的，应由部门（中心）责任人或消防安全管理员签字确认，按时整改，并将整改情况及时反馈。

5.8 消防应急管理

5.8.1 分公司每年至少组织一次消防演练。

5.8.2 各部门应根据制定的消防应急预案,定期组织演练。

5.9 火灾事故调查处理

5.9.1 火灾发生后,要划出警戒区,指派专人负责,保护火灾现场,由公安消防部门负责调查。未经公安消防部门同意,不得擅自清理和撤销火灾现场。

5.9.2 相关部门(中心)要协助公安消防部门,查清火灾的原因和损失情况,认真处理好火灾事故的善后事宜。

5.9.3 发生火灾事故,要及时上报分公司,不得隐瞒不报,不得弄虚作假。

5.9.4 火灾事故的处理,要按照"四不放过"的原则,认真总结事故教训,完善规章制度,落实防范措施,提高防灾抢险的应急能力。

5.10 重点部位消防安全管理

5.10.1 车站、列车、变电所、材料库房、易燃品库、控制中心等属消防安全重点部位。

5.10.2 重点部位应由部门(中心)消防安全管理员负责,明确防火工作的范围、内容、责任,并制定具体防火措施。

5.10.3 重点部位的禁火区域,严禁火种带入。

5.10.4 重点部位要加强管理,非工作人员严禁进入,因工作需要进入时,必须办理进入的登记手续。

5.10.5 化学物品、易燃易爆物品,应按要求入库、按标准堆放,并做好入库品种、规格、数量的统计。

5.10.6 重点部位的火灾隐患一旦发现,必须立即整改,不得拖延。

5.11 仓库消防安全管理

5.11.1 露天和室内仓库的材料物品,应当分类、分堆、分垛堆放,按规定留出必需的防火间距。

5.11.2 甲、乙类物品和一般物品及容易相互发生化学反应的物品,必须分库、分间储存,并标明物品名称、性质和灭火方法。

5.11.3 材料物品入库前应有专人负责检查,确定无火种隐患后方可入库。

5.11.4 甲、乙类物品库内,不准设办公室、休息室。其他库必须设办公室时,可靠近库房一角设置无孔洞的一、二级耐火等级的建筑,其门窗直通库外,具体实施应征得公安消防部门的同意。

5.11.5 易燃易爆物品库内的电器要有防爆装置。

5.11.6 仓库内外设置防火警示标志,按规定要求配备消防器材。

5.12 消防设施、器材维护管理

5.12.1 消防设施日常使用管理由责任管理部门负责每日检查消防设施的使用状况,保持设施整洁、卫生、完好。

5.12.2 消防设施及消防设备的技术性能的维修保养由责任管理部门负责,每日按时检查了解消防设备的运行情况。查看运行记录,听取值班人员意见,发现异常及时安排维修,使设备保持完好的技术状态。

5.12.3 消防设施和消防设备定期测试

5.12.3.1 探测器、手动报警按钮的测试由维管部门负责编制年度计划并实施,每个烟(温)感探头、手动报警按钮至少每年测试一次,确保其有效。

5.12.3.2 其他建筑消防设施的单项检查应当每月至少一次,确保其完整好用。

5.12.4 消防器材管理

5.12.4.1 责任管理部门负责定期巡查消防器材,保证处于完好状态。

5.12.4.2 对消防器材应经常检查,发现丢失、损坏应立即补充。

5.12.4.3 各部门的消防器材由责任部门管理,并指定部门(中心)消防安全管理员负责。

5.13 消防控制室管理

5.13.1 熟悉并掌握各类消防设施的使用性能,保证扑救火灾过程中操作有序、准确迅速。

5.13.2 做好消防值班记录和交接班记录,处理消防报警电话。

5.13.3 按时交接班,做好值班记录、设备情况、事故处理等情况的交接手续。无交接班手续,值班人员不得擅自离岗。

5.13.4 发现设备故障时,应及时报告,并通知有关部门及时修复。

5.13.5 非工作所需,不得使用消防控制室内线电话,非消防控制室值班人员非工作需要禁止进入值班室。

5.13.6 消防控制室严禁烟火。

5.13.7 发现火灾时,迅速按灭火作战预案紧急处理。

5.14 外来施工单位消防安全(略)

5.15 消防档案管理(略)

5.16 考核规定(略)

6 依据文件

《中华人民共和国消防法》、《机关、团体、企业、事业单位消防安全管理规定》、《省消防管理条例》等

7 相关记录

附录1 消防检查记录、附录2 消防巡查记录、附录3 消防安全活动(学习)记录、附录4 消防控制室值班记录、附录5 火灾隐患整改通知。

任务二　城市轨道交通消防设施与设备

学习任务

1. 城市轨道交通消防设施与设备的基本类型。
2. 城市轨道交通消防设施与设备及基本功能。
3. 几种常用消防设施的使用条件。
4. 城市轨道交通消防设施与设备的使用案例。

项目六 城市轨道交通消防安全管理

学习目标

1. 了解城市轨道交通消防设施与设备的基本类型。
2. 了解城市轨道交通消防设施与设备及基本功能。
3. 知道几种常用消防设施的使用条件。
4. 掌握气体灭火系统等设备基本操作方式。

基础知识

为保证城市轨道交通安全顺畅运行,地铁系统内部设置全方位的、可靠的火灾报警系统及反应迅速的、灵敏的灭火系统。当车站或地铁车辆上发生火灾时,防灾报警系统(FAS)能够及时检测到火灾的发生及发生地点,立即将信息传送给机电设备监控系统,并由系统向气体灭火装置、防排烟风机和给排水设备发出控制指令,进行灭火工作。防排烟风机将火灾发生时产生的大量浓烟排出车站或隧道,以确保乘客生命安全。

一、城市轨道交通消防设施与设备的类型

(一)消防专用通信设备

1. 自动报警系统

城市轨道交通火灾自动报警系统(FAS)非常灵敏,可自动收集辖区的火灾信息,并迅速传输到车站控制室和控制中心,自动触发火灾排烟模式。

2. 无线电通信设备

车站工作人员配置无线电通信设备,保证现场工作人员与车控室随时保持联系。城市轨道交通发生紧急情况时,车站工作人员和地铁司机可通过无线系统及时向控制中心传递事故信息。

3. 有线通信紧急电话

在站内公共区及设备用房区域设置的消火栓箱旁,以及区间隧道和站内轨道外侧所设的消火栓箱旁,配置有紧急电话插孔。发生紧急情况时,可通过有线电话与控制中心联系。

4. CCTV视频传输系统

车站内装设全方位的监视器,可实时收集站内各方位视频信息。设置疏散诱导设备,在火灾等紧急情况下,乘客资讯系统可迅速、直观、优先播放紧急疏散和防灾等文本和图像信息,以便预先告之和引导乘客沿着火灾逃生路线进行撤离,起到辅助防灾、救灾的作用。

(二)自动控制及报警系统

城市轨道交通系统设有自动控制系统及火灾报警系统。在发生紧急情况时,报警系统可在几秒钟内可靠、准确、迅速报警。接到报警信号后,自动控制系统将自动开启并操作风机、水泵、紧急照明、气体灭火装置等各种紧急救援设备。

手动报警器安装在站内乘客公共区、设备用房区域及列车上,以便现场人员及时通报火灾。感温电缆安装于站台层变电所下的电缆夹层,用于实施火灾自动探测报警。列车上也设有紧急报警按钮,发生火灾或爆炸时,乘客可通过按压紧急报警按钮通知司机,司机

会立即启动应急程序进行处理。

（三）灭火设备系统

城市轨道交通系统按规范配置足够的消火栓和灭火器，消火栓系统布置在站厅、站台层的下部，以及区间、人行通道内，在车站的出入口附近设有与外部消防车接口的消火栓，以方便外部救援力量的支援；在隧道内设置消火栓、应急照明和报警电话，保障在紧急状态下能够使用；地铁列车车厢内设置灭火器材、重要设备房分别配置自动喷淋灭火系统和自动气体灭火系统；设置轨道消防车，便于火灾时消防救援力量能够迅速靠近。

（四）消防给水系统

城市轨道交通消火栓系统常为湿式系统，管网环状布置，其服务范围为车站及车站相邻区的线路坡度最低点（联络通道处）。由城市自来水管接出消防管，布置在站厅、站台层的下部，以及区间、人行通道内，并根据消火栓位置设置消防支管。

（五）紧急疏散系统

发生火灾时，所有闸机、车门自动向疏散方向敞开，所有电梯朝安全方向行驶，疏散通道宽敞，在紧急情况下通常可保证 6min 内将乘客及工作人员全部疏散到安全地带。在乘客流动频繁的大厅、通道等部位或超过防火分区面积、设置防火墙（门）有困难的地方，设置防火卷帘或设置小门，防火卷帘具有延时下降功能。另设有无障碍出入口，供残疾人和妇幼乘客使用。

（六）防排烟系统

城市轨道交通系统结合规范和各线路的特点设置可靠的排烟设施，其中地铁站的站台、站厅、管理用房均设置独立的排烟系统。防排烟系统一般在 2s 内就可收集到火灾信息，在 2min 内就可完成设备的启动，排烟设备启动后大量新鲜空气从出入口涌入，通过合理的气流组织，烟气、毒气可以从车站两端的通风井排出，保证乘客始终能迎着新鲜空气疏散。

（七）安全疏散辅助装备

（1）移动照明灯和扬声器。为了保证火灾时的正常照明，在疏散走道出入口、过道、拐弯、疏散楼梯等位置布置移动照明灯具。扬声器供引导人员疏散、寻找被困人员、和消防队员对话使用。

（2）防烟防毒面具、逃生头盔、毛巾和口罩。这些装备放置在列车和候车大厅等人员密集处，保护疏散人员的呼吸器官，延长人员在高温、浓烟、毒气情况下的生存时间。

（3）空气呼吸器、隔热服和避火服。这些装备主要供地铁管理人员使用，便于在第一时间接近火源，处置初期火灾。

（4）锤子、斧头等破拆工具。这些工具主要放置在列车内部，便于火灾时开辟逃生通道或隔断可燃物。

城市轨道交通现场消防设施如图 6.1 所示。

项目六　城市轨道交通消防安全管理

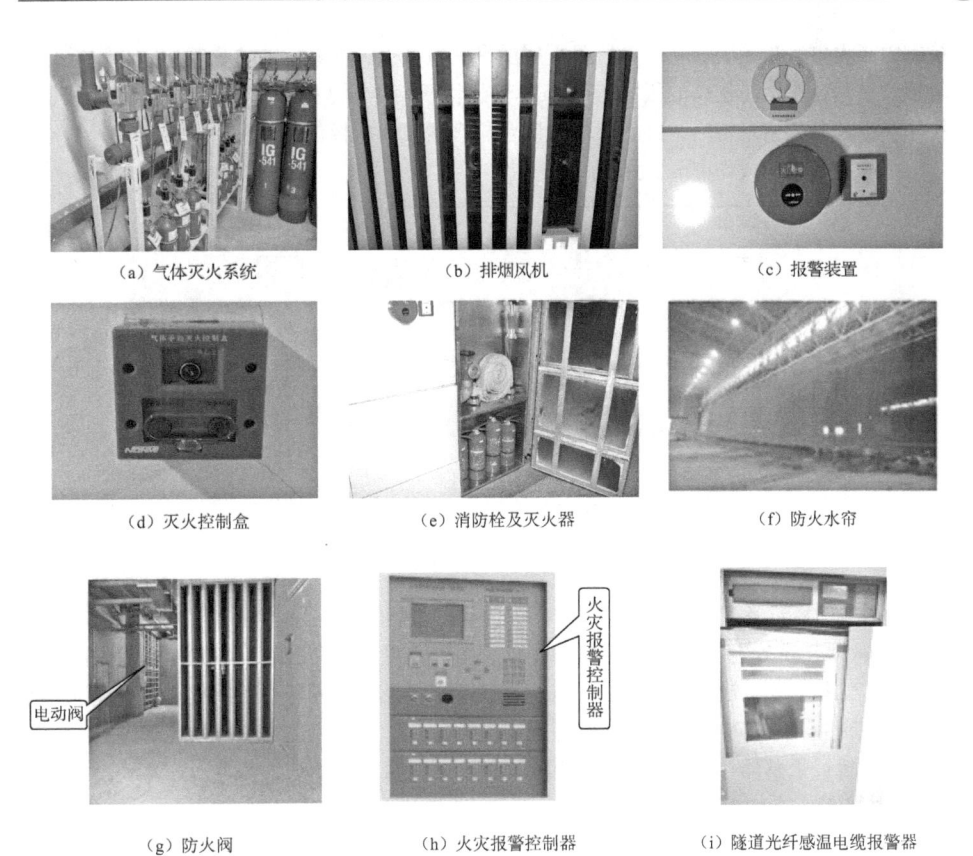

(a) 气体灭火系统　　(b) 排烟风机　　(c) 报警装置

(d) 灭火控制盒　　(e) 消防栓及灭火器　　(f) 防火水帘

(g) 防火阀　　(h) 火灾报警控制器　　(i) 隧道光纤感温电缆报警器

图 6.1　城市轨道交通现场消防设施

二、城市轨道交通消防设施与设备及功能

(一) 火灾自动报警系统 (FAS)

在城市轨道交通各车站、主变电所、车辆段、集中冷站、区间风机房和控制中心大楼均设有火灾自动报警系统。火灾自动报警系统 (FAS) 采用集中和分站管理、由中央级火灾自动报警系统和车站级火灾自动报警系统组成的两级控制。

城市轨道交通每条线路上的火灾自动报警系统，通常以环网方式将各车站的报警控制器构成一个整体网络，在控制中心能对全线报警系统实行监控管理，随时掌握全线动态情况，在系统的所管辖范围内，对火灾状况进行监测报警和实施有关消防操作。火灾自动报警系统主要实现火灾监测的报警、其他系统消防设备的监视及控制、系统故障报警、消防电话通信等重要功能。

1. 中央级设备

中央级设备为安装在控制中心的中央级计算机图形中心，作为全线火灾自动报警系统的操作管理和资料存档管理平台。中央级设备其功能是监视地铁全线各车站、区间隧道、控制中心大楼、车辆段和主变电所等下属所有区域的火灾报警、消防联动和故障情况，随时接收显示各车站传送来的报警信号，对车站报警点按全貌、分区等逐级进行图形显示，打印、存档各类信息资料，在火灾发生时承担全线灭火指挥任务。

中央级设备构成如图 6.2 所示。

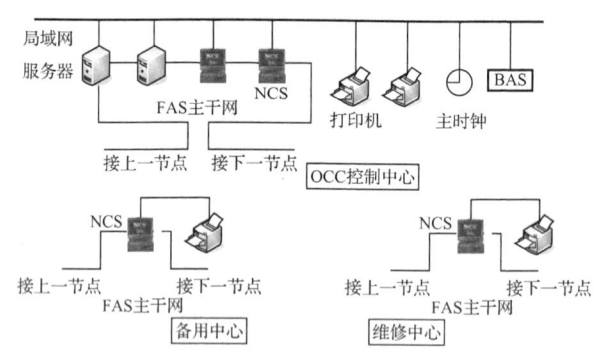

图 6.2　中央级设备构成

2. 车站级设备

车站 FAS 设备主要有 FAS 主机操作盘、图形监视计算机、FAS 联动控制盘，设备都集中在车站控制室。地面或高架车站只配有消防水泵及消火栓等手动灭火装置，地下车站还配有气灭主机、RP 操作盘、气瓶等现场级设备。现场外部设备包括智能烟感器、智能温感器、普通烟感器、普通温感器、感温电缆、对射探头、手动报警器。车站级设备构成如图 6.3 所示。

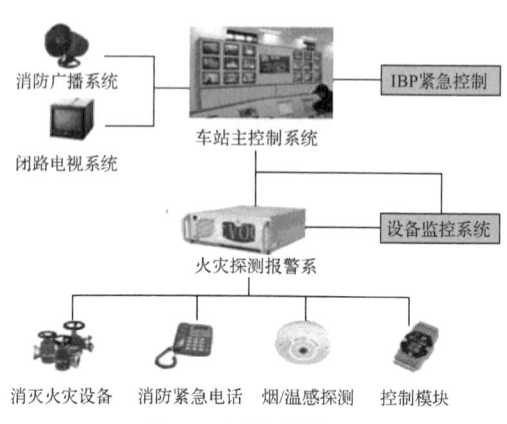

图 6.3　车站级设备构成

车站级设备主要功能是负责车站范围内火灾的监视、报警、控制及其他系统的联动。火灾监控与报警控制器随时监控和接受各探测点的报警信号，可发出声光报警信号，并能自动或手动执行对有关消防设施的联动控制。模拟图形显示终端按照车站建筑平面分级、分区显示本站系统的详细信息，并能够实时打印输出各种有关数据报告。视频传输系统在车站站台、站厅等公共场所安装全方位的监视器，实时收集站内的视频信息，并反映到值班室的闭路电视监控器上，由值班人员进行监控和处理。

现场设备有火灾传感器、手动报警器、感温电缆和紧急电话插孔等，主要负责火灾监控与报警设备的具体功能。火灾传感器用于对站内设备用房、站厅、站台乘客公共区等进行火灾自动探测。手动报警器安装在站内乘客公共区、设备用房区域及列车上，以便现场人员及时通报火灾。感温电缆安装在站台层变电所下的电缆夹层，用于实施火灾自动探测报警。

（二）自动灭火系统

自动灭火系统是指根据 FAS 或 BAS 的指令，自动控制相关的消防设备和固定式灭火装置进行联动灭火的一套自动化系统。自动灭火系统配备所需的固定式灭火装置主要有：喷洒水设备、消火栓设备、卤化物灭火设备、室外消火栓设备、消防泵和管路电动阀等。根据自动灭火系统的不同，配置不同的固定式灭火装置。自动灭火喷淋系统有水喷和气喷两种，可以针对不同的火灾原因进行调控。

1. 自动喷水灭火系统

自动喷水灭火系统是一种在发生火灾时，在火警信号驱动下自动打开喷头喷水灭火的消防设施。自动喷水系统由洒水喷头、报警阀组、水流报警装置、管道、供水设施等组成。

自动喷水灭火系统分为闭式系统、雨淋系统、水幕系统和自动喷水—泡沫联用系统。

闭式系统采用闭式洒水喷头，发生火灾时能自动打开闭式喷头喷水灭火。雨淋系统又称开式系统，采用开式洒水喷头，由火灾自动报警系统或传动管控制，发生火灾时，能自动开启雨淋报警阀并启动供水泵向开式喷头供水灭火。水幕系统由开式洒水喷头或水幕喷头、雨淋报警阀组成，用于挡烟阻火和冷却分隔物。自动喷水—泡沫联用系统配置有供给泡沫混合液的设备，灭火时即可喷水又可喷泡沫。

在轨道交通中一般使用的是湿式系统。

（1）湿式喷水灭火系统的构成。

车站湿式喷水灭火系统由喷淋泵、湿式阀、喷头、报警止回阀、延迟器、水力警铃、压力开关（安在干管上）、水流指示器、管道系统、供水设施、报警装置及控制盘等组成。喷淋泵和湿式阀安装在车站的消防泵房内，每个站设有两台喷淋泵，在日常运行管理中，其中一台设置在自动位置，而另一台设置于备用位置，由双切电源箱控制。

车站一般不设消防水池和高位水箱。平时管道内始终充满压力水，系统压力由稳压装置维持，水通过湿式报警阀导向杆中的水压平衡小孔保持阀板前后水压平衡，由于阀芯的自重和阀芯前后所受水的总压力不同，阀芯处于半闭状态。

（2）湿式自动喷水原理。

当发生火灾时，环境温度升高，导致火源上方喷头开启喷水，管网压力下降，报警阀压力下降使阀板开启，接通管网和水源以供水灭火。管网中设置的水流指示器感应到水流动，发出电信号，管网中的压力开关因管网压力下降到一定值时，也发出电信号，启动水泵供水，消防主机同时接开泵信号。

（3）消防报警主机与自动喷水灭火系统的联动关系。

根据工作需要，自动喷水灭火系统及水喷雾灭火系统在消防主机上应有自动喷水系统的控制、显示功能。

消火栓系统与消防报警系统一般通过智能型控制模块和反馈模块连接，也可与输入/输出模块连接，依据消防规范，水喷淋灭火系统与消防报警主机应控制系统的启停并在报警主机上显示；报警主机应显示消防水泵的工作、故障状态；报警主机应显示水流指示器、压力开关的工作状态；压力开关动作信号反馈到车站控制室报警控制器或联动控制器显示。

2. 气体自动灭火系统

气体自动灭火系统一般安装在车站的重要设备用房，如车站的通信机械室、信号机械室、降压站、牵引变电所、电器设备室等场所。城市轨道交通常用的气体灭火系统由卤代烷 1301 气体灭火系统、烟络尽 442R 气体灭火系统、FM200 气体灭火系统和 1211 灭火系统等构成。用于自动气体灭火的气瓶存放于车站气瓶间，气瓶间外部由 RP 盘进行控制，按下 RP 盘下方的红色按钮（手动启动按钮）启动气体灭火系统；或者在发现启动后的延时时间内（30～40s），按下绿色按钮（手动停止按钮），紧急切断灭火信号，终止灭火系统的启动。

图 6.4 为 IG—541 气体灭火系统。每套瓶组包含灭火剂、储存瓶、瓶头控制阀、安全阀、手动阀和压力表。

图 6.4　IG—541 气体灭火系统

在 RP 盘自动控制无效的情况下，应到相应的气瓶间找到相应的气瓶，手动拔除电磁瓶头阀上的止动簧片，压下手柄，从而打开电磁瓶头阀，进行手动启动气瓶。

（三）消火栓给水系统

消火栓在轨道交通地面、地下河高架都是主要的消防灭火设备，除气体灭火外，消火栓以水作为一种灭火介质，是一种既及时又有效的灭火工具。城市轨道交通消火栓给水系统主要由消防水源（市政供水或消防水池）、消防水管、室内消火栓箱（包括水带、水枪、消防软管卷盘）和室外消火栓、消防水泵、消防水泵控制器等组成。

为保证喷水枪在灭火时具有足够的水压，须采用加压设备。常用的加压设备有两种：消防水泵和稳压给水装置。一般采用消防泵，在每个消火栓内设置消防泵启动按钮，灭火时，用小锤击碎按钮上的玻璃小窗，按钮弹出，通过控制电路启动消防泵，达到灭火效果。消火栓系统与消防报警系统一般通过智能型控制模块和反馈模块连接，同时也可与输入/输出模块连接。消防泵的启动与消防报警主机自动或手动位置无关。

使用消火栓时，应首先打开消火栓箱，取出水带，右手握住水带，然后用力向正前方抛出，使水带向正前方摊开，右手将水带接头与消火栓接头对接，并顺时针转动至卡紧为止，迅速拿起另一头水带接头，一手拿着水枪向着火部位冲去，将水枪头接上水带接口，并将水龙头打开。射水时，采取包围灭火战术，阻止火势和烟雾向其四周扩散，以便有效控制，直至将火扑灭。注意，如遇电气火灾，应先断电后灭火。

消防软管卷盘一般供扑救初期火灾使用。使用消防软管卷盘时，首先打开箱门将卷盘旋出，拉出胶管和小口径水枪，开启供水阀即可进行灭火。消防软管卷盘除绕自身旋转外，还能随箱门旋转，比较灵活，无须将胶管全部拉出即能开启阀门供水。使用完毕后，先关闭供水闸阀，待胶管排除积水后卷回卷盘，将卷盘转回消火栓箱。

三、城市轨道交通消防设施与设备的使用案例

（一）气体灭火系统的操作方式

1. 自动操作方式

控制系统处于自动工作状态时，系统自动完成火灾探测、报警、联动控制及灭火整个过程。自动操作方式如下。

（1）防护区内的单一探测器探测到火灾信号后，气体灭火报警主机启动设在该保护区域内的警铃。气体灭火报警主机同时向 FAS 提供火灾预报警信号。

（2）防护区内有两种不同类型探测器，或者两个不同地址位、不同灵敏度的同类探测器发出火灾报警信号后，向 FAS 输出火灾确认信号，气体灭火报警主机启动设在该防护区域内外的蜂鸣器及闪灯，关闭气灭保护区相关防火阀，进入延时状态（延时时间为 30s）。在延时过程中，气体灭火报警主机输出有源信号关闭防火阀，此时如发现是系统误动作，可按下设在保护区域内外的紧急止喷按钮（带自锁），可以使系统暂时停止释放药剂，紧急止喷按钮按下的信息同时上传给 FAS。若要继续开启混合气体（IG—541）灭火系统，再次启动紧急止喷按钮即可，其放气定时重新开始。

（3）30s 延时结束时，气体灭火控制器输出有源信号至启动瓶的电磁阀，气体通过管道进入防护区，压力开关将信号传至气体灭火控制器，由气体灭火控制器联动气体灭火报警主机启动防护区外的释放指示灯、蜂鸣器及闪灯，直至确认火灾已经扑灭。

2. 手动操作方式

为防止误操作启动系统，分两步完成保护区现场手动启动。

（1）确认火灾，直接扳断有机玻璃隔板。

（2）按下气体释放按钮，系统将经过 30s 延时后直接启动电磁阀。

3. 紧急机械操作方式

只有当自动控制和手动控制均失灵时，才要采用应急操作。通过操作设在气瓶间的启

动气瓶上的紧急机械启动器和区域选择阀上的紧急机械启动器,开启气体灭火系统。

(二)火灾报警控制器的操作方式

火灾报警控制器操作界面如图6.5所示。

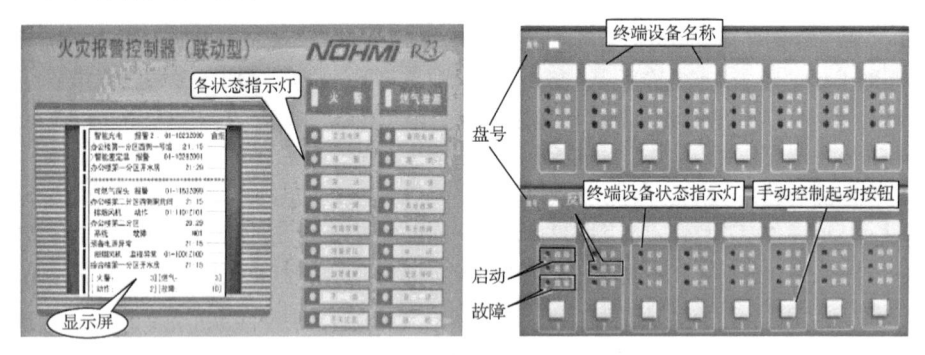

图6.5 火灾报警控制器操作界面

对于火灾报警控制器的操作方式,火灾报警时的处理如图6.6所示。

(1)火灾报警时,现场警铃鸣响,主机发出"哔、哔"的报警声。

火警灯亮
- 当有手动报警按钮报警,报警按钮灯亮
LCD显示报警设备种类、地址及所在位置等信息
主音响停止灯熄灭
- 如果是第一个报警,会有"首报"标记

图6.6 火灾报警时的处理(1)

(2)第二个报警时,其处理如图6.7所示。

(三)火灾报警系统的人工确认方式

(1)一个手动报警按钮+30s延时。
(2)一个探测器报警或同一保护区内任意两个探测器同时报警。
(3)火灾报警控制器上启动火警确认按钮。
(4)任何一个探测器或手动报警按钮+人工确认。

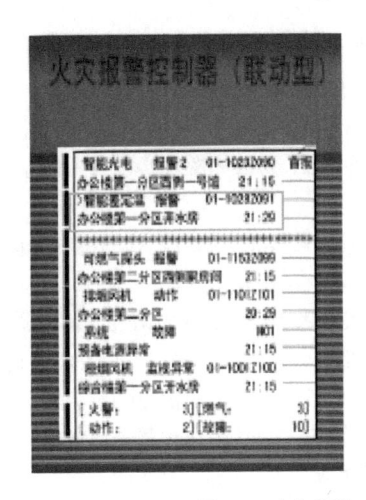

图 6.7 火灾报警时的处理（2）

火灾报警系统的人工确认方式如图 6.8 所示。

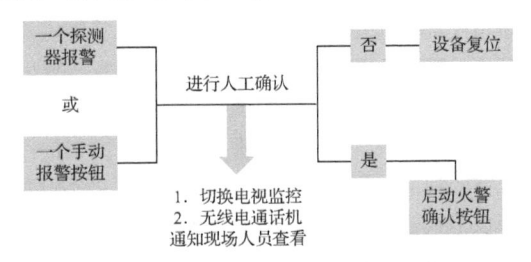

图 6.8 火灾报警系统的人工确认方式

（四）防排烟系统的排烟方式

1. 隧道防排烟方式

发生火灾时，关闭车站通风空调系统，打开隧道屏蔽门和排烟风机，逆着乘客疏散方向排走烟气，迎着乘客疏散方向送新风，并通过排烟产生压差，由站厅层出入口经站台层补风。

2. 站台层防排烟方式

发生火灾时，关闭车站通风空调系统，打开站台层相应防烟分区的排烟风机，打开屏蔽门和隧道风机排烟，并通过排烟产生压差，由站厅层出入口补风。

3. 设备管理用房防排烟方式

发生火灾时，关闭车站通风空调系统，排烟风机开启，通过合理的气流组织，烟气从车站两端的通风井排出，保证乘客迎着新风疏散。

（五）灭火的基本方法

火灾通常都有一个从小到大、逐步发展、直到熄灭的过程。火灾过程一般可以分为初起、发展、猛烈、下降和熄灭 5 个阶段。在火灾初起阶段（一般为着火后 5~7 min），燃烧面积不大，火焰不高，辐射热不强，是扑救的最好时机，只要发现及时，用较少的人力和应急消防器材就能将火控制或扑灭。

灭火的基本方法是根据起火物质的燃烧状态，为破坏燃烧必须具备的基本条件而采取的一些措施。灭火的基本方法有以下几种。

（1）冷却灭火法。即将灭火剂直接喷洒在可燃物上，使可燃物的温度降低到燃点以下，从而使燃烧停止，如用水扑救火灾的主要作用就是冷却灭火。

（2）窒息灭火法。即采取措施，阻止空气进入燃烧区，或用惰性气体降低空气中的含氧量，使燃烧物质因缺乏氧气而熄灭，如用湿棉被、湿麻袋覆盖在燃烧着的液化石油气瓶上。

（3）隔离灭火法。就是将附近的可燃物质与正在燃烧的物品隔离或者疏散开，从而使燃烧停止，如拆除与火源相毗连的易燃建筑结构，建立阻止火势蔓延的空间地带。

（4）化学抑制灭火法。就是将化学灭火剂喷入燃烧区参与燃烧反应，中止链反应而使燃烧反应停止，最常见就是用灭火器向着火点喷射灭火。

（六）地铁灭火系统的选择

要根据对地铁系统不同部位的环境条件、器材安装、设备特点等要求，选择相应的灭火系统和器材。消防系统的配置要有针对性，在车站的公共区，要以消火栓系统为主，将整个车站覆盖在消火栓的保护范围下；车站的设备用房由于仪器众多、设备复杂，在此类相对封闭的区域要以气体灭火系统为主。自动喷水系统在公共区的作用不是很显著，甚至会造成地面滑，影响人群疏散的速度，因而在车站的公共区可不设置自动喷水灭火系统。在区间隧道中要沿线布设消火栓灭火系统，条件允许时还可在区间隧道中加装移动式灭火系统，移动式灭火系统宜采用泡沫灭火剂。无论是在车站、区间隧道、地铁列车上，都要配备一定数量的灭火器。

一旦判明发生火灾，在易于扑灭的初期阶段，即可由司机和乘客自行使用就近的灭火器扑灭火灾。若火势已经蔓延，司机应迅速将车开到最近的车站，依靠车站的消防力量进行救灾。当遇重大火灾时，司机要及时疏散乘客，车站和中央控制室要尽快地组织专门的消防救灾人员赶赴现场进行扑救，移动式灭火系统也能发挥一定的作用。

任务三　地铁火灾事故的救援与处理

学习任务

1. 地铁车站火灾事故救援与处理。
2. 地铁列车发生火灾事故的救援与处理。
3. 地铁火灾的灾后处理的一般流程。

学习目标

1. 掌握地铁车站火灾事故救援与处理流程。
2. 掌握地铁列车发生火灾事故的救援与处理流程。

3. 掌握地铁火灾的灾后处理的一般流程。

基础知识

为确保车站发生火灾能快速、及时处置车站火灾事件，城市轨道交通管理部门都有相关的火灾应急预案，明确各相关部门和岗位的职责，规定应急处置程序和处理方法。

一、地铁车站火灾事故救援与处理

车站发生火灾后，车站立即按《车站火灾应急预案》要求进行汇报和进行先期处置，控制中心（OCC）立即启动预案，进行火灾疏散。车站所有工作人员（含其他部门员工及委外人员）应立即按照值班站长的布置到达各自岗位。

（一）信息报告

火灾应急预案规定，应急情况报告的基本原则是快捷、准确、直报、续报。地铁车站火灾信息报告流程图如图6.9所示。

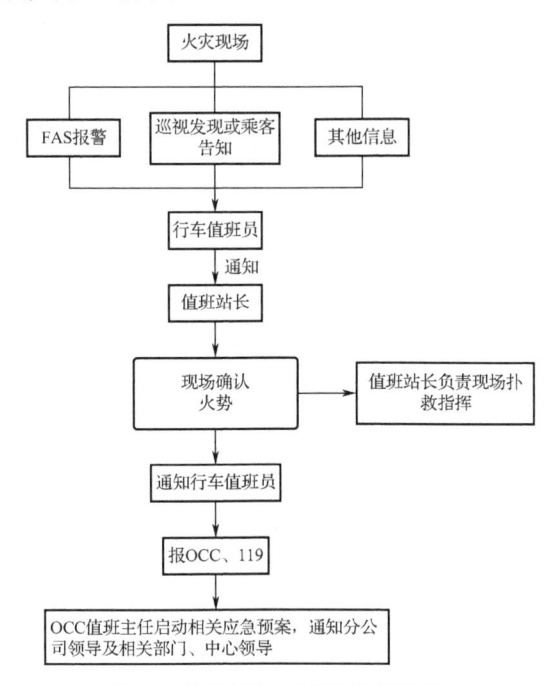

```
            火灾现场
      ┌────────┼────────┐
   FAS报警  巡视发现或乘客  其他信息
             告知
      └────────┼────────┘
            行车值班员
              │通知
            值班站长
              │
         现场确认 ──→ 值班站长负责现场扑
           火势           救指挥
              │
         通知行车值班员
              │
          报OCC、119
              │
      OCC值班主任启动相关应急预案，通知分公
      司领导及相关部门、中心领导
```

图6.9 地铁车站火灾信息报告流程图

应急情况报告内容包括：报告人姓名、部门、事故发生时间、事故发生地点（地铁车站具体起火地点）、事故性质（原因规模等）、人员或设备损坏情况、影响运营程度、请求救援内容、车站引导地点、报告时间（年月日时分）等。

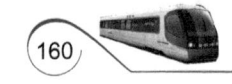

（二）现场组织

1. 现场指挥

发生火灾后，值班站长为前期现场指挥负责人。后期到达现场者按主要相关专业优先指挥的原则，现场处置机构负责人由到场的主要相关专业职务最高者担任。

2. 现场处置机构

指挥由客运部长、站务中心主任、地铁公安消防大队负责人担任；副指挥由安保部副部长、客运部副部长、站务中心副主任担任；组员由各相关专业工程师、区域站长、地铁公安及消防大队人员组成。

3. 相关部门职责

（1）客运部、站务中心、控制中心、乘务中心、票务中心，负责报告、现场保护、行车组织、客运组织等初期救援处置和恢复工作。

（2）安保部负责收集情况，协助公安人员现场勘查、取证。

（3）物资设施部、机电自动化中心、供电中心、通信中心，负责防排烟系统的技术保障、抢修损坏的线路、信号、通信和供电设施等工作，尽快满足运营条件。

（4）地铁公安分局负责协助车站维持现场秩序。

（5）公安消防部门负责车站的灭火工作。

（三）现场救援

1. 站厅发生火灾的救援与处理

1）值班站长的处置程序与工作职责

（1）报告行调、环调站厅发生火灾，要求停止本站的客车服务，并请求支援。

（2）担任"事故处理主任"，到现场组织灭火。

（3）火势不大时，组织站台安全员穿荧光背心，到现场灭火。

（4）根据火势，决定是否报告119。

2）行车值班员的处置程序与工作职责

（1）广播通知车站所有员工发生火灾，并宣布执行紧急疏散计划，按压 AFC 紧急按钮。根据值班站长的指示，报告119，内容包括：发生时间（月、日、时、分）；发生地点（车站）；事件原因；人员伤亡情况及地铁设备损坏情况。

（2）向乘客广播车站发生火灾情况，暂停客车服务，请乘客尽快疏散出站。

（3）车进站时，向站台广播：请站台乘客抓紧上车，在本站下车乘客，请到下一站下车。

（4）与环调联络在 BAS 上设置执行相应的排烟模式。

（5）关掉广告灯箱电源。

（6）如火势封住某端出入口，则广播通知站台安全员组织乘客从另一端出入口疏散出站。

（7）确认车站残疾人电梯内无人后，通知客值锁闭电梯。

(8)及时向OCC行调汇报火灾进一步的发展情况。
3)客运值班员的处置程序与工作职责
(1)了解现场,评估火灾情况,通过对讲机立即向值班站长报告。
(2)如火势封住某端出入口,则组织乘客从另一端出入口疏散出站。
(3)听从值班站长指挥参加协助工作。
(4)关闭车站电扶梯。
4)售/检票员的处置程序与工作职责
(1)停止售票,并收好票款、车票。
(2)根据需要到出入口张贴安民告示,拦截乘客进站。
5)站台安全员的处置程序与工作职责
(1)指挥护卫拦截进站乘客,指引乘客疏散出站。
(2)组织乘客从站厅未失火的另一端疏散。
(3)客车在该站通过时做好站台乘客安全防护。
6)站厅火灾紧急疏散程序及工作职责
见表6.2,所有员工在完成疏散工作后,要参加灭火或逃生。

表 6.2 站厅火灾紧急疏散程序及工作职责

工作职责	岗位(人员)	值班站长	行车值班员	客运值班员	站厅安全员	售/检票员	其他人员
1	发现火灾,向值班站长报告和试图灭火		√	√		√	√
2	报告行车调度发生火灾及请求支援	√	√				
3	宣布执行疏散计划	√					
4	指示环控操作员执行排烟模式			√			
5	关掉广告电源,按停扶梯			√	√		
6	担任"事故处理主任",指挥和灭火	√					
7	向行车调度报告火灾情况			√			
8	指引乘客疏散出站			√	√		√
9	张贴安民告示,拦截乘客进站			√		√	√
10	引导消防队到火灾现场	√					√

2. 站台发生火灾的救援与处理
1)值班站长的处置程序与工作职责
(1)广播通知车站所有员工站台发生火灾,宣布执行紧急疏散计划。
(2)担任"事故处理主任",到现场组织灭火。
(3)火势不大时组织员工穿好荧光背心救火。
2)行车值班员的处置程序与工作职责
(1)报告行调车站站台发生火灾,要求停止本站客车服务,并请求支援。
(2)向乘客广播车站发生火灾情况,按压AFC紧急按钮,暂停客车服务,请尽快疏散出站。

　　（3）按环调命令执行相应的排烟模式。
　　（4）关掉广告灯箱电源。
　　（5）确认车站残疾人电梯内无人后，通知客值锁闭电梯。
　　（6）及时向 OCC 行调汇报火灾进一步的发展情况。
　　（7）及时向 OCC 环调汇报火灾模式运行情况及现场排烟效果。
　　3）客运值班员的处置程序与工作职责
　　（1）通知停止售票。
　　（2）做好临时告示，引导乘客疏散。
　　（3）关闭所有 TVM。
　　（4）关闭车站电扶梯。
　　4）售/检票员的处置程序与工作职责
　　（1）停止售票并收好票款、车票。
　　（2）到出入口张贴安民告示，拦截乘客进站。
　　5）站台安全员的处置程序与工作职责
　　（1）指挥护卫拦截进站乘客，指引乘客疏散出站。
　　（2）组织乘客从站台未失火的另一端疏散到站厅。
　　（3）客车在该站通过时做好站台乘客安全防护。

站台火灾紧急疏散程序及岗位职责见表 6.3。在救火时，要注意保护好车辆设备，不能盲目破坏；要及时抢救和疏散被困的乘客。若发生人员伤亡，立即进行紧急救护，必要时拨打 120 请求支援。

表 6.3　站台火灾紧急疏散程序及岗位职责

工作职责	岗位（人员）	值班站长	行车值班员	客运值班员	站台安全员	售/检票员	其他人员
1	发现火灾，向值班站长报告和试图灭火		√	√	√		√
2	报告行调发生火灾及请求支援	√					
3	宣布执行疏散计划	√					
4	指示环控操作员执行排烟模式		√				
5	关掉广告电源		√	√			
6	担任"事故处理主任"，指挥灭火	√					
7	向行调报告火灾情况		√				
8	关停扶梯		√				√
9	指引乘客疏散出站		√	√	√		√
10	拦截乘客进站					√	√
11	引导消防队到火灾现场	√					√

(四)应急保障

1. 人力资源保障

在控制中心工作的人员组织相应应急抢险小组,小组成员接到突发事件的指令后迅速前往控制中心。救援人员组成:车站当班工作人员、车站应急抢险队成员、公司其他人员。

2. 救援设备保障

应急救援队伍配备必要的应急装备、器材和通信、交通工具,制订各类应急处置专业技术方案。救援设备应由专人进行日常保养,确保无任何故障。

3. 救援物资保障

救援物资的日常配置包括担架、轮椅、隔离绳、消防灭火器、防毒面具等。救援物资要定期巡视检查。地铁大厦物业管理单位、各相关部门和中心确保足够的救援物资可随时领取,并提供相应的技术储备。各中心按照相关要求配备防护用品。

4. 技术保障

救援人员必须具有专业救援知识,训练有素,以确保救援时准确无误、安全快速地完成救援任务。相关专业管理部门、中心日常应加强对相关岗位人员技术、技能的培训。

5. 其他保障

火灾发生时,通风设备要根据火灾的位置、乘客的疏散方向和灭火进攻的方向,适时确定某通风排烟机启动。火情不明时严禁盲目启动风机,以免扩大火势;经确认明火扑灭并且没有复燃的可能时,应立即对近起火点处启动风机排烟、远起火点处风机送风,防止烟气扩散;无论送风或排风都会起到助燃作用,使用不当会使火灾损失扩大。指挥人员必须根据起火的具体情况,以尽快疏散人员减少火灾损失为准,确定送风排烟方式。

各相关部门做好通信、供电、交通工具、应急经费、安全保卫专家、应急资料数据库等保障工作。

(五)应急终止

1. 应急终止的条件

车站乘客疏散完毕,除紧急出入口外,其余出入口均已关闭,紧急出入口已派人把守。

2. 应急终止命令的发布

救援工作结束后,应及时将现场情况向控制中心汇报,由控制中心发布应急终止命令。

(六)调查报告

由安保部、技术部、相关专业部门组成事故调查组,按照有关规定,对事故进行调查,在规定的时间内将调查报告向运营分公司安全委员会上报。

应急状态解除后,现场处置机构有关部门、中心应整理和审查所有的应急记录和文件等资料;总结和评价导致应急状态的事故原因和在应急期间采取的主要行动;并及时做出书面报告。

二、地铁列车发生火灾事故的救援与处理

地铁列车发生火灾时,由于在地下隧道、车站和列车构成的封闭环境中,高温伴随着

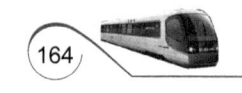

有毒浓烟,加上被困有限空间里往往会使乘客惊慌和作业人员应变出错,从而加剧火灾的严重后果和救援处理的难度。为最大限度地减少火灾造成的生命财产损失,列车火灾事故的及时处理应遵循"及时扑救,快速撤离"的原则,按照相关部门制定的火灾事故处理程序、方法与措施进行汇报和先期处置,控制中心(OCC)立即启动预案,进行火灾疏散。

(一)火灾的发现与报告

火灾的发现通常有车站控制室、控制中心的监控设备发现和现场作业人员、乘客发现两种情况。在确认火灾发生后,车站行车值班员、列车司机等有关作业人员必须迅速将火灾发生时间、地点和部位及其他有关情况向控制中心和119火警台报告,并由控制中心向公司、公安分局和有关部门报告。

(二)列车火灾发生在车站的处理

车站应立即通过广播向车内乘客和候车乘客发出火灾警报,指明乘客应从何线路撤离疏散,并派车站作业人员组织引导乘客快速撤离疏散,努力把混乱情况控制在最低限度,车站的检票口和安全出口应全部开放。同时,车站应组织力量对火灾进行初期扑救和伤员抢救,并将重伤员及时送往医院。列车在车站发生火灾时,可以利用车站楼梯、出入口迅速疏散乘客。其安全疏散的具体程序基本与车站内发生火灾救援与处理相同。

(三)列车火灾发生在区间隧道的处理

1. 着火列车火灾发生在站台附近

一般列车此时处于刚离站或者即将到站的状态。一旦发生火灾,司机要及时用无线电向车站通报火情,车站工作人员赶到站台做好组织疏散和救援工作的准备。此时若火情不是很严重,司机将车开至就近的站台,打开车门,和车站工作人员一起组织乘客进行疏散。若列车火势较大,司机应立即断开外部电源,启用备用电源,维持车厢的照明。同时,车站救援人员应立即开拖车将列车拖至站台,然后迅速开门疏散乘客。

2. 着火列车火灾发生在隧道中央处

此时列车离两端站台的距离都较远,来不及将列车开往站台。司机除用无线电与车站取得联系外,还应立即切断外部高压电源、启动紧急备用电源。车站调度室根据列车所处的位置和火情,开启通风系统紧急模式,使烟雾远离乘客。司机打开列车疏散门,引导乘客逆风沿隧道中央进行疏散,快速撤离现场。

(1)着火列车还能运行时,应尽量驶入前方车站。

着火列车停在区间隧道中,乘客撤离和救援处理会更困难。基于列车在隧道内运行时间是十分短暂的,列车的全部车辆材料都是不可燃的,隧道内的设备、电缆、管道及其他材料也是不能燃烧的,列车的前、后端各有一个紧急疏散门。因此,列车运行过程中如在区间隧道发生火灾时,应尽量驶入前方车站,利用前方车站来疏散乘客。

(2)着火列车无法运行时,组织乘客撤离列车步行至邻近车站。

在列车无法继续运行的情况下,列车司机应通过广播要求乘客保持镇静,告知乘客疏散撤离的路线和方法,并组织乘客撤离列车步行至邻近的车站或引导乘客从有安全指示灯光显示的紧急出口疏散至安全地点。

列车在区间隧道内发生火灾的处理程序如图 6.10 所示。

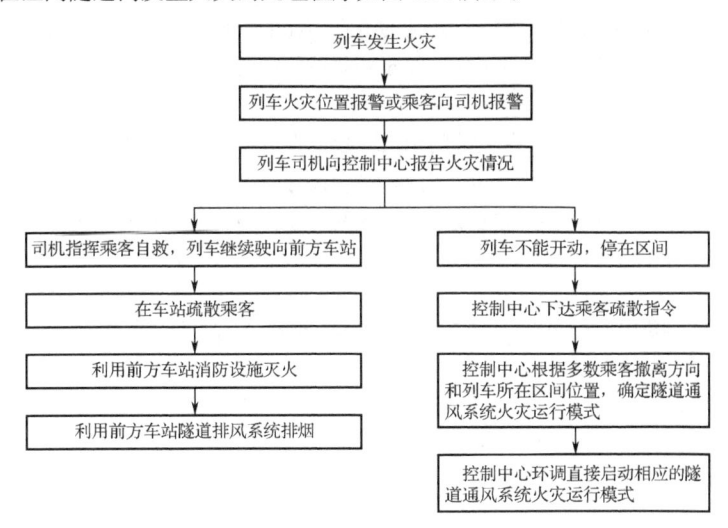

图 6.10　列车在区间隧道内发生火灾的处理程序

（四）行车调度指挥

行车调度员接到报告后应立即封锁事故发生区间和停运事故发生车站及有关车站。根据火灾情况，指示着火列车继续运行至前方站或就地组织乘客撤离列车。对迫停在区间隧道中的列车布置防护，对线路中其他运行列车采取扣车措施。组织指挥救援列车的开行。加强与电力调度员、环控调度员、车辆段运转值班员和有关车站行车值班员的联系与协调。

（五）疏散救援组织

在区间隧道组织乘客撤离时，应切断牵引电流，打开隧道内的安全照明灯，通风排烟方向应与乘客撤离方向相反。

紧急疏散乘客时，若车头着火，乘客应该从车尾下车后步行至后方的车站；若车尾着火，乘客从车头下车后步行至前方车站；若列车中部着火时，乘客从列车两端下车后步行至前、后方车站。此时，隧道通风系统迅速启动，排除烟气，并向乘客提供必要的新鲜空气，形成一定的迎面风，诱导乘客安全撤离。此外，邻近车站应派作业人员前往事故现场，协助乘客撤离和进行扑救灭火。要及时对伤员进行抢救，并将重伤员送往医院。

三、地铁火灾的灾后处理的一般流程

1. 转移伤员，现场清理

地铁火灾以后，首先是进行转移伤员到医院或者就地治疗、对现场进行清理、清点损失等善后工作。

2. 清查评估，灾后重建

现场进行清理后，着手准备灾后重建和恢复通车，如组织专家和有关人员对车站、区间隧道、地铁列车等的受损情况进行详细的清查和评估，对受损区段的结构进行修复和重建，消除火灾留下的安全隐患等工作，尽早恢复使用和通车。

3. 调查总结，追究责任

由安保部、技术部、相关专业部门组成事故调查组，按照有关规定，立即对事故进行调查，调查火灾的起因，在规定的时间内将调查报告向运营分公司安全委员会上报，追究有关人员的责任，并提出应吸取的教训和改进的措施，以对今后的地铁设计和火灾预防提供宝贵的经验和借鉴。

任务四　地铁火灾安全逃生和自救的技巧与方法

学习任务
1. 地铁火灾安全逃生和自救的基本常识。
2. 地铁火灾安全逃生自救的技巧与方法。
3. 地铁火灾预防应急演练的组织工作。

学习目标
1. 了解地铁火灾安全逃生和自救的基础知识。
2. 掌握地铁火灾安全逃生和自救的技巧与方法。
3. 熟悉地铁火灾预防应急演练的组织工作。

基础知识

地下车站由于都是通过挖掘的方法获得的建筑空间，隧道外围是土壤和岩石，只有内部空间而没有外部空间，且仅有与地面连接的通道作为出入口，不像地面建筑有门、窗，可与大气连通。因此，发生火灾时救援困难。本学习任务介绍地铁火灾安全逃生和自救的基础知识，以及发生火灾如何安全逃生和自救的技巧与方法。

一、地铁火灾安全逃生和自救的基本常识

地铁发生火灾时由于地下供氧不足，往往处于不完全燃烧状态，烟雾浓、发烟量大，地铁的出入口又少，因此易造成群死群伤的严重后果。

地铁火灾安全逃生和自救的基本常识如下。

（一）要有逃生的意识

乘客进入地铁后，要对其内部设施和结构布局进行观察，熟记疏散通道安全出口的位置。车厢两头和车门处是撞车事故发生时容易受损的部位。乘地铁时，应尽量靠近车厢的中部；地铁两边车门因停站需要经常变换开启方向，故不能倚靠在车门上，以免出现意外。

（二）将灭火与逃生相结合

当发现火情后，应立即报警，然后寻找附近的灭火器材进行灭火，力求把初起火控制在最小范围内。如车厢内着火，应一边组织灭火，一边将老、弱、妇、幼等社会弱势人群先行疏散至别的车厢。如初期火灾扑救失败，应及时关闭车厢门，防止火势蔓延，赢得逃生时间。地铁工作人员接到火灾报警，要立即展开应急措施，开启应急照明设备和排烟设备，迅速排出地下室内烟雾，以降低火场温度和提高火场能见度。

（三）不深呼吸、也不蹲下

逃生时，应采取低姿势前进，不要做深呼吸，可能的情况下用湿衣服或毛巾捂住口和鼻子，防止烟雾进入呼吸道。逃生时，采取自救或互救手段疏散到地面、避难间、防烟室及其他安全地区。也不要蹲下，车厢里的人群复杂，逃生能力不一。特别是妇女、儿童、老人，由于害怕会立刻蹲下，这样就容易发生踩踏事件，造成不必要安全损伤。

（四）听从指挥、等待救援

要守秩序，保持镇静。在逃生过程中，要坚决听从地铁工作人员的指挥和引导疏散，决不能盲目乱窜，已逃离地下建筑的人员不得再返回地下，万一疏散通道被大火阻断，应尽量想办法延长生存时间，等待消防队员前来救援。

二、地铁火灾安全逃生和自救的技巧与方法

（一）地铁火灾实施自救方法要点

1. 熟记安全出口

进入地铁后，先要对其内部设施和结构布局进行观察，熟记疏散通道安全出口的位置。

2. 遇火灾及时报警

在每两节车厢的连接处，都有一个红色的紧急按钮，乘客遇到突发情况可以随时按动该按钮，通知列车司机。

3. 找灭火器自救

在两节车厢连接处及车门附近，均贴有红色的灭火器的标记，箭头指向位置即是灭火器所在的位置。

4. 切勿砸窗跳车

隧道空间狭小，乘客千万不可试图打碎玻璃或者打开安全门逃生。在列车车头和车尾部均设置应急疏散门，乘客应从车头和车尾依次疏散。

5. 湿布捂口鼻

浓烟太大，乘客可用随身携带的口罩、手帕或衣角捂住口鼻。如果身边有矿泉水、饮料，可用其润湿布块。

6. 逃生要逆风跑

列车行驶至车站时，要听从车站工作人员统一指挥，在逃生时要判断好方向，看清哪一个站台离自己更近一些，以赢得救援的时间。地铁内逃生时必须要记住一个要点：往上

风口跑,也就是逆着风跑,以避免吸入有毒气体。

地铁火灾实施自救方法如图 6.11 所示。

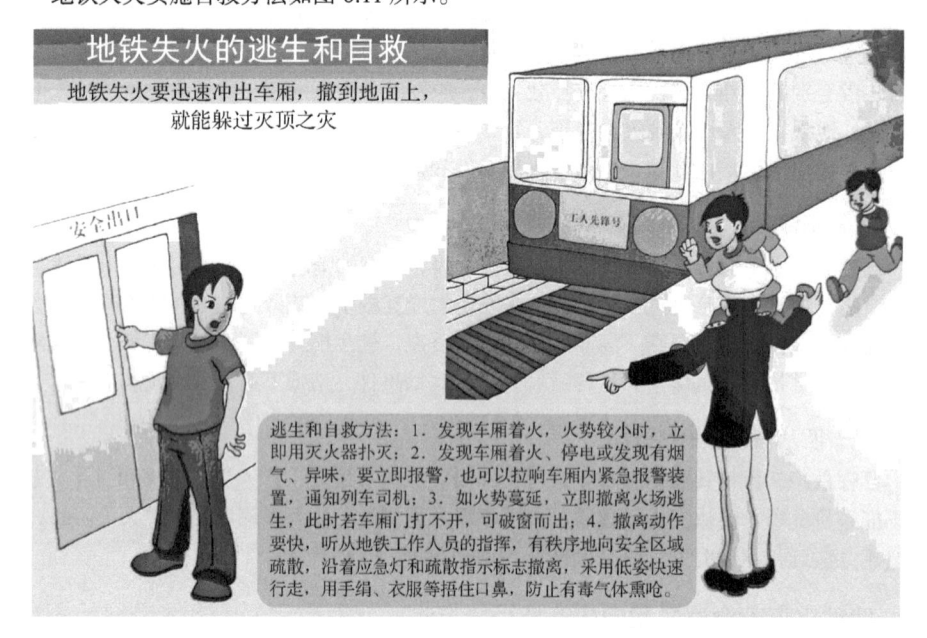

图 6.11 地铁火灾实施自救方法

(二)地铁火灾乘客逃生技能要点

当地铁车站或车辆发生火灾时,逃生时要朝明亮处疏散,迎着新鲜空气跑,不可乘坐车站的电梯或自动扶梯,以免突然断电发生危险,借助指示灯先确定正确的逃生方向。地铁发生火灾产生浓烈烟雾,地铁站里漆黑一片,这时有两种灯会给你指引逃生方向,一是位于上方的安全出口指示灯(见图 6.12),它所指示的方向就是地铁出口处,二是位于下方的应急指示灯(见图 6.13),它的箭头也会给你指明地铁出口的正确方向。

图 6.12 安全出口指示灯

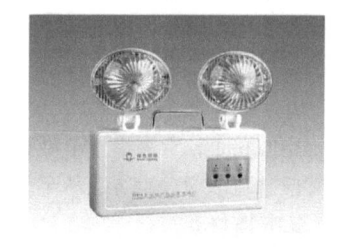

图 6.13 消防应急指示灯

当地铁列车迫停在站台两侧时,起火点与列车大致有 3 种位置关系,即起火点位于车头、车中或车尾。若起火点位于车头,要向车尾疏散;若起火点位于车尾,要向车头疏散;若起火点位于列车中部,起火点前部车厢的乘客要向前方车站疏散,起火点后部车厢的乘客要向后方车站疏散。由于火灾会产生大量的烟雾、毒气,能见度很低,容易出现中毒昏迷现象,被困人员在车站工作人员的指挥下,确定自己所处的位置、距起火点的距离及火势大小,选择正确的逃生路线,用水将衣服、手绢等物品弄湿,捂住口鼻,严防烟雾、毒气吸入体内,尽快寻找疏散指示标志。车门打不开时,在未着火部位将面向站台方向的玻璃窗砸开,从车内到达站内。如果身上着火时,不要乱跑,应就地打滚,使身上的火熄灭,等待救援。同时,保持冷静,不能慌张,以免发生相互拥挤、踩踏,造成伤亡事故。

相关案例

地铁火灾预防应急演练的组织工作

根据《城市轨道交通运营安全条例》规定,轨道交通运营单位依法承担轨道交通运营安全管理责任,为乘客提供安全便捷的服务。政府有关部门、运营单位及相关社会组织应当开展轨道交通运营安全教育和宣传,提高社会公众安全意识。市交通行政主管部门、公安机关、轨道交通网络管理机构或者运营单位应当按照有关规定组织开展应急演练。应急演练可以邀请乘客参加。参加应急演练的乘客应当服从现场工作人员统一指挥。

以长沙地铁2号线火灾预防应急演练为例,说明地铁火灾预防应急演练的组织工作。2014年4月22日,长沙地铁2号线进行火灾应急演练,并以此为契机,进行安全教育宣传,本次应急演练的组织值得借鉴。

一、演练目的

1. 城市轨道交通运营部门如何保证地铁运营安全,在发生火灾时,如何组织疏散。
2. 乘客乘坐地铁时,如果遭遇火灾、停电、列车故障等紧急情况,应如何安全逃生。

二、演练内容

(一) 紧急疏散演练概况

2014年4月22日上午,长沙地铁2号线迎宾路口站,正在开展应急疏散演练。

"乘客请注意,负2层出现浓烟,请大家跟随工作人员有序疏散,不要惊慌。"迎宾路口站负2层响起警报。这是长沙市相关部门联合省红十字蓝天救援队开展的地铁突发事件紧急疏散演练。听到警示广播后,包括学生、老人、社区居民等600多名乘客,在工作人员及安全指示牌的引领下成功疏散,前后仅用时5min。在出站口处,蓝天救援队队员给乘客演示心肺复苏及包扎伤口。

(二) 逃生和自救知识现场宣讲

在地铁站台、车厢内,设有高清摄像头、防爆桶、报警灭火设施等监控,并应对突发状况。除地铁应急系统外,乘客的安全意识、逃生和自救知识非常重要。

救援队员说,乘坐地铁一旦遇到火灾,乘客不要惊慌乱窜,地铁站务人员会组织乘客疏散。紧急疏散时,地铁灯光熄灭,安全出口指示灯会亮,乘客可根据安全出口指示灯逃往地面。

救援人员说，地铁发生火灾时，乘客如果身处站内，可按工作人员指引，就近选择楼梯或通道疏散，切忌使用电梯。如果发现烟雾或火警，可使用站内紧急救援电话或按下手动报警按钮报警。烟雾弥漫时应用东西遮掩口鼻、压低身体贴近地面逃离。

救援人员说，地铁列车火灾时，乘客首先应通过车内的紧急对讲器向司机求助，并拨打119报警，同时按照列车司机或车站工作人员的指引进行疏散。在确保自身安全的前提下，可使用列车上的灭火器进行灭火自救。

救援人员说，公交车逃生经验不适用于地铁，地铁逃生要注意以下几点。

（1）车没停稳前不能扒开车门或砸开玻璃。在地铁运行时，车没停稳前扒开车门或砸开玻璃是相当危险的。因为地铁在地下运行，风速很大。扒开车门后，火借风势，将越燃越烈。此外，还有触电的危险。

（2）不要不辨方向，到处乱冲。地铁逃生时应注意判断方向，哪一个站台离自己更近一些，向它撤离可以赢得救援的时间。牢记上风口跑，就是逆着风跑。

（3）不要以为每一扇门都能够打开。地铁在行驶时，只有两侧的门能打开，中间的门打不开。所以，逃生时一定要沿着车头和车尾两侧。

三、安全教育

开展乘客安全乘车教育宣传是运营部门的职责。运营单位业务部门充分利用火灾疏散演练的机会，向乘客演示说明应急设备的使用要点，以及宣传遇到其他险情应急处理方法。

（一）应急设备使用演示

1. 车站内应急设备的使用

（1）灭火设备：乘客可按操作指引来使用消防栓和灭火器灭火。

（2）自动扶梯紧急停止按钮：紧急情况下按压按钮可使自动扶梯停止。

（3）车站紧急救援电话：可使用其与工作人员联系。

（4）站台紧急停车按钮：当列车或轨行区出现险情，即危及行车和乘客安全的情况时，击碎紧急停车按钮玻璃，按压按钮可使列车停止运行。

（5）火灾手动报警按钮：发生火灾时，击碎就近的手动报警按钮玻璃启动报警。

（6）屏蔽门手动解锁装置：发生紧急事件时，可通过手动解锁把手或压推杆锁打开屏蔽门进行疏散。

2. 列车上应急设备的使用

（1）车载灭火器：可使用座椅下的灭火器灭火。

（2）车门紧急解锁装置：发生紧急事件时，待列车停稳后，如车门无法及时开启，可按车门紧急解锁装置操作指引来推开车门。

（3）列车紧急报警器：一般在两节车厢连接处，可使用车厢内的紧急报警器与司机取得联系。

（4）区间疏散平台：紧急情况疏散时，乘客可经轨道旁的疏散平台到达车站。

（二）其他险情的处理

1. 地铁故障切勿跳轨防触电

依照指示从列车紧急出口疏散或从打开的车门、疏散平台疏散。疏散时大件物品行李请留在车上，以免阻碍疏散。切勿擅自跳下轨道以防触电，穿高跟鞋的乘客须脱鞋，以免扭伤。请在指定线路上行走，不可走到其他线路上或隧道内；沿站台末端梯级进入站台。

2. 车厢停电不可扒门进入隧道

如果站台停电，可能是车站照明设备出现了故障，在等待工作人员进行广播和疏散前请原地等候。列车运行时遇到停电，乘客千万不可扒门离开车厢进入隧道。地铁内常备应急照明系统将保证45min至1h的蓄电池照明。

3. 掉下站台不要趴在铁轨间的凹槽里

如果乘客坠落后看到有列车驶来，最有效的方法是立即紧贴非接触轨侧墙壁，注意使身体尽量紧贴墙壁，以免列车刮到身体或衣物。看到列车已经驶来，切不可就地趴在两条铁轨之间的凹槽里，因为地铁列车和道床之间没有足够的空间使人容身。

4. 遇危险品用衣物纸巾捂口鼻

如果在车厢内发现不明包裹，不要擅自上前拆除，在未确定其危险性时，最好远离该包裹。利用随身携带的餐巾纸、衣物等用品堵住口鼻、遮住裸露皮肤，迅速朝远离毒源的方向逃跑。到达安全地点后，用水清洗裸露皮肤。

任务五　城市轨道交通消防安全管理案例

学习任务

1. 国外典型地铁火灾事故案例。
2. 地铁设备火灾事故的处理。
3. 地铁乘客消防安全知识。

学习目标

1. 学习城市轨道交通消防安全管理相关案例。
2. 掌握地铁火灾事故的救援与处理基本方法和技能。

案例及分析

案例1　国外典型地铁火灾事故的原因分析

一、阿塞拜疆巴库地铁火灾

1995年10月28日，一场火灾的悲剧发生在阿塞拜疆巴库地铁。这场火灾导致了558名乘客丧生，269人严重受伤。通过对生还者的询问及事后火灾原因鉴定，酿成此次火灾的原因主要有以下两方面。

（1）车厢内大部分装饰物均采用可燃性化学合成材料。此种化学材料燃烧后迅速产生了大量神经麻痹毒气，致人死亡。

（2）巴库的救援力量不足，救援设备缺乏，救援措施不力，致使救援工作进展缓慢。消防队在15min后到场，未配备空气呼吸器，救援人员无法有效实施营救，致使前三节车厢220名乘客丧生。

二、英国伦敦地铁火灾

1987年11月18日，英国伦敦最大的地铁站——国王十字地铁站突然发生火灾。最终32人葬身火海，180人被严重烧伤。在救援过程中，有1名消防人员以身殉职，10多名消防队员负伤。经过分析，酿成这次火灾的主要原因有以下两点。

（1）地铁公司没有在木质材料制造的自动扶梯内安装火灾报警和喷水系统，以致火苗能在自动扶梯内肆无忌惮地燃烧蔓延。

（2）警员和职员都没有足够的消防训练，也没有制定火灾应急预案，通信设备在地下不能发挥作用。

三、韩国大邱地铁火灾

2003年2月18日，韩国大邱地铁因人为纵火发生特大火灾，造成196人死亡、147人受伤的惨剧。大邱市1079号地铁3号车厢中一名男子故意纵火，塑料瓶中易燃物引发大火，顿时浓烟滚滚。随即火势蔓延至整个6节车厢，并在驶入地铁站后引起相邻停靠列车起火燃烧。车站内电力系统瘫痪，600多名乘客陷入极度恐慌。由于电力中断，车门无法开启，加之地铁车窗玻璃十分坚固难以砸开逃生，后续消防救援不及时，虽然这是一起有人故意纵火而引起的火灾，但从事故现场站台到地铁地面出口处步行只需两分钟的路程，之所以出现如此大的伤亡，主要还是有许多人为因素。首先，地铁员工责任意识不够。这起火灾中死亡的乘客里，多数是第二列列车的乘客，而第二列列车是因为调度人员责任心不强、消极应对才误驶进站造成严重后果的。其次，是没有扎实有效地开展防火宣传教育。缺乏对防灾安全意识、紧急逃生知识、消防器材使用的训练。

案例2　北京地铁"2.29"知春路电梯冒烟事故的处理

一、事故经过

2012年2月29日6：34分，北京地铁10号线知春路站换成13号线通道内2号自动扶梯故障停梯，7：02分换乘通道内FAS火灾报警探测器报警，车站综控员报告值班站长到现场确认。值班站长、综控员、票务员立即赶到现场进行处置。在13号线南站厅处发现10号线换乘13号线自动扶梯上头部盖板下往外冒烟，车站工作人员立即启动预案，使用灭火器对准电梯头部进行喷扑。同时，行调下令知春路车站封闭换乘通道，启动地面换乘预案。车站工作人员立即组织地面换乘，并派人留守换乘通道，监视电梯情况，迎接专业抢修人员。7：31分13号线知春路站将南展厅出入口封闭，7：25分机电公司人员到达现场后，打开自动扶梯井盖，进入自动扶梯基坑检查通道进行灭火处理，烟雾逐步消散。

7:45分对自动扶梯故障处置完毕,车站立即对地面进行清扫保洁。8:25分知春路站恢复换乘。此次事故没有造成人员伤亡。

二、事故原因

(1)事故发生直接原因:梯级间隙照明灯具及线路短路导致扶梯主空气开关保护动作跳闸,同时短路引燃扶梯桁架、梯路上的油污和毛絮。

(2)间接原因:一是机电公司电梯维护人员到达现场较晚,没能第一时间有效处置火情造成事故影响扩大;二是机电公司电梯维护人员对设备没有按照维修计划进行维修,存在严重违章违纪、漏检漏修、弄虚作假现象,致使电梯欠修,电梯桁架、梯路没有得到及时清理,毛絮、油污积存是造成此次事故的深层次原因。

三、事故处理

根据《北京市地铁运营有限公司运营事故处理规则》第15条33款"运营线上发生冒烟、明火"规定,该事故定性为险性事故。

知春路站换乘通道自动扶梯冒烟是由于机电公司没有按照维修计划进行维修,电梯梯级间隙照明灯具及线路短路打火引燃扶梯桁架、梯路上的油污和毛絮造成,因此机电公司对此次事故负全部责任。

四、整改措施

(1)机电公司立即对扶梯设备开展专项整治,对梯级间隙照明全面检查,对电梯油污进行彻底清理,消除火险隐患。

(2)机电公司进一步加强电梯设备的运行维护管理工作,严查漏检、漏修问题;加强设备维护质量的监管工作,确保维修工作质量,使设备处在良好的运行状态。

(3)机电公司联合运营分公司进一步完善电梯设备故障情况下的应急处置预案,加强员工现场应急处置能力培训,以做到及时发现故障、及时处置,尽量减少对安全运营的影响。

(4)知春路车站工作人员在事故抢险过程中有效地组织了乘客地面换乘,未进一步扩大事故影响,但在前期没能及时发现电梯故障,错失了处置的最佳时机。运营三分公司将情况调查清楚,对责任人进行处理。

(5)运营分公司开展一次对全体综控员的综控设备操作培训,要求必须掌握相关设备的操作要求和故障报警处理。同时加大对综控员值岗作业的监督检查。

(6)相关部门汲取此次事故的经验教训,提出落实预防措施如下。

一是组织开展隐患大排查活动,重点排查人员隐患,深入检查各级领导和各岗位职工规章和安全措施的执行情况和落实程度。

二是严格落实"四个安全责任",进一步强化重点部位设备维修实名制,真正落实计表维修计划。

三是以此次事故为案例组织一次安全大讨论,继续深入开展"向违章违纪和维修不到位宣战"和"向管理者不作为、管理不到位宣战"活动。

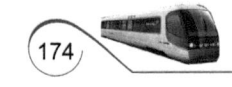

四是组织开展一次消防安全应急演练，切实提高一线值岗人员的应急反应处置能力。

（选自《北京地铁典型地铁事故案例汇编》，北京地铁运营有限公司安全检查室编）

任务六　城市轨道交通消防安全管理综合能力实践

一、教师工作活页

实践项目教师工作活页　　　　　　　　　　NO：_____

实践项目	城市轨道交通消防安全管理综合能力实践			
学　时	2	班　级		略
教学环境	多媒体教室或轨道交通综合实验室			
工具设备	多媒体设备课件、图片、示教板、计算机多媒体设备等			
教学目标	专业能力	（1）能说出城市轨道交通消防安全事故的类型； （2）能说出地铁运营公司消防安全管理主要岗位的工作职责； （3）能区分城市轨道交通消防设施与设备的基本类型； （4）能说出城市轨道交通消防设施与设备及基本功能； （5）能说出地铁火灾事故的救援与处理流程； （6）能说出地铁火灾安全逃生和自救的技巧与方法； （7）能说出地铁火灾事故的救援与处理流程； （8）能说出地铁火灾预防应急演练的组织工作要点。		
	方法能力	（1）能综合运用专业知识，通过利用专业书籍、多媒体课件和图片资料获得帮助信息； （2）能根据项目学习任务确定方案，从中学会表达及展示活动过程和成果。		
	社会能力	（1）能在教学活动中保持积极向上的学习态度； （2）能与小组成员和教师就学习中的问题进行交流和沟通； （3）能与他人共享学习资源，具有较好的合作能力和团队协作精神。		
教学活动	略（详见教学活动设计）。			
教学评价	学生活动：① 以 5~8 人小组为单位开展实践教学活动，根据本组同学在实训过程中的能力表现及结果进行自评及组内互评；② 根据其他小组同学在成果展示活动中的表现及结果进行互评。 教师活动：① 教师组织学生开展评价活动和总结；② 对学生本项目学业成绩做出综合评价。			
教学资料	（1）城市轨道交通安全管理教材； （2）城市轨道交通消防安全法规制度等参考书； （3）实践项目学生学习活页（附页）。			
指导教师		教学时间	年　　月　　日	

二、实践项目学生学习活页

实践项目学生学习活页　　　　　　　　　　NO：_____

实践项目 3　　城市轨道交通消防安全管理综合能力实践

班级：_____　姓名：_____　学号：_____　时间：_____

一、能力目标

1. 专业能力目标

（1）能说出城市轨道交通消防安全事故的类型；
（2）能说出地铁运营公司消防安全管理主要岗位的工作职责；
（3）能区分城市轨道交通消防设施与设备的基本类型；
（4）能说出城市轨道交通消防设施与设备及基本功能；
（5）能说出地铁火灾事故的救援与处理流程；
（6）能说出地铁火灾安全逃生和自救的技巧与方法；
（7）能说出地铁火灾事故的救援与处理流程；
（8）能说出地铁火灾预防应急演练的组织工作要点

2. 方法能力目标

（1）能综合运用专业知识，通过利用专业书籍、多媒体课件和图片资料获得帮助信息；
（2）能根据项目学习任务确定方案，从中学会表达及展示活动过程和成果。

3. 社会能力目标：

（1）能在教学活动中保持积极向上的学习态度；
（2）能与小组成员和教师就学习中的问题进行交流和沟通；
（3）能与他人共享学习资源，具有较好的合作能力和团队协作精神。

二、知识总结

1. 简述城市轨道交通消防安全事故的类型。

2. 简述城市轨道交通消防安全的管理措施。

3. 简述城市轨道交通消防设施与设备的类型。

4. 简述火灾报警系统（FAS）车站级设备的基本功能的构成。

5. 简述地铁火灾实施自救方法要点。

三、运用实践

1. 说出下列消防设施的名称，并将图中（1）～（6）号所表示的名称填在画线处。

图（1） 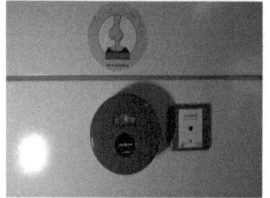　　　　　　图（2） 　　　　　　图（3）

图（4） 　　　　　　图（5） 　　　　　　图（6）

（1）＿＿＿＿＿＿＿；（2）＿＿＿＿＿＿＿；（3）＿＿＿＿＿＿＿；
（4）＿＿＿＿＿＿＿；（5）＿＿＿＿＿＿＿；（6）＿＿＿＿＿＿＿。

2. 描述地铁车站火灾事故救援与处理方法，画出地铁车站火灾信息报告流程图。

3. 说出列车火灾发生在区间隧道的处理要点，列车在区间隧道火灾的处理流程图。

四、活动小结

五、成绩评定

1. 学生评价

评价等级	A—优	B—良	C—中	D—及格	E—不及格
学生自评					
组内互评					
他组互评					

项目六　城市轨道交通消防安全管理

2. 教师评价

评价等级	A—优	B—良	C—中	D—及格	E—不及格
专业能力					
方法能力					
社会能力					
评价结果					

3. 综合评价

评价等级	A—优	B—良	C—中	D—及格	E—不及格
评价结果					

注：按照学生自评占 10%、组内互评占 10%、他组互评占 20%、教师评价占 60%的比例计分。其中，A—100 分，B—85 分，C—75 分，D—60 分，E—50 分。

4. 评价量规

等　　级	行为表现描述
A	能圆满高效地完成实践任务的全部内容
B	能顺利完成实践任务的全部内容
C	能完成实践任务的全部内容，但需要一些帮助和指导
D	自己只能完成实践任务的部分内容，但在现场的指导下，已经能完成任务的全部内容
E	不能完成实践任务的全部内容

安全小贴士

地铁乘客消防安全提示

守则一：地铁内任何区域都禁止吸烟

案例：2013 年 6 月 18 日，28 岁男子叶某，因在上海轨道交通 3 号线曹杨路站站台吸烟，不听车站工作人员和民警劝告，且态度非常嚣张，最终被公安部门依法处以行政拘留。

消防安全提示：

虽然车站区域内有明显的禁烟标志，广播也不时告知乘地铁内禁止吸烟，但仍不时有人违反规定偷偷抽上一口。站台、车厢内、地铁站厕所时不时就会发现烟蒂踪影。相关法律明确规定，地铁内任何区域都禁止吸烟，情节严重者可被行政拘留。

（1）国家建设部制定发布的《城市轨道交通运营管理办法》，严令禁止地铁内吸烟，包括地铁内的卫生间、出入口等场所。《办法》明确规定，禁止在车厢内吸烟等危害轨道交通正常运营的行为，违规乘客可被处以 50 元以上 500 元以下的罚款。

（2）许多城市都有公共场所控制吸烟条例。例如，《上海市公共场所控制吸烟条例》明令禁止在室内公共场所吸烟。如果有乘客在卫生间内吸烟，相关人员有责任进行制止。情节严重者，相关部门会对其进行处罚。

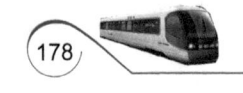

（3）根据《中华人民共和国消防法》第六十三条第二项规定：违反规定使用明火作业或者在具有火灾、爆炸危险的场所吸烟、使用明火的，可处以警告或者500元以下罚款；情节严重的，处五日以下拘留。

二、守则二：地铁内安全设施不能随意动

案例：2013年9月2日晚6时许，广州地铁2号线的同一列车连续两次被乘客解锁车门，致晚点14min。当晚列车上一乘客发现行李遗漏在站台，他紧急拉停地铁解锁车门。随后，其他乘客看见隧道内后续列车灯光担心追尾，于是再次解锁其他车门。

消防安全提示：

地铁车站和列车上设置安全设施不能随意乱动，只有当地铁发生火灾、乘客晕倒、列车故障及乘客生命安全受到威胁等情况下，才可以启用相应的安全设施。根据城市轨道交通管理条例的相关规定，非紧急状态下动用紧急或者安全装置属于"危害轨道交通设施的行为"，违反者可由轨道交通线路运营单位责令改正，并处以500元以上5000元以下罚款。如果危害轨道交通设施的行为严重，甚至可能构成犯罪，将被追究刑事责任。

（1）火灾紧急报警器：每个车站的站台墙上都安装有火灾手动报警器。

（2）自动扶梯"紧急停机"装置：车站内所有自动扶梯两端都装有"紧急停机"装置，发生紧急情况时，按压红色按钮即使自动扶梯紧急停止运行。

（3）车站站台紧急停车按钮：每侧站台墙上各设有个紧停车按钮，发生紧急情况时击碎玻璃按压按钮即可。

（4）屏蔽门紧急开关：先扳起手柄，把门往两边拉开。

（5）屏蔽门应急门：当列车进站无法对准滑动门作为乘客散通道使用时，按下绿色推杆，推开应急门。

（6）疏散平台：列车在区间被迫停车并要进行紧急疏散时使用。

三、守则三：禁带危险物品进入城轨交通区域

案例：2013年11月22日晚6时许，沈阳地铁1号线某一列车在行经"沈阳站"站时，车内双方5名女乘客发生冲突。其中一名女子持刀扎伤一位女乘客，凶器是一把"锁刀"。

消防安全提示：

文明乘坐地铁是每位乘客应尽的责任，既能保证自身安全，同时也保障了他人安全。根据城市轨道交通管理条例所有易燃易爆危险品、有毒及腐蚀性的物品都不准带入地铁站，违者将交予公安部门法办。不能携带进入地铁内物品如下。

（1）过大的物件或货物。

（2）宠物及其他禽畜。

（3）易燃易爆危险品，如烟花、鞭炮、石油液化气瓶、汽油、酒精、香蕉水、硫黄、刀具等其他可能影响乘客人身安全的物品。

思考与练习

1. 什么叫消防联动？什么是防火分区？防火分区设置目的是什么？
2. 地铁火灾危险源有哪些？联系实际谈谈你对城市轨道交通火灾事故预防的认识。
3. 简述城市轨道交通消防设施的分类。
4. 简述气体灭火系统的操作方式。
5. 简述火灾报警系统的基本功能。
6. 地铁列车发生火灾事故应如何组织救援与处理？
7. 简述地铁车站火灾事故救援与处理流程。
8. 简述地铁火灾的灾后处理的一般流程。
9. 简述地铁火灾安全逃生和自救的基本方法。
10. 乘坐地铁时，乘客应该遵守哪些安全规定？

项目七　城市轨道交通应急管理

教学目标

通过本项目教学，使学生了解城市轨道交通应急管理体系，包括城市轨道交通应急组织管理、城市轨道交通突发事件管理、城市轨道交通应急资源管理等基本内涵；了解城市轨道交通应急设备与设施的基本使用方法；了解城市轨道交通应急预案的范畴，掌握城市轨道交通应急预案基本结构与制定原则，初步掌握城市轨道交通运营突发事件处置能力和基本方法。

知识要点

1. 城市轨道交通应急管理基础。
2. 城市轨道交通应急设备与设施的基础知识。
3. 城市轨道交通应急设备与设施的使用功能。
4. 城市轨道交通应急预案的基本内涵。
5. 城市轨道交通运营突发事件处置能力和基本方法。

任务一　城市轨道交通应急管理基础

学习任务

1. 城市轨道交通应急管理的基本内涵。
2. 城市轨道交通应急管理体系架构。
3. 城市轨道交通应急组织管理。
4. 城市轨道交通应急事件管理。
5. 城市轨道交通应急资源管理。
6. 城市轨道交通应急保障队伍的组成和职能。

学习目标

1. 理解城市轨道交通应急管理体系。
2. 知道城市轨道交通应急管理体系的基本构架。
3. 了解城市轨道交通应急组织机构与职能。
4. 知道城市轨道交通应急事件管理的基本内涵。
5. 知道城市轨道交通应急资源分类。
6. 熟悉城市轨道交通应急保障队伍的组成和职能。

基础知识

应急管理是城市轨道交通安全管理的重要部分，做好城市地铁事故灾难的防范与处置工作，保证及时、有序、高效、妥善地处置城市地铁事故灾难，最大限度地减少人员伤亡和财产损失，对维护社会稳定、支持和保障经济发展发挥着重要作用。

一、城市轨道交通应急管理的基本内涵

（一）应急管理

应急管理是指政府及其他公共机构在突发事件的事前预防、事发应对、事中处置和善后恢复过程中，通过建立必要的应对机制，采取一系列必要措施，应用科学、技术、规划与管理等手段，保障公众生命、健康和财产安全，促进社会和谐健康发展的有关活动。

应急管理是安全管理的重要组成部分，是针对非常规突发事件，进行的事前、事中和事后的管理，包括预防、准备、响应和恢复 4 个阶段。

（二）城市轨道交通应急管理

城市轨道交通系统是一个错综复杂的大系统，包括供电、供水、供气、通信、安保等诸多子系统。随着我国城市化进程加快，引起城市轨道交通突发事件的因素越来越多、越来越复杂，各因素相互联系、相互作用，各类突发事件相互关联、相互转化，使得复合、次生、衍生灾害往往同时发生，城市轨道交通建设的快速发展及线网化的运营对城市轨道交通应急管理提出了更高的要求。城市轨道交通应急管理主要由应急组织管理、突发事件管理、应急预案管理和应急资源管理 4 个部分组成。

二、城市轨道交通应急管理体系架构

城市轨道交通应急管理体系一般由应急组织管理、突发事件管理、应急资源管理和应急预案管理 4 个部分组成。城市轨道交通应急管理体系架构如图 7.1 所示。

三、城市轨道交通应急组织管理

（一）应急组织机构

应急组织机构是应急体系的中枢，是日常应急体系建设和应急规章制度监督的主体机构。在突发事件发生时，应急组织机构是应急指挥的决策和执行机构。根据城市轨道交通线网的特点，城市轨道交通应急组织机构分 3 个层级设置，分别是国家层级、省/市层级和运营企业层级，如图 7.2 所示。

（二）层级化立体指挥体系

1. 层级化的组织机构

在运营企业内部，城市轨道交通应急组织机构又可以划分为 3 个层级，分别是运营企业层级、线网层级和线路层级，如图 7.3 所示。

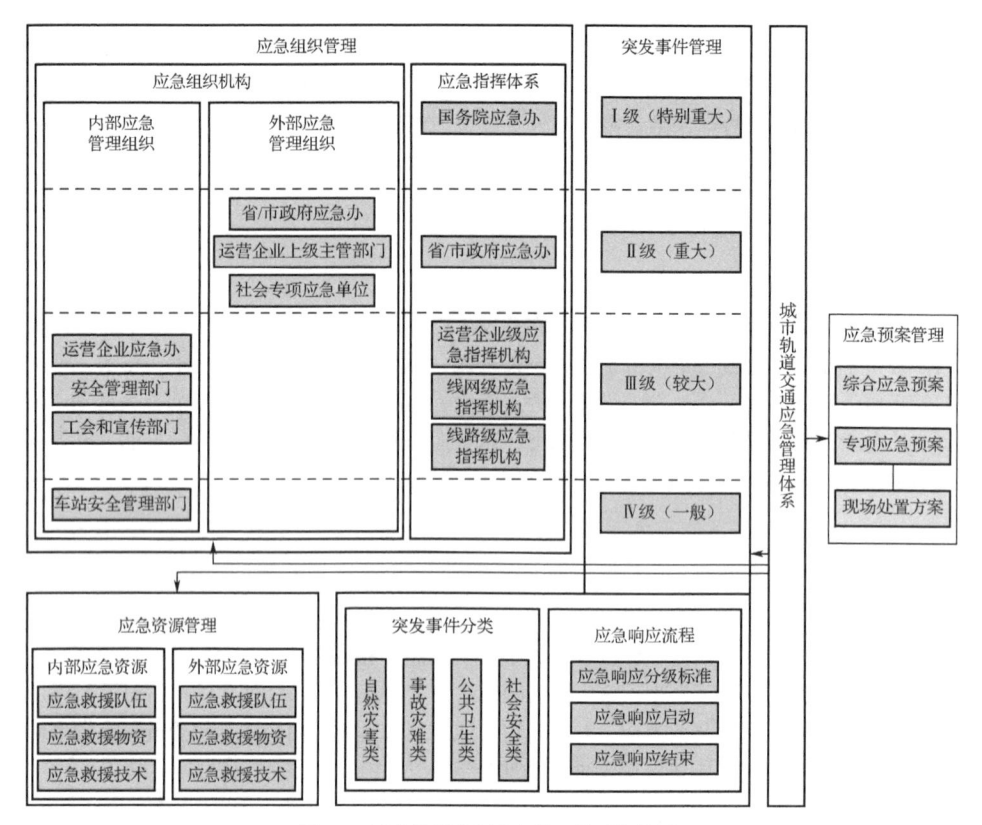

图 7.1　城市轨道交通应急管理体系架构图

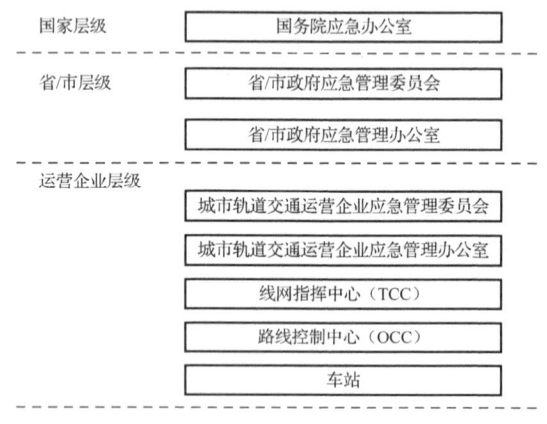

图 7.2　城市轨道交通应急组织体系

项目七　城市轨道交通应急管理

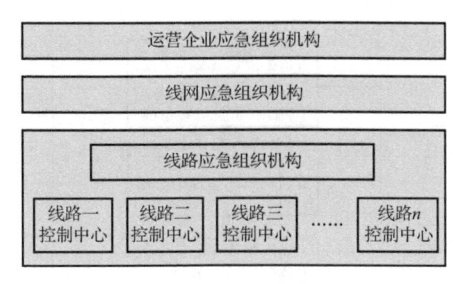

图 7.3　城市轨道交通三级应急组织机构

不同层级的分工各不相同，具体见表 7.1。3 个层级间的关系为逐层向上负责，即各线路应急组织机构对线网应急组织机构负责，线网应急组织机构对运营企业应急组织机构负责。突发事件处置层级与运营企业应急组织机构相互对应，由企业层级、线网层级和线路层级 3 个层级来行使应急指挥权，即运营企业应急指挥部、线网应急指挥中心和区域控制应急指挥中心。

表 7.1　企业内部各层级应急组织机构分工表

项目	企业层级	线网层级	线路层级
管理范围	能够管理下属各运营线路所有应急资源的调配，包括新线建设业务、地铁运营业务	全线网内的严重突发事件处置	本条线路的紧急事件处理
管理职责	负责制定运营企业级应急制度、应急预案，指导下级应急组织机构制定相关应急处理程序 负责接报并处理由下级应急组织上报的地铁建设和运营的重大突发事件，协调运营企业内部应急资源进行救援 负责联络市政府、社会救援力量	负责接报并处理线路控制中心上报的重大突发事件，对于特别重大的突发事件向运营企业应急组织进行上报 负责协调各线路的应急人员、应急资源进行救援 负责监督各线路应急组织的救援	负责本条线路的突发事件接报，并向线网指挥中心进行上报 协调本线路控制中心的应急资源、救援力量进行应急抢险 负责向运营企业各级应急组织通报现场救援情况

2. 立体化的指挥体系

城市轨道交通应急指挥体系一般按照如下标准流程进行应急处置。首先，现场人员发现并通过电话、短信或者无线通信方式报告突发事件。根据突发事件的发生地点、伤亡情况、列车延误情况初步判断事件等级，若该事件为区域控制中心级，则启动相应级别的应急预案。区域控制中心级应急指挥人员根据事件发生地点、事件类型、事件伤亡情况、列车延误情况、事件周边情况、事件发展态势及应急预案确定并下达救援组织方案，各救援部门全力配合、实施救援。若事态得到控制，则可解除紧急情况；若事态无法得到有效控制，则须申请上一级应急组织机构作为救援主体进行统一应急指挥。立体化指挥流程图如图 7.4 所示。

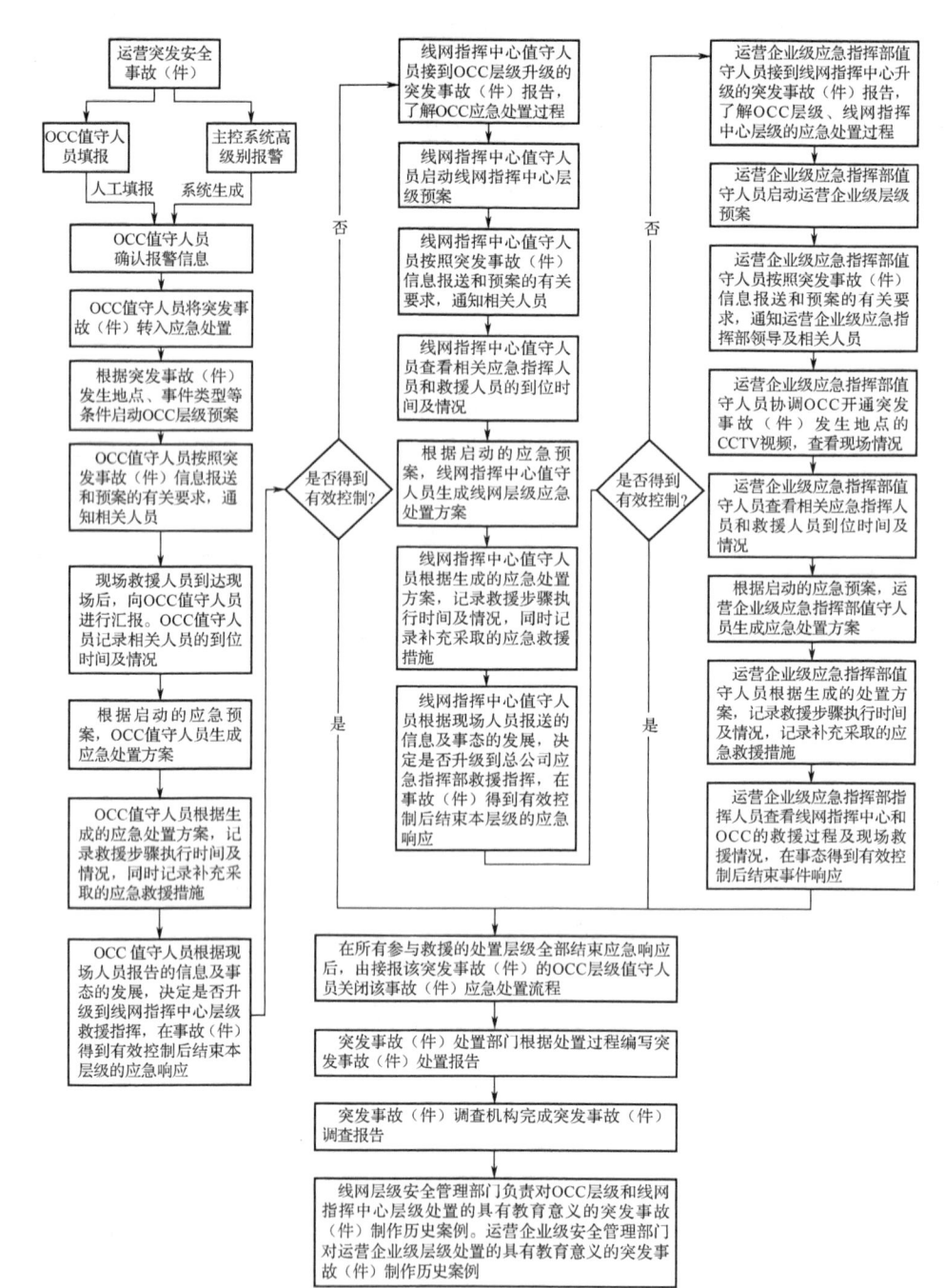

图 7.4 立体化指挥流程图

四、城市轨道交通突发事件管理

（一）事件分类分级

1. 事件类型

1）自然灾害

自然灾害是指给人类生存带来危害和损害人类生活环境的自然现象。城市轨道交通应对的该类事故主要包括洪灾、台风、高温、地震、赤潮等。

2）事故灾难

事故灾难主要是指企业的各类安全事故、交通运输事故、公共设施和设备事故，以及环境污染和生态破坏事件等，主要有火灾、大面积停电、列车脱轨、设备故障、线路异物、人车冲突、电气水事故、气体泄漏、煤气中毒、危化品事故、核事故、爆炸等。

3）公共卫生

公共卫生主要是指社会重大传染性疾病疫情，即细菌和病毒扩散、有害物质的扩散、毒气的扩散、群体性不明原因疾病、食品安全和职业危害、动物疫情，以及其他严重影响公众健康和生命安全的事件，主要有食物中毒、流感、水污染、登革热病、狂犬病、禽流感、农药中毒、病毒性肝炎等。

4）社会安全

社会安全主要是指恐怖袭击事件、经济安全事件和涉外突发事件等，主要有卧轨、自杀、恐怖袭击、空袭、盗窃、抢劫、绑架、骚乱、涉外、聚众闹事、群体性上访事件等。

2. 事件分级

根据相关规定，城市轨道交通运营事件分为特别重大事件、重大事件、较大事件和一般事件。

（1）特别重大运营突发事件：造成 30 人以上死亡，或者 100 人以上重伤，或者直接经济损失 1 亿元以上的。

（2）重大运营突发事件：造成 10 人以上、30 人以下死亡，或者 50 人以上、100 人以下重伤，或者直接经济损失 5000 万元以上、1 亿元以下，或者连续中断行车 24h 以上的。

（3）较大运营突发事件：造成 3 人以上、10 人以下死亡，或者 10 人以上、50 人以下重伤，或者直接经济损失 1000 万元以上、5000 万元以下，或者连续中断行车 6h 以上、24h 以下的。

（4）一般运营突发事件：造成 3 人以下死亡，或者 10 人以下重伤，或者直接经济损失 50 万元以上、1000 万元以下，或者连续中断行车 2h 以上、6h 以下的。

上述分级标准有关数量的表述中，"以上"含本数，"以下"不含本数。

（二）应急响应

为提高城市轨道交通运营突发事件的处置及应对能力，对应急响应制定响应分级和相应的程序，并提供应急队伍、应急物资、应急技术等多方面的保障。城市轨道交通突发事件的响应分为总体应急响应和运营企业内部应急响应两方面。只有在突发事件达到相应级

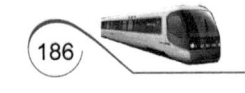

别时才需要省/市政府和国务院启动相应的应急响应，否则，由城市轨道交通运营企业内部有序响应。

1. 城市轨道交通总体应急响应

1）应急响应机构

从总体上来说，城市轨道交通突发事件的响应机构分为3个层级。

（1）国家级应急响应机构。

国务院或国务院授权相应部委设立城市地铁事故灾难应急领导小组（以下简称领导小组）。领导小组下设办公室、联络组和专家组，具体负责全国地铁事故灾难应急工作。联络组由各成员单位指派的人员组成，专家组由地铁、公安、消防、安全生产、卫生防疫、防化等方面的专家组成。

（2）省/市级应急响应机构。

省级、市级地铁事故灾难应急机构应比照国家地铁事故灾难应急机构的组成、职责，结合本地实际情况确定。

（3）企业级应急响应机构。

城市地铁企业建立由企业主要负责人、分管安全生产的负责人、有关部门参加的地铁事故灾难应急机构。

2）应急响应条件

不同的响应机构对应于不同的响应条件，由高到低划分为4级：Ⅰ级（特别重大）、Ⅱ级（重大）、Ⅲ级（较大）、Ⅳ级（一般），依次用红色、橙色、黄色和蓝色表示。具体应急响应条件分级见表7.2。

表7.2 应急响应条件分级表

响应级别	响应条件（出现下列情况之一）
Ⅰ级响应	造成轨道交通运营中断6h以上 导致30人以上死亡（含失踪），或危及50人以上生命安全，或者100人以上中毒（重伤），或者直接经济损失1亿元以上的事件 造成被困人数3000人以上 紧急转移安置10万人以上的事件 超出省级人民政府应急处置能力的事件 跨省级行政区域、跨领域（行业和部门）的事件 国务院领导认为需要国务院或住房和城乡建设部响应的事件
Ⅱ级响应	造成轨道交通运营中断3h以上、6h以下 导致10~29人死亡（含失踪），或危及30~49人生命安全，或者50~99人中毒（重伤） 造成被困人数1000人以上、3000人以下 直接经济损失5000万元以上、1亿元以下的事件 造成紧急转移安置5万人以上、10万人以下 超出市人民政府应急处置能力的事件 跨市（地）级行政区域的事件 省人民政府认为有必要响应的事件

续表

响应级别	响应条件（出现下列情况之一）
Ⅲ级响应	造成轨道交通运营中断 0.5h 以上、3h 以下 导致 3~9 人死亡（含失踪），或危及 10~29 人生命安全，或者 30~49 人中毒（重伤） 造成被困人数 500 人以上、1000 人以下 造成 1000 万元以上、5000 万元以下直接经济损失 造成紧急转移安置 1 万人以上、5 万人以下 市人民政府认为有必要响应的事件 城市轨道交通遭受人为破坏、大规模劫持人质等恐怖袭击事件时，应急处置依据市反恐怖工作协调小组制定的相关反恐怖预案执行
Ⅳ级响应	造成轨道交通运营中断 0.5h 以下 导致 1~2 人死亡（含失踪），或危及 3~9 人生命安全，或者 10~29 人中毒（重伤） 造成被困人数 500 人以下 造成 1000 万元以下直接经济损失 造成紧急转移安置 1 万人以下 城市轨道交通发生一条线路全线停运或两条以上线路同时停运的事件 部分运营区域发生突发性大客流、故障等原因造成中断运营 1h 以上，需要地面交通协助疏散的事件 因设备需要地面交通协助疏散的 隧道大面积积水需要市政、电力等部门协助抢险的事件 车站内发生聚众闹事等突发事件，致使运营受阻及其他对运营秩序造成影响的复杂事态 需要协调不同区域（或线路）控制中心调度的事件 其他严重影响到运营秩序的突发事件 地铁遭遇台风、火山、地震、山体崩塌和滑坡等重大自然灾害 地铁范围内出现传染病疫情、群体性不明原因疾病，以及其他严重影响公众健康和生命安全的卫生事件 地铁范围内发生危及公共安全的刑事案件、涉外突发事件、恐怖袭击事件、民族宗教事件等社会安全事件 发生与运营企业有关的群众集体到运营企业办公区及其他办公区上访（5 人以上），或越级到省、市政府上访、游行示威和其他影响社会稳定的事件 列车冲突、脱轨和分离等运营企业认为有必要响应的事件

3）应急响应启动级别

根据城市轨道交通的应急管理机制，针对突发事件的类型、响应级别等建立明确的突发事件分级分类响应机制。具备Ⅳ级以上响应条件的属于统一接报和处置的事件。

（1）具备Ⅰ级响应级别条件。

具备Ⅰ级响应级别条件的事件，适用《国家处置城市地铁事故灾难应急预案》，需要国务院或省/市启动响应的事件，由国务院或省/市进行响应。

（2）具备Ⅱ级响应级别条件。

具备Ⅱ级响应级别条件的事件，适用《转发国务院办公厅关于印发国家处置城市地铁事故灾害应急预案的函的通知》，运营企业依据本单位预案，启动相关应急响应程序。

（3）具备Ⅲ级响应级别条件。

具备Ⅲ级响应级别条件的事件，适用运营企业级应急预案，运营企业依据相关预案，启动相关应急响应程序。

（4）具备Ⅳ级响应级别条件。

具备Ⅳ级响应级别条件的事件，即出现Ⅳ级响应条件之一的事件，启动运营企业级预案。

2. 运营企业内部应急响应

除上报国务院或省/市响应外，城市轨道交通企业内部也按照一定的响应级别进行响应。

1）应急响应分级

根据城市轨道交通运营事故危害程度、影响范围和单位控制事态的能力，城市轨道交通运营企业内部实行三级响应，见表7.3。

表7.3 城市轨道交通运营企业应急响应分级

响应级别	判断标准（出现下列情况之一）	响应部门	响应级别与启动预案关系
三级	轻伤≥3人 5万元≤直接经济损失<10万元 一条线发生晚点或中断运营10~15min 事发单位认为有必要响应的其他事件	事发单位	事发单位应急预案
二级	1人≤重伤（中毒）<3人 10万元≤直接经济损失<100万元 一条线发生晚点或中断运营15~30min 车站非公共区发生火灾 车辆段发生车辆脱轨、挤岔事件 接到可能发生恐怖事件信息或发生严重社会治安事件 事业总部认为有必要响应的其他事件	运营企业应急办、安全管理部门、宣传部门、事发单位	事发单位相应应急预案、企业级应急预案
一级	1人≤死亡<3人，或3人≤重伤（中毒）<10人 100万元≤直接经济损失<1000万元 一条以上线路全线停运≥30min或中断运营≥30min 发生列车、车站公共区火灾或换乘站发生火灾 发生地震、台风、特大汛情等自然灾害事件，造成部分线路中断行车或车站关闭的 发生毒气、爆炸、恐怖袭击等社会安全事件 出现传染病疫情、群体性不明原因疾病，以及其他严重影响公众健康和生命安全的公共卫生事件 轨道交通应急指挥部认为有必要响应的其他事件	运营企业应急办、安全管理部门、宣传部门、事发单位	事发单位相应应急预案、企业级应急预案
扩大应急	超过本单位应急救援能力时	上级有关部门	上级应急预案

2）应急响应程序

（1）三级响应程序。

① 事故险情出现后，事发单位首先进行报告。

② 事发单位首先做好先期处置工作，防止事故进一步扩大；同时事发单位现场负责人立即启动本单位现场应急预案，根据事故现场情况调动应急抢险队伍和物资，组织各抢险救援小组迅速采取有效措施，进行现场救援。

③ 如果三级险情无法得到有效控制，应立即发布二级预警，接到二级预警的相关部门应立即做好相关的应急抢险工作。

④ 如果三级险情升到二级险情，事发单位立即向运营企业应急领导小组汇报，请示批准启动企业级应急预案或要求事发单位启动部门应急预案，并临时负责指挥应急行动。

⑤ 在事故险情消除、现场状况稳定、无安全隐患情况下，事发单位现场负责人根据事故现场情况，批准终止三级响应程序。

（2）二级响应程序。

① 事故险情出现后，事发单位首先进行报告，并请示运营企业应急领导小组启动总部级应急预案。

② 事发单位的现场负责人作为临时现场指挥，组织现场人员进行先期处置和人员财产抢救，保护现场。

③ 运营企业应急领导小组接报后，立即赶赴现场，并通知相应的抢险小组成员赶赴现场，实施总部级应急预案。在各抢险小组成员未到事发点前，由事发单位现场负责人组织实施现场应急预案进行抢险。运营企业应急领导小组到达现场后，事发单位现场负责人协助其进行抢险救援工作。

④ 运营企业应急领导小组到达后，按照相应的职责进行救援抢险工作。

⑤ 如果二级险情无法得到有效控制，应立即发布一级预警，接到一级预警的相关部门应立即做好相关的应急抢险工作。

⑥ 如果二级险情升到一级险情，运营企业应急领导小组立即向运营管理部门应急总指挥汇报，批准启动企业级应急预案，并临时负责指挥应急行动。同时，应立即上报所属区域政府相关部门，请求启动区一级应急预案。

⑦ 在事故险情消除、现场状况稳定、无安全隐患情况下，运营企业应急领导小组根据事故现场情况，批准终止二级应急响应程序。

（3）一级响应程序。

① 事故险情出现后，事发单位首先进行报告，并请示轨道交通应急指挥部启动企业级应急预案。

② 企业级应急预案启动后，由应急指挥部组织、指挥、处置突发事件，安排应急现场指挥组到达事发现场进行救援工作。

③ 在运营企业应急现场指挥组未到达现场前，相关部门和线路应急领导小组按照企业级应急预案进行抢险救援工作；企业级应急现场指挥组到达现场后，按照企业级应急预

案组织现场应急救援工作小组进行抢险救援工作。

④ 如果险情的发展趋势有可能超出总部控制能力和范围，应报请所在市应急委员会启动市级应急预案。

⑤ 在事故险情消除、现场状况稳定、无安全隐患情况下，企业应急指挥部根据事故现场情况，批准终止一级应急响应程序。

（4）扩大应急响应程序。

突发事件的发展趋势有可能超出企业控制能力和范围时，应急指挥部应立即报告上级主管部门应急指挥机构，请求启动市级应急预案。启动市级应急预案之后，应急指挥部根据市应急委员会的指示，配合做好处置突发事件的相关工作。

城市轨道交通内部管理事件应级响应程序如图 7.5 所示。

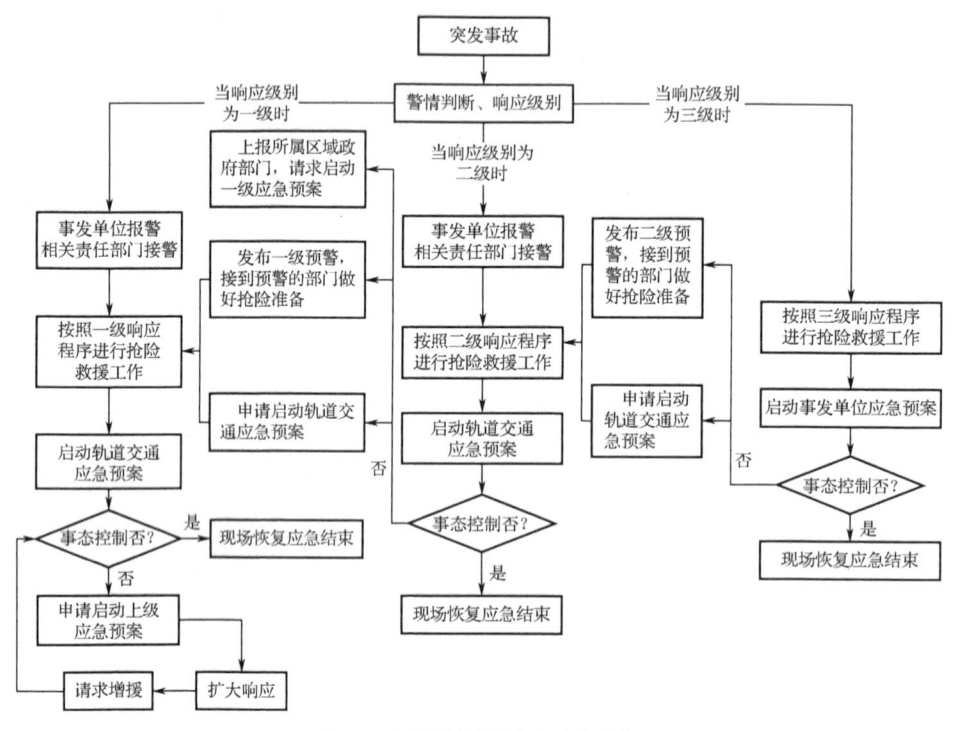

图 7.5 内部管理事件应急响应程序

3）应急响应结束

（1）应急终止条件。事故现场得以控制，环境符合有关标准，次生、衍生事故隐患得以消除后，遵循"谁启动，谁终止"的原则，由启动应急预案的单位领导下达应急救援结束指令，现场应急结束。

（2）事故情况上报。应急结束后，由应急指挥部办公室编制事故情况报告，经应急指挥部审批后，报市应急办、市安全管理部门和运营企业上级主管部门。

（3）事故调查处理。应急结束后，配合行政管理部门的事故调查组进行事故调查分析，按照相关法律法规的要求进行事故的调查处理。

（4）应急救援工作总结。由应急指挥部办公室编制应急救援工作总结报告。

（5）应急事故处理档案。应急指挥部应建立应急事故处理档案，内容包括应急指挥部及各工作小组成员名单、应急管理工作会议纪要、应急方案各阶段文件、电话记录、事故调查处理报告及总结等。相关资料应整理成册、存档。存档资料一般在宣布停止应急工作的一周内完成。

五、城市轨道交通应急资源管理

（一）应急资源分类

按照资源的产权归属，城市轨道突发事故救援的可用应急资源可分为内部资源和社会资源两大类，如图7.6所示。

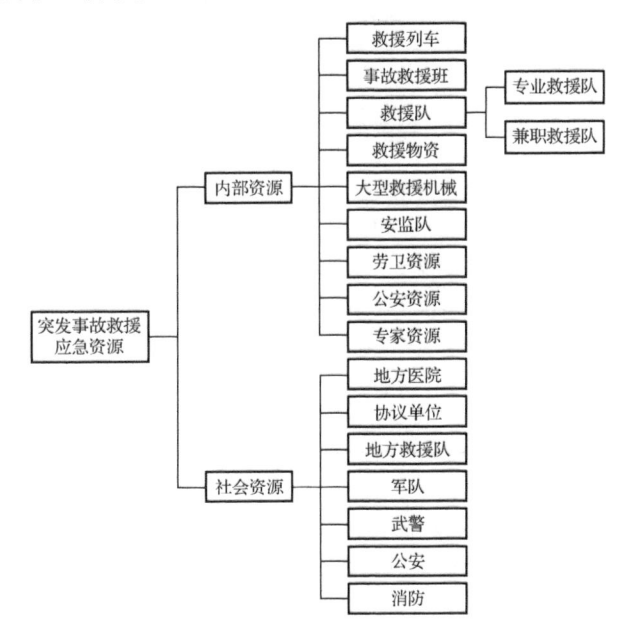

图7.6 应急资源分类

内部资源是指城市轨道机构自身拥有的各种软、硬件资源，一般可包括救援列车、事故救援班、救援队（包括专业救援队和兼职救援队）、救援物资、大型救援机械、安监队、劳卫资源、公安资源和专家资源等。

社会资源是指非城市轨道机构拥有的各种软、硬件资源，一般包括地方的医疗、救援、公共服务机构等。

（二）应急保障

1. 应急保障队伍

公安、消防、医疗卫生等抢险队伍，是城市轨道交通突发公共事件的基本抢险救援队伍。轨道交通运营专业应急救援队伍除承担某种灾种抢险救援任务外，根据需要和上级指令，同时承担其他抢险救援工作。一旦发生特别重大或重大突发事件，基本抢险队伍迅速赶赴现场，立即组织救援。在充分发挥基本抢险队伍作用的同时，积极组织和借助社会资源，建立各类社会化、群众性救援队伍，以形成专业队伍为主体、群众性队伍为辅助的应急抢险救援队伍。以某轨道交通应急救援队伍的情况为例，地铁运营、资源经营应急救援队伍清单见表7.4。

表7.4 地铁运营、资源经营应急救援队伍清单

应急救援队伍	队伍常驻地址	备注
车辆应急救援队	车辆段	4班，每班10人左右
车辆中心志愿消防队	车辆段	
通信专业救援队	车辆段	
信号专业救援队	车辆段	
AFC专业救援队	车辆段	
通号中心志愿消防队	车辆段	重点部位按100%建队，非重点部位按20%建队
维修中心工建专业救援队	没有固定的常驻地址	
车务中心志愿消防队	没有固定的常驻地址	
消防救援队	写字楼	
消防防洪救援队	停车库	
房屋建筑工程事故应急救援队	项目工地	

2. 应急保障物资

应急保障物资是突发事故应急救援和处置的重要物质支撑，由应急指挥部统一调拨。根据"分工协作，统一调配，有备无患"的要求，各相关单位建立应急救援物资储备制度，保证应急救援设施、设备等必需物资的储备，并建立详细的应急物资装备台账。

应急物资储备的品种包括自然灾害类、安全事故灾难类、卫生类、应急抢险类及其他。应急物资储备的定额由企业级应急管理办公室及各业务主管部门根据实际应急需求具体确定。企业应急办负责落实应急物资储备，落实经费保障，科学合理地确定物资储备的种类、方式和数量，加强实物储备。已消耗的应急物资要在规定的时间内，按调出物资的规格、数量、质量重新购置。以某轨道交通应急保障物资的情况为例，常用的应急物资储备清单见表7.5。

表7.5 应急救援物资储备清单

序 号	物资名称	用 途	存放地址
1	混凝土	突发事件抢险、防洪	运营企业
2	钢支撑	突发事件抢险、防洪	车辆段洗车机楼
3	钢材	突发事件抢险、防洪	车辆段运用库
4	编织袋	突发事件抢险、防洪	车辆段洗车机楼
5	沙包	突发事件抢险、防洪	工程车库
6	防水帆布	突发事件抢险、防洪	车辆段洗车库
7	水泥	突发事件抢险、防洪	水泥店
8	担架	伤员急救	各施工点及车站站厅
9	急救用药品	伤员急救	各施工点及车站站厅
10	急救氧气	伤员急救	各施工点及车站站厅

3. 应急保障技术

应急保障技术在应急响应、救援处置过程中发挥重要作用，加强应急保障技术，能有效配置轨道交通应急救援物资，使效率达到最大化，损失达到最小化。目前，轨道交通应急保障技术主要包括以下几方面。

1）决策判断支持系统

决策判断支持系统由通用信息处理系统、业务应用软件、应急资源数据库等构成。系统以应急预案为指导，以应急机制为内容，以数据库信息为参考，对采集到的突发事件信息进行分析、推理、加工、判断，推导出事件发生的可能原因、发展的可能方向，根据预案启动相应的处置程序对事件进行疏导或救援。

2）多模式紧急通知技术

结合城市轨道交通运营管理中的通知需求，实现多种通信方式的综合集成，在第一时间内快速通知应急救援信息，并可以循环反馈事件处置进展情况。

3）数字化应急预案技术

采用关键字识别、一致性校核等技术实现城市轨道交通各类非结构化预案的智能数字化处理，在应急响应中实现应急资源调度、人员调度等处置方案的智能生成，提高突发事件的处置效率。

4）应急资源优化调度技术

基于电子地图，展示一定范围内的救援资源分布并自动定位，能够根据救援资源的属性特征和所辖权限，结合应急预案，生成应急资源的调配方案，可以进行优化配置。

相关案例

城市轨道交通运营突发事件应急处理相关部门和单位的职责

根据 2015 年修订的《国家城市轨道交通运营突发事件应急预案》进一步明确了城市轨道交通运营突发事件应急处理有关部门和单位职责。

预案规定城市轨道交通运营突发事件（以下简称运营突发事件）应急组织指挥机构成员单位主要包括城市轨道交通运营主管部门、公安、安全监管、住房城乡建设、卫生计生、质检、新闻宣传、通信、武警等部门和单位。各有关部门和单位具体职责如下。

城市轨道交通运营主管部门负责指导、协调、组织运营突发事件监测、预警及应对工作，负责运营突发事件应急工作的监督管理；牵头组织完善城市轨道交通应急救援保障体系，协调建立健全应急处置联动机制；指导运营单位制定城市轨道交通应急疏散保障方案；指定或协调应急救援运输保障单位，组织事故现场人员和物资的运送；参与事件原因分析、调查与处理工作。

公安部门负责维护现场治安秩序和交通秩序；参与抢险救援，协助疏散乘客；监督指导重要目标、重点部位治安保卫工作；依法查处有关违法犯罪活动；负责组织消防力量扑灭事故现场火灾；参与相关事件原因分析、调查与处理工作。

安全监管部门负责组织指挥专业抢险队伍对运营突发事件中涉及的危险化学品泄漏事故进行处置；负责组织安全生产专家组对涉及危险化学品的运营突发事件提出相应处置意见；牵头负责事件原因分析、调查与处理工作。

住房城乡建设部门负责组织协调建设工程抢险队伍，配合运营单位专业抢险队伍开展工程抢险救援；对事后城市轨道交通工程质量检测工作进行监督；参与相关事件原因分析、调查与处理工作。

卫生计生部门负责组织协调医疗卫生资源，开展伤病员现场救治、转运和医院收治工作，统计医疗机构接诊救治伤病员情况；根据需要做好卫生防病工作，视情提出保护公众健康的措施建议，做好伤病员的心理援助。

质检部门负责牵头特种设备事故调查处理，参与相关事件原因分析、调查与处理工作。

新闻宣传部门负责组织、协调运营突发事件的宣传报道、事件处置情况的新闻发布、舆情收集和舆论引导工作，组织新闻媒体和网站宣传运营突发事件相关知识，加强对互联网信息的管理。各处置部门负责发布职责范围内的工作信息，处置工作牵头部门统筹发布抢险处置综合信息。

通信部门负责组织协调基础电信运营单位做好运营突发事件的应急通信保障工作；参与相关事件原因分析、调查与处理工作。

武警部队负责协同有关方面保卫重要目标，制止违法行为，搜查、抓捕犯罪分子，开展人员搜救、维护社会治安和疏散转移群众等工作。

其他有关部门应组织协调供电、水务、燃气等单位做好运营突发事件的应急供电保障,开展供水管道和燃气管道等地下管网抢修;视情参与相关事件原因分析、调查与处理工作等。

各地区可根据实际情况对成员单位组成及职责做适当调整。必要时可在指挥机构中设置工作组,协同做好应急处置工作。

任务二　城市轨道交通应急设备与设施

学习任务

1. 城市轨道交通应急设备与设施。
2. 车站应急设备的功能和使用。
3. 列车应急设备的功能和使用。
4. 区间隧道应急设施的功能。

学习目标

1. 了解城市轨道交通应急设备与设施。
2. 知道车站应急设备的功能和使用。
3. 掌握列车应急设备的功能和使用。
4. 知道区间隧道应急设施的功能。

基础知识

为了更好地避免安全事故的发生,城市轨道交通运营企业设计了各种各样的应急设施设备,以提升应急的效率,减少事故损失。城市轨道交通应急设备与设施主要分布在地铁车站内、地铁列车中及区间隧道里。本模块介绍城市轨道交通常见的应急设备与设施,以及其应急功能和使用方法。

一、应急设备与设施

通常所说的城市轨道交通应急设备主要分为:列车应急设备,即紧急报警装置、灭火器、紧急开门装置等;车站应急设备,即事故救援应急设备、车站机电应急设备装置等。此外,区间隧道内部也设计了防淹门、联络通道、疏散平台等应急设施。突发事件发生时,工作人员及乘客对应急设备的正确使用可以起到缓解事态发展、争取救援时间的作用。

（一）地铁车站应急设备与设施

（1）手动火灾紧急报警器。
（2）自动扶梯紧急停止按钮。
（3）车站站台紧急停车按钮。
（4）屏蔽门手动解锁装置。
（5）屏蔽门应急门。

（二）地铁列车内的应急设备与设施

（1）紧急报警/通话器。

（2）紧急开门装置。

（3）车厢灭火器。

（4）紧急逃生门。

（三）区间隧道应急设备与设施

（1）防淹门。

（2）联络通道。

（3）疏散平台。

二、应急设备与设施的使用

（一）车站设备

1. 手动火灾紧急报警器

车站站厅、站台及出入口通道和设备区等区域的墙上安装有手动火灾紧急报警器，如图7.7所示。人工确认火灾后，敲破报警器的保护罩，将按键按下，即可实现人工报警。

2. 自动扶梯紧急停止按钮

车站内所有自动扶梯两端都安装有"紧急停机"装置，当发生紧急情况时，按压紧急停止按钮停止电梯运行，如图7.8所示。

图7.7 手动火灾紧急报警器　　图7.8 自动扶梯紧急停止按钮

3. 站台紧急停车按钮

站台紧急停车按钮就是"叫停"列车的按钮，通常每侧站台墙上各设有2个站台紧急停车按钮，共 4 个。当发生火灾、乘客被夹等紧急情况时，击碎玻璃按压按钮 4s，即可让该侧行驶中的列车紧急制动或无法动车，如图 7.9 所示。

图 7.9　站台紧急停车按钮

4. 屏蔽门手动解锁装置

每个车门对应的屏蔽门上均安装有手动解锁装置，当列车进站停稳后屏蔽门无法自动开启时使用。使用时按压绿色解锁按钮，拉开屏蔽门即可，如图 7.10 所示。

图 7.10　屏蔽门手动解锁装置

5. 屏蔽门应急门

应急门为屏蔽门中的应急疏散门，不带动力，当列车不能够停在站台正常停车位置时，至少有一道列车车门对着一道应急门，允许乘客在轨行区一侧，通过门上的推杆，将门扇推向站台方向旋转 90°平开应急门，如图 7.11 所示。

图 7.11　屏蔽门应急门

（二）列车设备

1. 紧急报警/通话器

每辆列车均设有紧急报警/通话器，当发生紧急情况时，乘客可通过按压按钮报警或与司机通话，如图 7.12 所示。

2. 紧急开门装置

每辆列车的车门附近都设有紧急开门装置，当发生紧急情况，待车停稳后，人工打开车门时使用。第一步，拉手柄或者旋转手柄，解锁车门；第二步，双手用力向两侧拉开车门，如图 7.13 所示。

图 7.12　紧急报警/通话器　　图 7.13　紧急开门装置

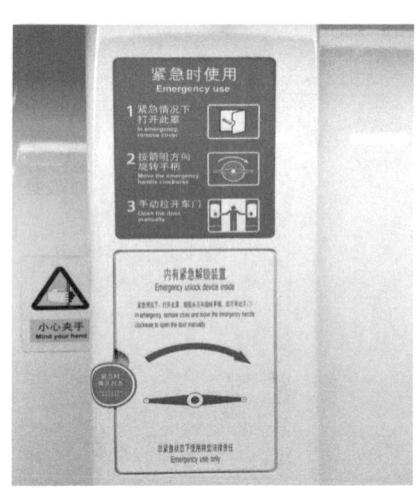

3. 车厢灭火器

地铁列车每节车厢设有 2 个灭火器，放置于座椅下方，当车厢内发生火警紧急情况时使用。灭火器或置于座椅下方盖板内部，或用扣带绑定于座椅下，如图 7.14 所示。

项目七　城市轨道交通应急管理

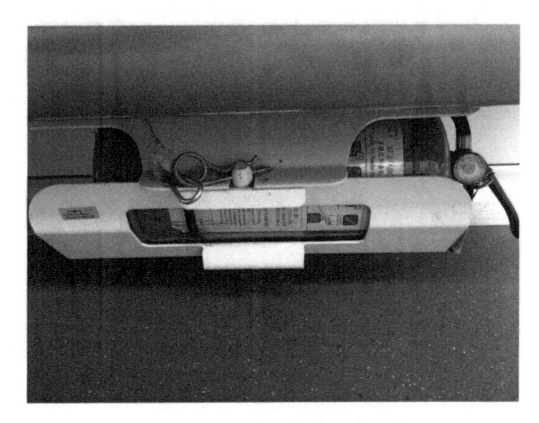

图 7.14　列车座椅下的灭火器

4. 紧急逃生门

紧急逃生门系统安装于司机室前端驾驶台的左侧，开门时先手动拉开解锁手柄，转动一定角度，直至整个门扇向上开启到最大位固定，再将疏散梯向外翻转后放置于轨道上方，展开形成一个人员撤离通道，如图 7.15 所示。

图 7.15　紧急逃生门

（三）区间隧道设施

1. 防淹门

防淹门是地铁系统中必不可少的防灾设备，地铁线路穿越水域时，应考虑在进出水域两端的地铁站端部与隧道接口处设置防淹门，当隧道因意外事件破裂，可防止江水进入车站和另一端的隧道，避免事故范围扩大，有效保护车站设备和人身的安全。

防淹门采用三级监视两级控制方式，即中央、车站和就地监视三级监视，以及车站控制、就地控制两级控制。正常情况下，防淹门为电动操作，电动故障时采用就地人工机械操作。

2. 联络通道

联络通道一般设置在两条隧道中间，成为设置在两个隧道之间的一条通道，起连通、

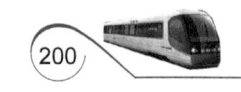

排水及防火等作用。若一条隧道整体出现问题，乘客可通过联络通道转移到另外一条隧道。同时在一条隧道出现问题的时候，也方便救援人员从另外一条隧道到达联络通道，然后再通过联络通道进入需要救援的地方（发生事故的隧道），达到快速救援的目的。如此人员的安全系数大大增加，因此有"逃生通道"之称。

3. 疏散平台

地铁地下区间上、下行线均设置疏散平台，疏散平台位于行车方向的左侧，人员在隧道内疏散时，可通过疏散平台和联络通道疏散至对侧的隧道和车站等安全区域。

任务三　城市轨道交通应急预案的制定与演练

学习任务

1. 城市轨道交通应急预案。
2. 编制应急预案的目的。
3. 城市轨道交通应急预案制定原则。
4. 城市轨道交通应急预案的分类。
5. 城市轨道交通应急预案的结构。
6. 城市轨道交通应急预案演练。

学习目标

1. 了解城市轨道交通应急预案的基本内涵。
2. 知道编制应急预案的目的。
3. 掌握城市轨道交通应急预案制定原则。
4. 熟悉城市轨道交通应急预案的分类。
5. 知道城市轨道交通应急预案的结构。
6. 了解城市轨道交通应急预案演练。

基础知识

突发事故严重威胁城市轨道交通系统的安全运营，为了更好地认识与防范突发事故的发生、降低突发事故的危害程度，各城市轨道交通企业均制定了各自的应急预案，以切实提高突发事件的应对能力。本模块介绍城市轨道交通应急预案的内涵、编制目的、制定原则、制定依据和基本内容。

一、应急预案

应急预案是针对可能发生的突发事件，政府或实体在事前制定的应对性行动方案，规定了政府和实体在事件前期、中期、后期的工作内容。根据我国政府的规定，按照不同责任主体，预案体系分为国家突发公共事件总体应急预案、突发公共事件专项应急预案、突发公共事件部门应急预案、突发公共事件地方应急预案和企事业单位根据有关法律法规制定的应急预案。

城市轨道交通应急预案即为上述最后一种类型，是运营企业根据我国有关法律法规，针对不同等级、不同类型的突发事件制定的相对应的应急预案，以确保城市轨道交通运营企业在发生突发事件时，能应急组织指挥顺畅、处理应对及时妥善、最大限度减少突发事件造成的损失和影响。

二、编制应急预案的目的

城市轨道交通运营企业通过应急预案的制定，实现以下目标。

（1）贯彻城市轨道交通运营企业处置突发事件的指导方针和工作思路，即最大限度保护国家、集体和人民生命财产安全，减少事件损失，减小社会影响，尽快恢复秩序。

（2）建立健全城市轨道交通运营企业突发事件应急机制体制，确定突发事件应急管理组织机构的职责和功能，明确运营生产各部门、各专业在应急处置过程中的职责分工、人力部署及协调联动的具体方式。

（3）整合城市轨道交通突发事件应急资源，做到资源配备合理、调配协调、责任到人、常备不懈的应急资源保障体系。

（4）划分突发事件的不同等级，确定不同等级突发事件的启动程序，分清轻重缓急进行突发事件管理。

（5）确定具体的应急处理措施，对不同等级的突发事件处理进行目标细分和明确，以此明确方案的执行规划，包括参与部门和专业人员的目标和职责、执行计划的具体方法和程序、应急资源的保障方法等。

三、应急预案的制定原则

为使城市轨道交通运营企业发生突发事件时的信息报告程序、指挥系统、抢险组织、现场处理、运营组织、乘客疏散、设备保障、后勤保障、事件调查等工作及地铁运营系统各专业的突发事件应急预案规范，城市轨道交通运营企业预案的制定应遵守以下原则。

（1）以"安全第一"为指导思想，确保事件处理有序、可控、快速、及时，尽量缩小事件影响范围，减少事件带来的损失，尽快恢复地铁运营。

（2）总公司安全主管部门为预案编制一级责任部门，负责牵头编制各生产单位、部门的各预案编写计划，汇总审核分公司各相关预案；各生产单位、部门为预案编制的二级责任部门，负责相关专业的预案具体编写工作，并报安全主管部门审核。

（3）各单位、各部门、各专业应根据总公司的要求编制相关事件应急处理预案，并不断完善，提高各单位、各部门、各专业的应急抢险能力。

（4）各部门、各专业应急预案应具有针对性、有效性、可操作性。

四、应急预案的基本内容

城市轨道交通运营企业一般依据《中华人民共和国安全生产法》、《城市轨道交通运营管理办法》、《国家处置城市地铁事件灾难应急预案》、《国家突发公共事件总体应急预案》

等相关法律法规，结合本单位的具体情况制定应急预案。其具体内容包括如下几个方面。

（1）运营单位抢险指挥领导人员的组成和职责。
（2）抢险信息的报告程序。
（3）现场处置过程中各部门的组织原则及相关职责。
（4）不同事故情况下的抢险救援策略和人员疏散方案。
（5）救援人员、通信、物资、医疗救护和生活保障。

应急预案编制完成后，应尽快让工作人员熟悉和演练，通过演练验证其合理性，及时修订和完善。

五、应急预案的分类

城市轨道交通突发事件种类千差万别，但导致的后果和产生的影响却大同小异，城市轨道交通运营企业往往结合自身特点形成最基本的应急模式应对不同突发事件的共性影响。城市轨道交通运营企业应急预案体系体现了共性与个性、通用性与专业性的特点。

1. 按体系结构划分

按照预案的体系结构来划分，城市轨道交通突发事件总体应急预案（综合预案）包括专项应急预案、部门应急预案和现场应急预案等，如图7.16所示。

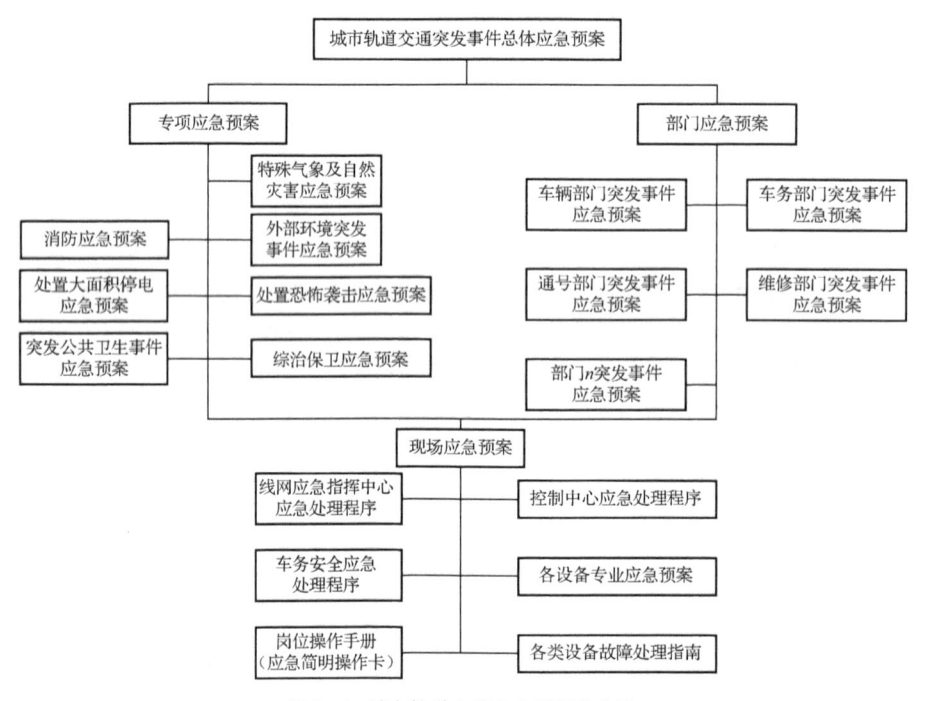

图7.16 城市轨道交通应急预案的分类

（1）总体应急预案：以集中指挥与应急支持为主，侧重于应急救援活动的组织协调，从总体上阐述事故的应急方针、政策，明确本企业应急组织结构及相关应急职责，以及应急行动、措施和保障等基本要求和程序，通过总体应急预案可以清晰地了解企业应急管理体系的概况，是应对各类突发事件的综合性文件。

（2）专项应急预案：在总体应急预案的基础上，充分考虑某种特定危险（如大面积停电、火灾、爆炸等突发事件）的特点而制定的方案，对应急的形势、组织机构、应急活动等进行更具体的阐述，具有较强的针对性。专项应急预案具有明确的救援程序、具体的应急救援措施和社会应急联动协作机制，以达到最大限度地调动和使用资源，快速、有序地发挥最佳应急救援效果。

（3）现场应急预案：针对在营运过程中特定的具体场所（即以现场为目标），通常是该类型事故风险较大的场所、装置或重要防护区域等，为各种不同的具体事故或险情所制定的预案，例如，列车脱轨、挤岔、车站进水、区间渗水，恶劣天气损害，特种设备故障等。现场应急预案应做到具体、简单、针对性强，并通过应急演练，使现场岗位及应急人员做到应知应会，熟练掌握，反应迅速，正确处置。

2．按事件类型划分

按照突发事件的类型来划分，可以分为自然灾害、社会治安、公共卫生、生产安全等类型的预案。

（1）自然灾害类应急预案：地震、水灾等导致地铁运营中断的突发事件应急预案。

（2）社会治安类应急预案：重大刑事案件、恐怖袭击，以及在地铁车站内发生聚众闹事、劫持人质等严重影响地铁运营安全的突发事件应急预案。

（3）公共卫生类应急预案：传染病疫情、生化、毒气和放射性污染等造成或可能造成社会公众健康损害而严重影响地铁运营的突发事件应急预案。

（4）生产安全类应急预案：火灾、爆炸、建构筑物坍塌、列车冲突、脱轨或颠覆等重大生产安全事故，以及大面积停电、突发性大客流等严重影响地铁运营的突发事件应急预案。

六、应急预案的演练

城市轨道交通应急预案演练是对应急工作中需要的某种特殊的或专门的行动或功能实施的练习，常由城市轨道交通运营企业多个部门、组织和系统之间合作行动，依据预先制定的各项应急预案，协同完成某项行动，并予以评估。通过演练实践，以加强个人应急能力的培训，使部门之间能更好地协调配合，发现和改进现有预案中的问题和不足。

（一）演练的检验功能

针对前面所提到的5个层次的预案，作为所有预案演练共性的内容，主要检验以下功能。

（1）突发事件应对动员的警报和通知。

（2）公众预警。

（3）通信联系。

(4)指挥、协调与控制。
(5)突发事件应对公共信息发布。
(6)损失评估。
(7)卫生与医疗行动。
(8)个人与家庭帮助。
(9)公共治安维持。
(10)公共事业与公共工程运转。
(11)交通畅通。
(12)资源管理。
(13)各级主管部门的正常运转。

(二)演练的常见形式

1. 指导讨论会

指导讨论会的目的是使所有演练参与者熟悉各种角色、方案、程序和装备,协调各岗位的职责和工作联系问题,是一种简单的演练方式,重点在于预案的概况介绍。

指导讨论会集中主要人员进行非正式的讨论,一般通过讲授、讨论、幻灯片、录像、计算机演示、专家讲座等形式在一定程度上实现演练的功能。适用的范围非常广,与应急处理有关的任何事情都可以讨论,如新政策、新预案、新方法等。

2. 桌面演练

城市轨道交通行业有其特殊性,演练尽可能不要干扰到正常的运营工作。因此,桌面演练就成为一种非常适合城市轨道交通应急演练的常用形式。顾名思义,桌面演练就是在桌面上演练。参与人员围坐在一个大桌子旁边,根据应急预案的内容,合练预案规定的步骤和过程,以明确各自在预案中扮演的角色,掌握各自的工作程序和责任。演练重点岗位都应配备观察员,观察和发现重点环节出现的问题,记录下来并反馈给参与者,以保持持续改进的效果。一般配备一个主持人引导整个桌面演练正常执行,时间控制在 1~4h,可以通过车站地图、图表、卡片等工具强化演练的真实效果。

3. 功能演练

功能演练比桌面演练规模要大,需要动员更多的应急组织和人员,是主要针对某项应急响应功能或其中某些应急响应活动而举行的演练活动。功能演练一般在应急指挥中心进行,可同时开展现场演练,调用有限的应急设备,主要目的是针对应急响应功能,检验应急响应人员及危机管理体系的策划和响应能力。

功能演练的参加者一般是应急预案的制定者和职责所在的管理者,采用突击形式检验运营部门面对某项突发事件的应急反应能力,也检验应急预案的程序、组织机构、任务分配和指挥者之间沟通联络的科学性和合理性。

4. 全面演练

全面演练是针对某项应急预案完整的应急响应功能,检验、评价应急组织机构应急运行能力的演练活动。演练过程尽可能创建逼真的环境,动用真实的设备、工具和操作人员进行实际演练。全面演练的参与者主要为应急演练方案所包含的人员，也包括协调、考评、行动和组织人员。全面演练每次都检验一项预案的演练实践，地点基本都选择在设定现场，时间多在 30min～2h 之间。在全面演练实施前应起草一份演练方案或说明，说明演练的设定、内容、目标和考核指标。演练过程应全程、全范围监控，以便考核和评估。

（三）演练方案

城市轨道交通运营企业开展一次突发事件应急演练活动会动用大量的人力、物力和财力，因而在演练之前需要制定完善的演练方案。如果没有编制演练方案或演练方案缺陷较多，演练活动就达不到检验预案的目的。因此，编制科学实用、贴近实战、可提高演练成效的突发事件应急演练方案是应急管理中的重要工作。

1. 主要框架

为保证演练活动的顺利开展，城市轨道交通运营企业编制的各种应急预案的演练方案都有一套科学实用的框架和模式，这样才能顺利完成应急演练活动。演练方案框架一般涵盖：演练的具体目的；演练类型、规模与响应级别；假设演练背景和模拟突发事件及其演练时间；演练组织分工及参演人员构成及其职责；演练准备与演练过程；演练步骤；演练检查清单或演练执行效果评估清单；演练记录与总结表格；相关说明等。

2. 主要内容

演练方案的内容是成功进行演练的关键，内容的缺陷或偏差会导致演练组织者的目的不能顺利实现，因此，演练方案的内容设置至关重要。演练方案主要包括以下内容。

1）演练目的

在应急管理体系中，应急预案的类别、级别是不同的。进行演练时，一并将所有预案一起实施是不可能的，只能选择其中一两项来进行，每项演练都有不同的目的。因此演练方案首先要规定某项演练的具体目的，为演练活动指明总体目标。

2）演练类型、规模与响应级别

（1）明确演练类型。演练活动应遵循由简及繁、循序渐进的方式从桌面演练开始，逐步推进为全面演练；由口述场景演练开始，逐步推进为动作行动演练。

（2）明确演练规模与响应级别。突发事件后，应急响应的级别越高则影响范围越大，演练规模也就越大。在演练方案中，应当明确参与人员是单个部门参加还是多部门参加；演练是否需要上级或外部给予响应或支持。

3）演练背景

为保障演练的真实性和实效性，演练方案都需要假设一个演练背景，明确演练地点、时间、组织部门、参演设备、突发事件设置方法、启动何种应急程序等一系列概况内容。

4）参演人员及其职责

应急演练需要各类参演人员协调、配合，才能完成预案规定的程序或动作。因此在演练方案中，应明确各参演人员的类别、数量及其职责。

（1）应急行动人员：即指根据模拟场景和紧急情况做出反应，执行应急预案中预定程序或动作的人员，由预案中规定的现场指挥、现场救援、应急通信、物资支持等类人员构成。

（2）演练进程控制人员：即指管理并设置场景，控制演练行动节奏，监护行动人员的安全，指挥解决现场出现问题的人员，承担现场导演的职责，由熟悉应急预案、掌握演练方案的人员担任。

（3）评价人员：即指在演练行动中观察行动人员和模拟人员的行动，并记录演练的详细经过的人员。其职责是评价时间、地点、人物、出现的事件、行动是否有效等，点评演练过程并出具演练报告。

（4）模拟人员：即指在演练场景中，与应急行动人员相互作用的人员。其主要职责是：模拟事故场景中的人员（负伤者、干扰者等）、外部救援机构的人员、围观人员、自愿行动的志愿者等。

（5）外部观摩人员：一般由政府应急管理机构的人员、企业上级主管部门的领导、应急管理专家、友邻单位或附近居民的代表构成。观摩人员到场实地观摩演练过程，是一个关键环节，因为作为外部人员的评价意见缺少感情色彩，更具有客观性，且外部专业管理人员和专家的指导对提升本单位应急管理水平的作用明显。

5）演练准备与演练过程

演练准备与演练过程是方案中的重点章节，各种类型、规模的演练都应事先做好详细的准备工作。由于在应急救援预案一般只对应急措施进行了规定，而没有对事故场景进行详细描述。因此，演练设计人员在策划演练过程时，还应设想事发具体部位、破坏程度、伤亡情况、人员受困情况等场景，并设计编排何时推出场景及场景出现的顺序，以便训练并检验应急行动人员的临场处置能力。演练方案的附录内容用以说明演练方案的细节，内容包括演练现场示意图、演练费用预算、聘请外部人员名单、风险评估及控制措施等。

（四）演练评估与改进

应急演练评估是指观察和记录应急演练活动，比较应急演练参与人员的表现和演练目标的要求，并提出改进意见的过程。应急演练评估主要包括以下过程。

1. 评估组织与准备

在演练前做好评估组织与准备工作是演练评估的最基础的工作，这项工作主要有组织评估团队、确定评估计划、召开演练前会议等几个方面。

评估团队应该由一个熟悉演练目标、政策、计划、内容并具备管理和分析能力的资深技术人员担任评估负责人。评估团队其他队员应由演练所需检验的各项目标领域富有经验的人员担任并分配相关的职责和工作。

评估计划应包含评估时间表，评估人员的组织安排、职责分配和具体位置，评估指标的解释和给评估人员下达的指示4个方面的内容。

在演练开始之前，评估负责人召开有关控制人员和评估人员会议，核实各项准备工作，确保评估人员理解计划的各项事项，回答评估人员的疑问，从而保证评估工作顺利进行。

2. 评估指标的建立

评估指标是进行突发事件应急演练评估的基础，评估指标体系的建立必须遵循科学性原则、系统优化原则、目的性原则、可操作性原则和指导性原则。某市地铁演练方案中设备区气灭保护房火灾演练执行力评估表见表7.6。

表7.6　某市地铁演练方案中设备区气灭保护房火灾演练执行力评估表

序号	评估人	评估地点	评估对象	评估内容	是否正确执行
1		OCC	值班主任	① 向行车调度员、环控调度员了解具体情况，视情况报"120"、"119" ② 向当值调度宣布：执行车站设备房火灾事故应急处置程序 ③ 制定应变措施，要求各调度组各工种人员做好灭火救灾的支持工作 ④ 按有关程序进行通报。接到上级指示时，及时传达执行 ⑤ 制定小交路运营方案，指挥行车调度员执行；视情况启动应急公交接驳预案 ⑥ 协调各调度工作并监督处理进度	
2		OCC	行车调度员	① 确定火点、火情及伤亡情况并报告值班主任；处理过程与环控调度员加强沟通 ② 影响接触网供电时，组织相应的列车运行 ③ 通报火情，要求各站按规定采取相应措施 ④ 若为通信、信号设备房，在接到维修调度员通知该设备准备停止使用时，通知相关车站影响情况，并通知相关车站将使用的通信方式或信号模式 ⑤ 火灾扑灭后，恢复正常运营	
3		OCC	维修调度员	① 接收火灾事故情况报告，确定着火具体位置；报告设施部门相关领导 ② 通知设施部门相关负责人，安排处理设备善后工作。需要时，通知设施部门相关人员使用相关设备，必要时通知值班人员撤离火灾现场 ③ 使用PIS系统向全线发布晚点或其他相关的信息 ④ 火灾扑灭后立即组织、协调设施部门等相关部门对设施设备检查，恢复设施设备使用 ⑤ 需要抢修时，与值班主任制定抢修方案，跟踪抢修情况，并向值班主任通报 ⑥ 统计火灾对设施设备的影响情况；组织设施部门抢修人员协助事后的公安和相关部门的调查	
4		OCC	电力调度员	① 通知变电站值班员车站火灾情况 ② 注意监视火灾车站变电站设备的运行情况 ③ 必要时通知变电站值班员切断相关的供电电流 ④ 确保紧急照明、排风系统的电源供应 ⑤ 事故处理完毕，通知相关人员检查设备运行情况；根据行车调度员通知，恢复相关的牵引供电	

续表

序号	评估人	评估地点	评估对象	评估内容	是否正确执行
5		OCC	环控调度员	① 确定起火车站及着火具体位置,并立即通报值班主任及行车调度员 ② 确认机电设备监控系统能否自动启动相应火灾模式。如不能,手动执行相应的小系统火灾模式并根据火灾影响的情况关闭喷水系统及隧道通风系统。若环控调度员不能远程控制,则通知车站值班员在 IBP 盘上操作相应模式 ③ 通知维修调度员安排维修人员配合救火并指导车站组织自救和配合消防队灭火 ④ 气体保护房着火,确认气体自动灭火系统启动灭火,喷气完毕指挥车站人员确认灭火情况,确定火灾扑灭后,执行相应模式 ⑤ 随时与事故车站保持联系,及时掌握现场情况,并通报值班主任 ⑥ 火灾扑灭后,恢复现场设备正常运行	
6		站厅及站台	值班站长	① 接到行车值班员报告,立即通知厅巡岗(携带备品:防烟面具、灭火器),一起到现场确认 ② 到达现场后通过房门玻璃、房门温度、是否有烟冒出等确认是否着火,如果无法判断则在确认该气体保护房间门头放气指示灯灭的情况下,打开房门进行确认(必须保证房门的敞开);如确实着火,火势较小时可用灭火器灭火,若火势较大则立即退出房间,关闭房门后按压保护区门外的紧急启动按钮进行喷气灭火,并汇报车控室 ③ 喷气后,根据环控调度员指示再次到现场确认,若明火已熄灭报车控室,若没有熄灭按设备区无气体保护房间火灾应急处理程序执行	
7		车控室	行车值班员	① 通过 CCTV 或 FAS 监控发现火灾报警后,通知值班站长现场确认 ② 报告行车调度员车站火灾情况,并报告部门领导 ③ 与行车调度员、值班站长保持联系 ④ 若现场火势较大,则应根据值班站长的指示将 FAS 模式转为自动模式,并向行车调度员和环控调度员汇报 ⑤ 若喷气后无法扑灭,按设备区无气体保护房间火灾应急处理程序执行 ⑥ 报告行车调度员现场清理完和线路出清情况	
8		站厅及站台	客运值班员	① 收好票款到车控室协助行车值班员工作,检查排烟模式是否开启;中央级控制不能实现时,按控制中心指令操作 BAS ② 若无法扑灭时,则按设备区无气体保护房间火灾应急处理程序执行 ③ 火灾扑灭后在值班站长指挥下清理现场	

项目七 城市轨道交通应急管理

续表

序号	评估人	评估地点	评估对象	评估内容	是否正确执行
9		站厅及站台	厅巡岗	① 接报火警后携带备品与值班站长一起到现场确认，需要进房间确认时保持房门的敞开 ② 协助灭火工作 ③ 若无法扑灭，按设备区无气体保护房间火灾应急处理程序执行 ④ 火灾扑灭后在值班站长指挥下清理现场	
10		站厅及站台	售票岗	若火灾无法扑灭，影响正常运营时，则按值班站长的指示启动设备区无气体保护房间火灾应急处理程序	
11		站厅及站台	站台岗	若火灾无法扑灭，影响正常运营时，则按值班站长的指示启动设备区无气体保护房间火灾应急处理程序	
12		站厅及站台	保洁、保安岗	若火灾无法扑灭，影响正常运营时，则按值班站长的指示启动设备区无气体保护房间火灾应急处理程序	
13		车控室	FAS系统	① FAS系统正确报警 ② FAS系统正确执行消防联动 ③ FAS系统发送火灾模式信号 ④ 气体灭火系统正确执行消防联动	
14		车控室	ISCS系统	① ISCS系统正确显示系统信息（或正常操作）（中心级信息由环控调度员评估员反馈给设备评估员） ② KCS系统正确执行消防联动	
			BAS系统	① BAS系统启动正确的火灾模式 ② BAS系统正确执行消防联动	
15		站厅及站台	通风空调	通风空调系统正常启动，及时排烟，无串烟	
			液压梯	液压升降梯正常平层、开门	
			低压配电	非消防电源正确切除	
16		0.41kV开关柜室	供电设备	非消防电源正确切除	
17		车控室及站厅	AFC系统	APC闸机正常开放	
执行力总评分					
评估内容共计 A 项					
正确执行共计 B 项					
执行力总得分（B/A×100）					

注：1. 个别评估内容如在演练中不需发生或执行的，可不评估，不计入评分中的评估项数。

2. "是否正确执行"一栏，正确打"√"，错误打"×"，不评估打"—"。

3. 评估与资料收集

评估人员提前在可以收集有用信息的位置，利用提前做好的报表格式，跟踪和记录演练参与者的关键行为。某市地铁车站站台火灾应急演练方案值班站长岗位观察清单见表

7.7。

表 7.7　某市地铁车站站台火灾应急演练方案值班站长岗位观察清单

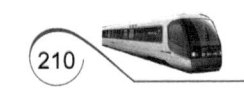

评估人员姓名：

运营演练项目	车站站台火灾演练
日期	月　　日
地点	
负责视察岗位	值班站长
演练安全措施	① 演练的整个过程由现场总指挥控制。贯彻"统一指挥、逐级负责"的原则，参加演练人员必须在现场总指挥的统一指挥下，按照演练方案进行，并听从现场总指挥对演练进度的控制 ② 演练过程中，现场人员如发现危及行车、人身安全的事件，应立即停止演练，并迅速汇报；发生其他问题应及时报告 OCC 和总指挥，按应急处理程序进行处理 ③ 由＿＿＿＿担任演练时正常的调度组织工作，负责监督演练，实施安全、有序的调度 ④ 演练中的通信联络及使用办法、命令下达、信息传递均应按《突发事件应急预案》、《行车组织规则》、《运营分公司信息通报流程》相关规定执行，各岗位在运行过程中应保持密切联系

观察项目	时间记录	观察员意见
接到行车值班员报告		
宣布执行站台火灾二级处置，执行紧急疏散		
组织受伤乘客救治		
组织穿戴防护用品扑救火灾		
与行车值班员确认排烟效果		
安排人员准备湿毛巾放置在疏散路线		
确认卷帘门下方无障碍物		
确认垂直电梯无困人		
站台乘客疏散完毕		
站厅乘客疏散完毕		
与机电人员确认设备区疏散完毕		
火势无法控制，下达员工疏散命令		
撤离到紧急出入口集中点名		
演练结束		

4．资料分析

资料分析是评估人员对演练期间收集的资料进行分析并将其转换成叙述演练过程、人员表现的优势和问题，以及改善建议等的叙述摘要。叙述摘要包括以下几项要求。

（1）详述演练目标的展开过程。

（2）客观地陈述事实和观察结果。

（3）突出积极的方面，同时鉴别任何可能存在的问题。

（4）避免主观意见。

（5）记录存在的问题并且提出解决问题的方法等。

5. 撰写评估报告

演练最终要形成评估报告，评估报告包括评估过程中所使用的评估方法、具体的评估表格、最后的评估结论等，见表 7.8。

表 7.8　演练评估报告

演练项目：某号线车站屏蔽门故障演练					
演练组织部门		演练级别		演练形式	运营演练
演练时间			演练地点		车站
演练概况：						

演练过程记录		
序号	时间	过程描述	存在的问题
1			
2			
3			

需要时间段统计			
序号	过程	起止时间	预计耗时	实际耗时
1				
2				
3				

评估总结		
内容	评价			意见
员工表现	□优秀	□良好	□合格	□不合格	
预案执行情况	□优秀	□良好	□合格	□不合格	
预案可行性	□优秀	□良好	□合格	□不合格	
演练方案及步骤的可操作性	□优秀	□良好	□合格	□不合格	
设备菜单项	□优秀	□良好	□合格	□不合格	

演练设备恢复情况	
设备名称	恢复情况	责任人

总评价意见：

续表

演练总体评价	□优秀	□良好	□合格	□不合格
演练工作组评价及改进建议				
序号	存在的问题	改进措施	责任部门	完成时间
1				
2				
3				

演练总指挥/主持人（签名）：

任务四　城市轨道交通运营突发事件应急案例

📚 **学习任务**

1. 恶劣天气的应急处置案例。
2. 列车撞人的应急处置案例。
3. 设备故障的应急处理案例。

📝 **学习目标**

1. 学习城市轨道交通运营突发事件应急管理相关案例。
2. 掌握城市轨道交通运营突发事件应急处理基本方法和技能。

📋 **案例及分析**

案例1　恶劣天气的应急处置

一、事件概况

2005年8月某日，某市的地铁1号线受台风影响导致一段线路被水淹，造成列车运行中断，其间行车调度员通过小交路、单线双向运行等方式维持了线路的正常运营。

二、处理过程

3:25，行车调度员发现I站至J站上行区间内有一节红光带，立即通知检修调度员、车站值班员进行查看。此时M站至P站上行区间正在封锁施工，封锁区间内有一列轨道车作业，如图7.17所示。

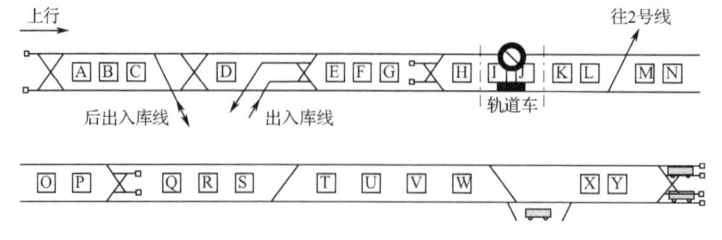

图7.17　区间积水导致线路中断示意图

轨道车施工结束，行车调度员解除区间封锁，令轨道车至J站上行待命，安排J站值班员跟施工轨道车至I站与J站上行区间查看区间积水情况。J站值班员通过对讲机告知该区间内有严重积水，积水深度约达80cm，环控调度员要求车站手动开启区间泵进行抽水，但区间泵抽水无效果，水位无明显下降。而此时，施工轨道车司机来电告知，轨道车由于排气管进水目前迫停区间，请求救援。

行车调度员对公务、通号、客运、车辆调度发布抢修命令，同时要求全线各地下车站派人对区间线路进行巡检。巡检发现除I站到J站外，其他车站均报区间无明显积水情况。行车调度员调整列车运行方案并向全线车站发布。调整方案如图7.18所示。

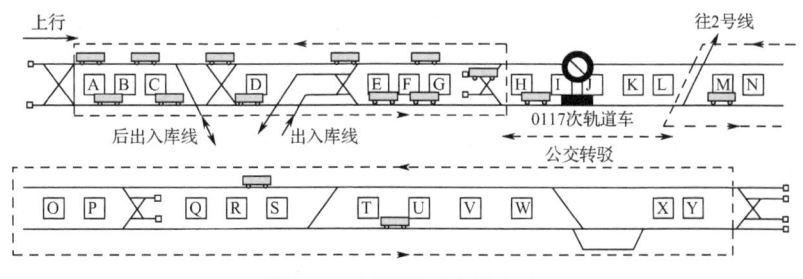

图7.18 运营调整示意图（1）

随后，行车调度员对1号线、2号线全线车站乘客导向系统发布相关信息，并通知车站进行确认，同时通知3、4号线进行广播。客运调度员通知1号线、2号线全线车站目前1号线线路运行状态，要求进行车站广播等客运组织工作。

6:12，I站至J站下行区间红光带消失，行车调度员与现场联系得知积水已退至轨面下，要求人员撤离下行区间后，令H站折返线备车限速20km/h运行至L站下行台载客，后利用间隔又安排4列车投入M站至Y站区段小交路运行，执行载客服务。7:22，行车调度员再次调整运行方案，调整后的方案如图7.19所示。

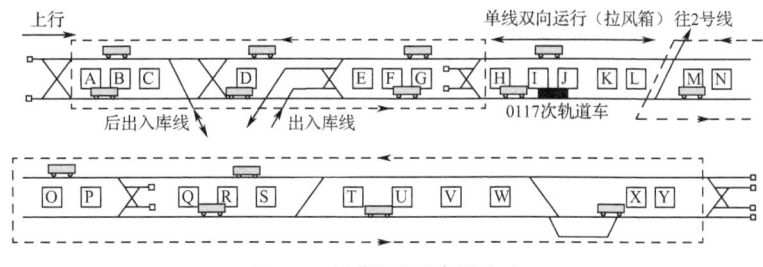

图7.19 运营调整示意图（2）

9:23，I站至J站上行区间红光带消失，行车调度员与现场联系得知I站至J站上行积水已退至轨面下，行车调度员命令0117次车到I站至J站上行区间救援轨道车。两车连挂完毕动车反方向运行至H站折返线，连挂车运行至H站折返线停运，全线恢复正常运行。

三、应急处理的得与失

1. 成功之处

1)调度及时发布抢修命令

调度员发现隧道区间出现红光带时,能及时通知通号调度员进行处理,并根据事态发展及时发布抢修命令,为相关单位组织抢修赢得时间;在判定区间积水引起红光带后,能同时布置对全线各地下车站展开对区间线路的巡检,排除了其他区段发生险情的可能。

2)调度果断调整运营方案

确定区间积水列车无法运行时,行车调度员及时发布了运营调整方案,利用了 Y 站的三列过夜车维持北段小交路运营,南段小交路则根据开通车站数,适量地投入运营列车,确保了非事故区段的列车运营。

3)及时启动应急处理预案

及时启动公交应急处理预案,并发布命令通知各车站,利用信息屏告知乘客,尽可能地减小事故影响。

4)及时调度恢复运营

行车调度员能及时让列车通过先行恢复的 H 站至 M 站下行反向运行,以补充北段运营列车数,随后 H 站至 L 站利用下行线进行单线双向载客运行,H 站至 L 站作为衔接站,将南北两个小交路连接,最大限度地恢复运营,显示出行车调度员在事件处理中良好的全局观。

2. 有待改进之处

1)增强自然灾害防范意识

在台风、暴雨、高温期间,设备维修调度员要加大对现场设备巡视、检查工作的监督力度,对重点注意事项向值班员做出布置,明确要求(如水位报警巡查等);对现场发生的故障(如对区间红光带、触网跳闸、区间积水、设备进水等现象)要尽早发现,尽快发布抢修命令,及早处理。

2)提高先进设备运用能力

由于轨道交通路网已初具规模,对于类似线路中断事件,可根据路网条件,发挥导乘指向系统的作用,组织乘客利用换乘站换乘其他线路,绕开故障区段,"曲线"式到达目的地。

3)优化应急处理方法

可适时安排列车由 L 站下行载客至 A 站,该车过 H 站后,再由 H 站折返,列车经由 H 站下行线反向载客至 L 站,可提高乘客便捷度,减少清客次数,但要控制节奏,以免影响南段小交路运行。

案例2 列车撞人的应急处置

一、事件概况

2007 年 7 月某日 19:45,某市地铁 1320 次列车进上行 Z 站,距站台 15m 处,司机发现一青年男子跳入轨道，立即采取紧急制动，但列车已撞人，最终列车停在不到对标处50m。控制中心立即启动相应应急预案，经过地铁运营工作人员与地铁公安人员的联合处置，当天20:30线路出清，恢复行车。造成影响行车45min；救援1列，清客5列，抽线2列，晚点2列，小交路3列；IC卡更新79张、退票357张；乘客投诉1起。

二、处理过程

19:45，1320次司机汇报在上行Z站站台有人跳轨，已按压紧急停车按钮，列车进站一半，人在车子下面。

19:45，Z站报1320次在上行站台中部停车，行车调度员问是否有人跳轨，车站汇报没有发现有人跳轨，行车调度员通知车站派人到现场检查。

19:46，行车调度员呼叫上行列车各站多停1min。19:47，行车调度员问Z站情况，车站汇报正在报地铁公安，值班站长已经去站台。19:48，行车调度员通知Z站0522次列车待令，强行站控，解锁相关道岔。19:49，行车调度员问Z站情况，车站汇报已找到目击证人，已报120、地铁公安，人在列车第二节车厢底下。19:50，行车调度员通知1320次司机切除列车前面几节车的车门清客。19:50，行车调度员通知Z站启动道床伤亡应急预案；车站汇报人在车轮底下，必须动车才能将人出清。

19:51，环控调度员向有关站发布晚点信息。

19:51，行车调度员通知G站，G备用车到G站上行站台加开2302次载客服务，强行站控，解锁相关道岔，并排列进路。

19:52，Z站汇报从站台无法下轨行区。

19:52，行车调度员通知G存车线备用车司机到G上行站台加开2302次，载客服务。19:53，行车调度员通知Z站疏散站台乘客。19:54，行车调度员呼叫全线列车司机各站多停1min。

19:54，环控调度员向全线车站发布晚点信息。

19:55，行车调度员呼叫全线列车司机两端站晚发1min。

19:55，Z站汇报地铁公安到达现场。

19:57，1320次司机汇报列车清客完毕。

19:57，行车调度员通知0522次X站换端，折返到下行线改开0523次，载客服务。

19:59，X站报0522次清客完毕。

19:59，行车调度员通知1221次X站下行待令。

20:00，0523次司机报换端完毕，行车调度员通知其动车，载客服务。

20:01，行车调度员通知1320次司机凭现场指挥人指令动车。20:01，行车调度员通知0822次司机到X站上行清客换端折返到下行线。20:02，行车调度员通知1707次A站I道待令。

20:04，环控调度员向全线车站发布晚点信息。

20:05，X站报0822次清客完毕。

20:07，0822次司机报换端完毕，行车调度员通知其折返到下行线改开0823次，载客

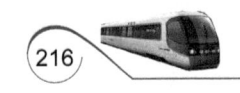

服务。

20:07，行车调度员通知0923次司机W站下行清客，经G存车线折返至G上行站台。20:07，行车调度员问Z站情况，车站报尸体上半身已找到出清，下半身未找到，公安还未给答复。20:08，行车调度员通知1221次X站清客，改开1222次，X—M站间下行拉风箱运行。20:09，行车调度员问Z站还需要多长时间能出清线路，车站回复还不知道，要看公安答复。

20:10，0923次司机汇报W站清客完毕，行车调度员通知其确认信号动车。

20:11，Z站报公安要求动车，人员已出清线路。

20:12，环控调度员通知X、W、M、Q、G站，通知乘客如有急事改乘其他交通工具。

20:13，行车调度员通知1320次限速10km/h进站对标，0823次动车折返，1221次动车开往G站。

20:15，1320次司机报现场指挥人通知可以动车。

20:15，行车调度员通知G站，1320次进G存车线，车站排列进路。20:17，行车调度员问，1320次司机是否可以正常行车，司机报车辆设备正常，能正常行车。20:18，行车调度员通知1320次司机出站台限速10km/h，出清站台后恢复正常驾驶进G存车线。

20:18，1320次Z站动车。

20:18，环控调度员向全线车站发布全线恢复正常运营信息。

20:20，行车调度员通知1222次G站清客换端。20:22，行车调度员问Z站上行线路出清情况，车站报要等公安确认。

20:24，现场指挥人与OCC联系，OCC要求尽快出清线路。

20:27，1320次司机报已进入G存车线并停妥。

20:30，Z站报线路已出清。

20:30，行车调度员通知1022次司机限速15km/h进Z站台。20:31，行车调度员通知Z站在站台做好隔离，做好乘客服务。20:32，行车调度员通知1022次司机进Z站不开门，越站通过。20:33，行车调度员通知2303次司机Z站越站通过。20:34，行车调度员通知Z站1022次、2303次越站通过。

三、应急处理的得与失

1. 成功之处

1）应急处理基本合理

事件发生之后，一方面做好列车调整，及时安排G备用车上线服务，故障区段安排了拉风箱运行；另一方面及时启动压人应急预案并发信息给相关领导。

2）行调处理调整及时

事件发生初期，行车调度员随即扣停了相关列车，通知司机延长停车时间、两端站晚发车，并及时通知相关有岔车站解锁道岔，为后面调整赢得了时间。虽然下行第一趟列车没有安排通过，对乘客有一定影响，但从第二趟开始安排通过，降低了影响力。能及时指挥司机通过门外解锁疏散乘客，减小了影响。

3）OCC 能及时启动应急预案

Z 站发生道床伤亡事件后，OCC 能及时启动应急预案，立即发布信息，及时做好行车调整，及时组织小交路、下行线拉风箱开行，采取备用电客车加开 1 列的运行方式，保证了运营秩序，减小了社会负面影响。

4）各工种调度配合良好

事件发生后，行车调度员、环控调度员、电力调度员配合较默契。环控调度员协助发布晚点信息，电力调度员协助发布事件处理信息。在估计事件对运营服务将要产生一定影响时，环控调度员晚点信息发布及时，及时通知车站做好乘客服务，使事故影响降低。

2. 不足之处

1）先期处置不合理

事件发生之后，未封锁事故现场，没有及时指定值班站长担任现场指挥，导致执行力度不够。

2）信息发布不对称

OCC 没有跳轨事件处置经过的后续信息发布，导致赶赴现场的有关人员不清楚现场处置需要解决的问题。

3）应急处理能力有待提高

前期现场处置的地铁公安人员对地铁伤亡事故处置职责与程序不够熟悉，对线路内尸体清运请示过多，延误了时间，影响了开通时间，应急处理能力须进一步提高。

案例 3　设备故障的应急处理

一、事故经过

2011 年 9 月 22 日 11:55，X 站带班值班站长在站台巡视时发现西单站站台 3 号电梯故障，有异响，立即停梯，关闭电梯上下围栏，并挂故障牌；同时报机电人员维修，写报修记录。12:00，机电第二项目部电梯维修中心主任 T 某、维修员 N 某接到 X 站客运人员报修电话，于 12:20 到达 X 站。机电维修人员到达现场后，根据车站工作人员的描述，对地铁故障情况进行检查，发现在电梯头部疏齿板处有 3 个小螺钉，进行了清除处理，开启扶梯试运转，看到扶梯运转正常，便向车站工作人员报告修复完成。此时机电工作人员在未打开该电梯上方护栏门的情况下，打开了该电梯下方的护栏门，且该电梯处于运行状态。恰好有列车进站，乘客乘坐 3 号扶梯，由于该扶梯上方护栏门未完全打开，形成拥堵，发生乘客挤伤。

二、事故原因

1. 直接原因：电梯上方护栏门没有打开是造成乘客拥堵、挤伤的直接原因。

2. 间接原因：机电维修人员对扶梯故障处理后，没有按照电梯维修规定进行全面运转检查，也没有按照电梯运行规定与客运人员进行交接；同时也反映出机电公司在人员管理、安全教育方面存在缺失，以及维修规章制度执行不到位等问题。

三、整改措施

（1）加强员工安全和规章制度教育培训，强化监督和落实。
（2）增加设备故障处理应急演练，提高现场应急处置水平。
（3）对各线扶梯进出口护栏进行全面检查，对双向开启方案进行整改。

任务五　城市轨道交通应急管理综合能力实践

一、教师工作活页

实践项目教师工作活页　　　　　　　　　　NO：_____

实践项目	城市轨道交通应急管理综合能力实践			
学　时	2	班　级	略	
教学环境	多媒体教室或轨道交通综合实验室			
工具设备	多媒体设备课件、图片、示教板、计算机多媒体设备等			
教学目标	专业能力	（1）能说出城市轨道交通应急管理体系的基本构架； （2）能说出城市轨道交通应急组织机构职能； （3）能区分城市轨道交通应急管理设施与设备的基本类型； （4）能说出城市轨道交通应急资源分类； （5）能说出城市轨道交通应急保障队伍的职能； （6）能说出城市轨道交通应急预案的目的； （7）能说出城市轨道交通恶劣天气应急处置处理流程； （8）能说出城市轨道交通列车设备突发故障处置工作要点。		
	方法能力	（1）能综合运用专业知识，通过利用专业书籍、多媒体课件和图片资料获得帮助信息； （2）能根据项目学习任务确定方案，从中学会表达及展示活动过程和成果。		
	社会能力	（1）能在教学活动中保持积极向上的学习态度； （2）能与小组成员和教师就学习中的问题进行交流和沟通； （3）能与他人共享学习资源，具有较好的合作能力和团队协作精神。		
教学活动	略（详见教学活动设计）。			
教学评价	学生活动：① 以5~8人小组为单位开展实践教学活动，根据本组同学在实训过程中的能力表现及结果进行自评及组内互评；② 根据其他小组同学在成果展示活动中的表现及结果进行互评。 教师活动：① 教师组织学生开展评价活动和总结；② 对学生本项目学业成绩做出综合评价。			
教学资料	（1）城市轨道交通应急处理教材； （2）城市轨道交通突发事件应急预案等参考书； （3）实践项目学生学习活页（附页）。			
指导教师		教学时间	年　　月　　日	

二、实践项目学生学习活页

实践项目学生学习活页	NO：_____

实践项目 7　城市轨道交通应急管理综合能力实践

班级：_____　姓名：_____　学号：_____　时间：_____

一、能力目标

1. 专业能力目标
（1）能说出城市轨道交通应急管理体系的基本构架；
（2）能说出城市轨道交通应急组织机构职能；
（3）能区分城市轨道交通应急管理设施与设备的基本类型；
（4）能说出城市轨道交通应急资源分类；
（5）能说出城市轨道交通应急保障队伍的职能；
（6）能说出编制城市轨道交通应急预案的目的；
（7）能说出城市轨道交通恶劣天气应急处置流程；
（8）能说出城市轨道交通列车设备突发故障处置工作要点。

2. 方法能力目标
（1）能综合运用专业知识，通过利用专业书籍、多媒体课件和图片资料获得帮助信息；
（2）能根据项目学习任务确定方案，从中学会表达及展示活动过程和成果。

3. 社会能力目标
（1）能在教学活动中保持积极向上的学习态度；
（2）能与小组成员和教师就学习中的问题进行交流和沟通；
（3）能与他人共享学习资源，具有较好的合作能力和团队协作精神。

二、知识总结

1. 简述城市轨道交通应急管理体系组成。

2. 简述城市轨道交通应急预案的分类及结构。

3. 简述城市轨道交通车站内的应急设备与设施的操作方法。

4. 简述城市轨道交通应急预案编制依据。

5. 简述城市轨道交通如何有效组织桌面演练。

续表

三、运用实践

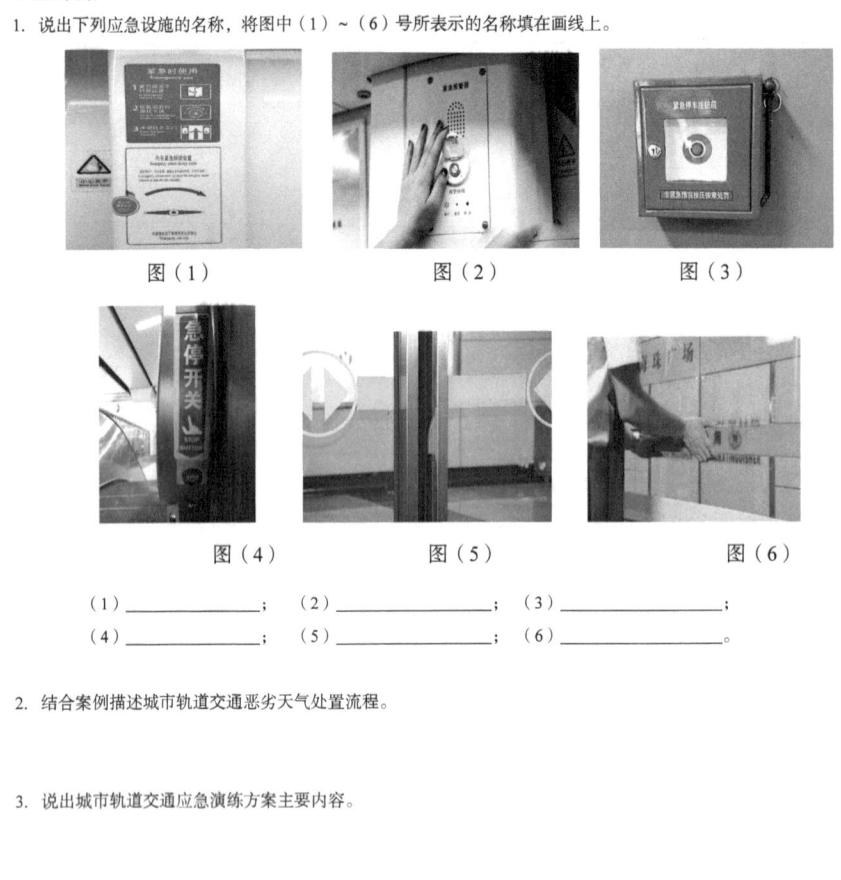

1. 说出下列应急设施的名称，将图中（1）~（6）号所表示的名称填在画线上。

图（1）　　　　　　图（2）　　　　　　图（3）

图（4）　　　　　　图（5）　　　　　　图（6）

（1）_____；　（2）_____；　（3）_____；
（4）_____；　（5）_____；　（6）_____。

2. 结合案例描述城市轨道交通恶劣天气处置流程。

3. 说出城市轨道交通应急演练方案主要内容。

四、活动小结

_____
_____

五、成绩评定

1. 学生评价

评价等级	A—优	B—良	C—中	D—及格	E—不及格
学生自评					
组内互评					
他组互评					

续表

2. 教师评价

评价等级	A—优	B—良	C—中	D—及格	E—不及格
专业能力					
方法能力					
社会能力					
评价结果					

3. 综合评价

评价等级	A—优	B—良	C—中	D—及格	E—不及格
评价结果					

注：按照学生自评占10%、组内互评占10%、他组互评占20%、教师评价占60%的比例计分。其中，A—100分，B—85分，C—75分，D—60分，E—50分。

4. 评价量规

等级	行为表现描述
A	能圆满高效地完成实践任务的全部内容
B	能顺利完成实践任务的全部内容
C	能完成实践任务的全部内容，但需要一些帮助和指导
D	自己只能完成实践任务的部分内容，但在现场的指导下，已经能完成任务的全部内容
E	不能完成实践任务的全部内容

思考与练习

1. 简述城市轨道交通应急管理体系的组成。
2. 试说明运营企业内部三级应急组织机构的分工。
3. 车站内的应急设备与设施有哪些？
4. 运营企业内部应急响应条件分几级？如何分级？
5. 试说明车站内的应急设备与设施的操作方法。
6. 试说明城市轨道交通应急预案的分类。
7. 简述城市轨道交通应急预案在处置突发事件过程中起到的作用。
8. 简述应急预案演练方案应具备哪几部分内容？在应急演练中的作用是什么？
9. 国家城市轨道交通运营突发事件应急预案的编制依据是什么？
10. 假设你是值班站长，试述如何有效组织桌面演练。

参考文献

[1] 肖贵平，朱晓宁. 交通安全工程[M]. 北京：中国铁道出版社，2004.
[2] 张开冉. 城市轨道交通安全[M]. 北京：科学出版社，2013.
[3] 连义平，李增. 城市轨道交通运营管理[M]. 北京：中国铁道出版社，2015.
[4] 谭复兴. 城市轨道交通概论[M]. 北京：中国铁道出版社，2013.
[5] 汪彤. 地铁运营安全工程[M]. 北京：人民交通出版社　2015.
[6] 刘煜，付晓凤. 城市轨道交通运营安全[M]. 重庆：重庆大学出版社，2013.
[7] 秦进，高桂凤. 城市轨道交通安全管理[M]. 北京：人民交通出版社，2015.
[8] 马国龙等. 城市轨道交通安全管理[M]，北京：中央广播电视大学出版社，2010.
[9] 于存涛，潘前进. 城市轨道交通安全管理[M]. 北京：北京交通大学出版社，2015.
[10] 刁心宏，李明华. 城市轨道交通概论[M]. 北京：中国铁道出版社，2009.
[11] 石嵘，司宝华，何越磊. 城市轨道交通工务管理[M]. 北京：中国铁道出版社，2008.
[12] 刘光武，王富章. 城市轨道交通运营安全应急管理及信息化[M]. 北京：中国铁道出版社，2015.
[13] 邱海兵，汪成林. 城市轨道交通车站机电设备维修与管理[M]. 北京：人民交通出版社，2012.
[14] 刘奇，徐新玉. 城市轨道交通应急处理[M]. 北京：人民交通出版社，2015.
[15] 孟祥虎，孙巧玲. 城市轨道交通应急处理[M]. 北京：人民交通出版社，2015.
[16] 李宇辉. 城市轨道交通车站值班员[M]. 北京：中国铁道出版社，2014.
[17] 王艳辉，祝凌曦. 城市轨道交通运营安全管理方法与技术[M]. 北京：北京交通大学出版社，2011.
[18] 马成正，张明春. 城市轨道交通运营安全管理[M]. 北京：中国电力出版社，2015.
[19] 吴金洪. 城市轨道交通运营管理[M]. 北京：国防工业出版社，2012.
[20] 吴晓. 城市轨道交通运输基础实践教程[M]. 杭州：浙江大学出版，2012.
[21] 张新宇　王富饶. 城市轨道交通安全管理[M]. 北京：人民交通出版社，2012.
[22] 李慧玲，刘冰. 城市轨道交通安全管理[M]. 北京：人民交通出版社，2011.
[23] 永秀. 城市轨道交通车站运作规则[M]. 北京：机械工业出版社，2016.
[24] 交通运输部道路运输司. 国内外城市轨道交通事故案例评析[M]. 北京：人民交通出版社，2011.
[25] 罗慧，赵文龙. 安检系统在城市轨道交通中的应用[J]. 中华建设，2015：174-175.
[26] 燕飞，唐涛，郜春海. 城市轨道交通安全评价体系研究[J]. 都市快轨交通，2010

（3）．

[27] 彭玲云. 城市轨道交通安全管理模式及应急管理研究[D]. 西安：长安大学，2014.

[28] 陈铁，管旭日等. 城市轨道交通综合安全管理体系研究[J]. 城市轨道交通研究，2004.

[29] 陈菁菁. 城市轨道交通重大运营事故和灾害分析[J]. 城市轨道交通研究，2010（5）．

[30] 王凯. 基于模糊认知图的事故灾害分析及其决策问题研究[D]. 哈尔滨：哈尔滨工业大学，2012.

[31] 张海云. 城市轨道交通安全评价与对策研究[D]. 兰州：兰州交通大学，2013.

[32] 崔艳萍 唐祯敏 李毅雄 城市轨道交通安全管理体系研究[J]. 都市快轨交通，2005，18（3）．

[33] 任林茂. 新形势下城市轨道交通的防恐措施研究[J]. 才智，2014（19）．

[34] 邢华. 城市轨道交通突发事件防控研究——以西安市为例[D]. 西安：西北大学，2015.

[35] 殷瑞忠，俞太亮. 地铁车辆的紧急疏散门系统[J]. 现代城市轨道交通，2007（4）．

[36] 朱惠军. 城市地铁火灾的特点、事故分析及预防措施[J]. 安全技术与管理. 2011（3）．

[37] 崔泽艳. 城市地铁火灾的特点及防护措施[J]. 城市减灾，2007（4）．

[38] 陈宁武. 城市地铁消防安全管理初探[J]. 江苏警官学院学报，2005（5）．

[39] 邵伟中，朱效洁，徐瑞华等. 城市轨道交通事故故障应急处置相关问题研究[J]. 城市轨道交通研究，2006（1）．

[40] 曾建平. 关于地铁安检及其组织形式问题的探讨[J]. 科技经济导刊，2016（20）．

[41] 徐小林. 北京地铁运营公司的安全文化建设[J]. 安全，2012（11）．

[42] 葛瑾瑾. 上海市轨道交通管理条例与消防安全[J]. 新安全东方消防，2015（2）．

[43] 朱惠军. 城市地铁火灾的特点、事故分析及预防措施[J]. 安全技术与管理，2011（3）．

[44] 沈友弟. 地铁的消防安全问题及其对策[J]. 消防科学与技术 2006（3）．

[45] 蔡芸. 我国地铁的主要消防设施和消防问题消防科学与技术[J]. 消防科学与技术 2006（3）．

[45] 谢灼利 张建文等. 地铁车站站台火灾中人员的安全疏散[J]. 中国安全科学学报，2004（7）．

[46] 典型地铁事故案例汇编[EB/OL]. http://wenku. baidu. com/link?url= nxOvIzeXAV2GWzbTSR-Lk-XfKVsPy23GCJaqtIRPkT84nAE-dQqA3lWElWuK5kLQ1iNEPtZVUmlhIIbj0xXZhS_Pec6egZkPplxJ02kXXUa.

[47] 地铁联络通道有什么作用？[EB/OL]. http://www. wtoutiao. com/p/1f3ygTq. html.

[48] 广州地铁负责人详解火灾疏散逃生指南[EB/OL]. http://news. sohu. com/69/82/

news206538269. shtml.

[49] 地铁内的应急设施应该怎么使用？[EB/OL]. http://ditie. baike. com/article-19391. html.

[50] 遭遇地铁火灾人们究竟应该如何逃生？长沙地铁2号线举行火灾应急演练. 中国消防在线 [EB/OL]. http://119. china. com. cn/ztbd/node_542375. htm.

[51] 杭州地铁. 安全须知[EB/OL]. http://www. mtrhz. com. cn/safe/ .

[52] 杭州地铁乘车指南[EB/OL]. http://www. mtrhz. com. cn/ride/.

[53] 杭州地铁. 杭州市城市轨道交通运营管理办法[EB/OL]. http://www. hzmetro. com/service_3_10. aspx#midc.

[54] 中国人大网.《中华人民共和国安全生产法》[EB/OL]. http://www. npc. gov. cn/wxzl/gongbao/2014-11/13/content_1892156. htm.

[55] 中央政府门户网.《中华人民共和国消防法》[EB/OL]. http://www. gov. cn/bumenfuwu/2008-10/29/content_2621035. htm.

[56] 中央政府门户网.《安全生产事故报告和调查处理条例》[EB/OL]. http://www. gov. cn/flfg/2007-04/19/content_589264. htm.

[57] 中国政府门户网.《国务院关于特大安全事故行政责任追究的规定》[EB/OL]. http://www. gov. cn/flfg/2005-08/06/content_20994. htm.

[58] 中国政府门户网.《危险化学品安全管理条例》[EB/OL]. http://www. gov. cn/flfg/2011-03/11/content_1822902. htm.

[59] 中华人民共和国国家质量监督检验检疫总局，中国国家标准化管理委员会.《企业安全生产标准化基本规范》GB/T 33000-2016[EB/OL]. http://www. aqsiq. gov. cn/, http://www. sac. gov. cn/.

[60] 中国政府门户网，国务院办公厅.《国家处置城市地铁事故灾难应急预案》[EB/OL]. http://www. gov. cn/zhengce/content/2015-05/14/content_9751. htm.

[61] 中国政府法制信息网，交通运输部网.《城市轨道交通安全运营管理规定》（征求意见稿）[EB/OL]. http://www. chinalaw. gov. cn, http://www. moc. gov. cn/yijianzhengji/201610/t20161010_2096964. html.

[62] 中华人民共和国公安部.《城市轨道交通地下工程建设风险管理规范》GB 50652-2011[EB/OL]. http://wenku. baidu. com/link?url=ZMCPiIYOA5DP243h2XsonrzpMqN8F0TaQ8OhDFvIP- rEoQBBttQNvmn_8nUrPAkOfn8rdAuX8kLt_.

[63] 中华人民共和国住房和城乡建设部.《城市轨道交通地下工程建设风险管理规范》GB 50652-2011[EB/OL]. http://www. mohurd. gov. cn/wjfb/201112/t20111226_208116. html.

[64] 住房和城乡建设部，中国建筑工业出版社.《地铁设计规范》GB 50157-2013[EB/OL]. http://www. soujianzhu. cn/Norm/jzzy56. htm.

[65] 住房和城乡建设部.《地铁运营安全评价标准》GB/T 50438-2007[EB/OL].http://

www. doc88. com/p-173806453369. html.

[66] 上海地铁行车调度工作规程 3.0 [EB/OL]. http://wenku. baidu. com/view/5103566ca98271fe910ef90b. html.

[67] 地铁行车调度手册（南昌轨道交通 Q/NGYY-A-DPZD-J-02-2015 V1.1）[EB/OL]. http://wenku. baidu. com/view/56a457030640be1e650e52ea551810a6f524c8f7. html.

反侵权盗版声明

电子工业出版社依法对本作品享有专有出版权。任何未经权利人书面许可，复制、销售或通过信息网络传播本作品的行为，歪曲、篡改、剽窃本作品的行为，均违反《中华人民共和国著作权法》，其行为人应承担相应的民事责任和行政责任，构成犯罪的，将被依法追究刑事责任。

为了维护市场秩序，保护权利人的合法权益，我社将依法查处和打击侵权盗版的单位和个人。欢迎社会各界人士积极举报侵权盗版行为，本社将奖励举报有功人员，并保证举报人的信息不被泄露。

举报电话：（010）88254396；（010）88258888
传　　真：（010）88254397
E-mail：dbqq@phei.com.cn
通信地址：北京市海淀区万寿路173信箱
　　　　　电子工业出版社总编办公室
邮　　编：100036